中等职业学校电子商务专业教材

电子商务安全技术

邓 宁 主编

中国劳动社会保障出版社

简介

本教材为中等职业学校电子商务专业教材。教材根据中等职业学校电子商务专业的教学实际，系统讲解了电子商务安全相关的知识和技术，主要内容包括：电子商务安全概述、计算机系统与网络安全技术、电子交易安全技术、电子支付与网上银行、电子商务安全管理等。教材形式生动丰富，语言简练通俗，易于学生理解并将理论转化为实践，从而适应职业岗位的需要。

本教材由邓宁任主编，周继苗、宋静雅参与编写。

图书在版编目（CIP）数据

电子商务安全技术 / 邓宁主编. -- 北京：中国劳动社会保障出版社，2024. --（中等职业学校电子商务专业教材）. -- ISBN 978-7-5167-6551-7

Ⅰ. F713.36

中国国家版本馆 CIP 数据核字第 2024AD8234 号

中国劳动社会保障出版社出版发行

（北京市惠新东街 1 号　邮政编码：100029）

*

保定市中画美凯印刷有限公司印刷装订　　新华书店经销

787 毫米 ×1092 毫米　16 开本　13 印张　245 千字

2024 年 8 月第 1 版　　2024 年 8 月第 1 次印刷

定价：30.00 元

营销中心电话：400-606-6496

出版社网址：http://www.class.com.cn

http://jg.class.com.cn

前言

目前，电子商务已成为国家产业结构优化升级、转变区域经济发展方式的战略重点，企业对电子商务专业人才的需求日益旺盛。为了培养更加符合电子商务技术领域和职业岗位（群）任职要求的中等技术应用型人才，我们组建了一支由多所中等职业学校电子商务专业带头人、专职教师及企业专家组成的编写团队，开发了这套电子商务专业教材。教材主要具有以下几点特色。

第一，满足中等职业学校教学所需。结合国家职业标准、企业需求及教学实际，构建了一个涵盖电子商务、跨境电子商务、移动商务、网络营销与直播电商的完整教材体系，包括《电子商务基础》《电子商务法律法规》等专业基础课教材，《电子商务网页设计》《电子商务数据采集与处理》《短视频制作》等技术与服务类专业核心课教材，《网店运营实务》《跨境电子商务运营实务》《电商直播》《网店推广》等运营与推广类专业核心课教材，《电子商务会计》《电子商务物流》《电子商务文案写作》等专业拓展课教材及配套习题册等，体系完整，覆盖面广，能够满足中等职业学校教学所需。

第二，契合企业岗位任职要求。中职电子商务专业毕业生主要面向网商、跨境电商和服务电商企业，使用计算机、网络、通信等现代信息技术从事商务活动。因此，教材紧跟企业岗位任职要求，以从零起点培养学生的职业能力为原则，根据国家职业标准中的技能要求和相关知识要求设计教材内容，突出企业需求，彰显中职电子商务教材特色。

第三，符合学生认知规律。教材以中等职业学校教学模式为指引，采用“项目一学习任务”式编写形式，通过丰富的案例分析、知识拓展和课堂思考，激发学生的学习兴趣，让学生在实践中学习，在任务中成长。另外，教材的设计也充分考虑了学生的认知规律，尽可能多地以图表代替大段冗长的文字叙述，降低学习难度；采用双色或四色印刷，以提高教材的表现力。

第四，教学资源配套丰富。我们遵循有效性原则，根据教材内容和教学实际，开发相对应的微课、视频、图片资源库等数字化配套产品，以便于教师拓展教学和学生自主学习。电子课件及习题册答案可登录技工教育网（http://jg.class.com.cn）查询下载，数字化配套产品扫描书中二维码即可在线观看或收听。

本套教材的编写工作得到了有关学校的大力支持，教材的编审人员做了大量的工作，在此，我们表示衷心的感谢！同时，恳切希望广大读者对教材提出宝贵的意见和建议。

模块一　电子商务安全概述

学习单元 1　电子商务安全的基本概念 / 001

学习单元 2　电子商务系统安全的构成 / 011

模块二　计算机系统与网络安全技术

学习单元 1　计算机系统安全 / 024

学习单元 2　网络安全 / 038

学习单元 3　病毒防范技术 / 047

学习单元 4　黑客防范技术 / 056

学习单元 5　防火墙技术 / 066

学习单元 6　数据备份技术 / 078

学习单元 7　虚拟专用网络技术 / 091

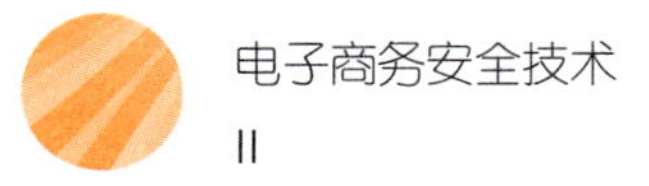

模块三　电子交易安全技术

学习单元 1　数据加密技术 / 098
学习单元 2　公钥基础设施与数字证书 / 111
学习单元 3　安全电子交易协议 / 125
学习单元 4　移动电子商务安全技术 / 133

模块四　电子支付与网上银行

学习单元 1　电子支付基础知识 / 145
学习单元 2　网上银行的使用与安全 / 154
学习单元 3　第三方支付平台的使用与安全 / 166

模块五　电子商务安全管理

学习单元 1　电子商务安全法律法规 / 176
学习单元 2　电子商务安全风险管理 / 186
学习单元 3　电子商务安全管理制度 / 195

模块一
电子商务安全概述

导语

电子商务利用网络信息技术传输和处理商务信息，提供便捷、高效的交易服务。然而，由于依赖计算机和网络，电子商务面临一定的安全风险，这既与交易安全相关，也与计算机和网络安全紧密相连。

中国互联网络信息中心（CNNIC）发布的第 52 次《中国互联网络发展状况统计报告》显示，截至 2023 年 6 月，有 23.2% 的网民遭遇个人信息泄露，有 20.0% 的网民遭遇网络诈骗，有 7.0% 的网民面临设备中病毒或木马的威胁，另有 5.2% 的网民账号或者密码被盗。仅 2023 年上半年，全国各级网络举报部门共受理违法和不良信息举报 9 652.1 万件。

这些数据和事实表明，电子商务的安全问题至关重要，涉及个人资金安全、商家货物安全以及国家经济安全和社会稳定。我们必须高度重视电子商务的安全问题，以确保电子商务的健康发展。

学习单元 1　电子商务安全的基本概念

学习目标

- 知识目标

1. 掌握电子商务安全的含义。
2. 了解电子商务安全隐患的类型。
3. 了解电子商务安全防范的一般技术手段。

技能目标

能够对电子商务企业安全风险进行简单的分析。

相关知识

一、电子商务安全的含义

电子商务的一个重要技术特征是利用 IT 技术来传输和处理商务信息，因此其安全从整体上可以分为计算机网络安全和电子商务交易安全两大部分。

1. 计算机网络安全

计算机网络安全包括计算机网络设备安全、计算机网络系统安全、数据库安全等。其特征是针对计算机网络本身可能存在的安全问题，实施网络安全方案和策略，保证计算机网络自身的安全。

2. 电子商务交易安全

电子商务交易安全紧紧围绕商务活动在互联网上开展时产生的各种安全问题，在计算机网络安全的基础上，保障以电子交易和电子支付为核心的电子商务活动顺利进行，即实现电子商务的保密性、完整性、可鉴别性、不可伪造性和不可抵赖性等。

计算机网络安全和电子商务交易安全实际上是密不可分的，两者相辅相成、缺一不可，它们是电子商务活动得以实现的重要支撑。

二、电子商务安全隐患的类型

电子商务安全隐患主要包括计算机网络的安全隐患、商务交易的安全隐患以及人员、管理、法律的安全隐患，如图 1-1-1 所示。

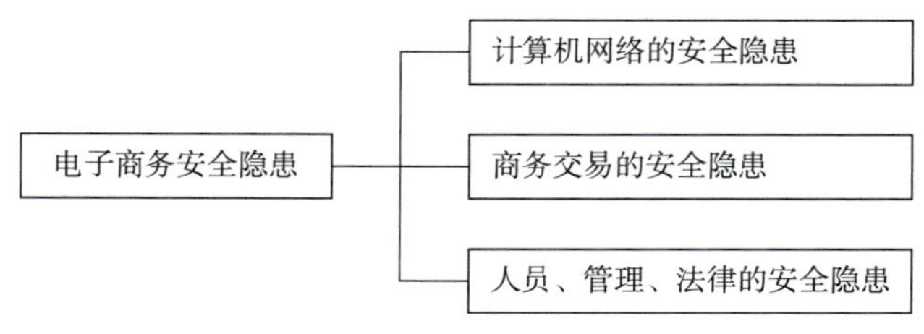

图 1-1-1 电子商务的安全隐患

1. 计算机网络的安全隐患

计算机网络安全是指网络系统的硬件、软件及其系统中的数据受到保护，不因偶然的或者恶意的原因而遭到破坏、更改和泄露，系统连续可靠、正常地运行，网络服务不中断。计算机网络的安全隐患主要包括以下四种：

（1）硬件安全威胁

对硬件的安全威胁主要指对计算机本身及各种网络设备等实体的威胁和攻击，主要包括各种自然灾害、人为破坏、设备故障、电磁干扰以及各种媒体的被盗和丢失等。这些威胁不仅会对网络硬件造成损害，而且会使系统的机密信息受到严重破坏和泄露。因此，对网络硬件的保护是保障电子商务安全的首要问题。

（2）软件安全威胁

电子商务交易活动中依托的软件平台主要包括网络操作系统、网络协议及各种应用软件。如果这些系统、协议和软件是不安全的，那么会对电子商务的安全造成威胁。

1）操作系统的隐患。互联网上的通信业务需要操作系统支持，几乎所有的操作系统都有安全漏洞。利用这些安全漏洞，非法者可以进行攻击，对操作系统造成破坏，从而对电子商务的安全产生直接影响。

根据国家计算机网络应急技术处理协调中心（简称 CNCERT，又称国家互联网应急中心）统计，仅 2023 年收录的安全漏洞就达 14 364 个，其中高危漏洞 9 094 个，整体呈逐年上升趋势，如图 1-1-2 所示。

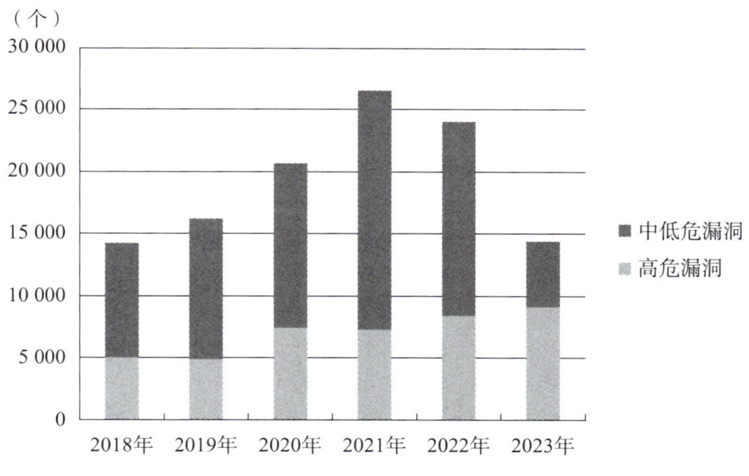

图 1-1-2　CNCERT 2018—2023 年安全漏洞收录情况

2）网络协议的隐患。电子商务活动是基于互联网开展的，而互联网的数据传输是基于 TCP（传输控制协议）/IP（网际互连协议）等通信协议进行的，这些协议存在安全缺陷，这些缺陷也是影响电子商务安全的一个重要因素。

3）应用软件的隐患。各种应用软件的安全隐患及操作上的失误都有可能导致交易信息的丢失和错误，进而使电子商务活动无法正常进行。

（3）黑客

互联网是一个开放的网络，黑客经常会侵入网络中的计算机系统，或窃取机密数据，或盗用权限，或破坏重要数据，使系统瘫痪。因此，黑客也是构成电子商务安全隐患的主要因素之一。

（4）计算机病毒

计算机病毒是困扰计算机及网络系统正常运转的棘手难题，而电子商务是一种依赖于计算机和网络的商务模式。因此，计算机病毒也是对电子商务安全构成威胁的不可忽视的因素。

另外，在电子商务交易平台的各个环节，如在信息存储、传输和处理的过程中，信息都有可能被有意或无意篡改、泄露、破坏。交易中的信息来源和去向是否真实，内容是否被改动，以及是否泄露等，存在着很大的不确定性。例如，利用电子邮件发送信息存在被拆看、误投和伪造的可能性。

2. 商务交易的安全隐患

在传统交易过程中，买卖双方是面对面的，因此很容易通过签名、印章等方式保证交易过程的安全性。而在电子商务交易过程中，买卖双方通过网络联系，交易双方不见面，交易信息通过网络进行交换。这时如果交易双方中的一方存在故意或无意的不诚信行为，或者有人从中故意破坏，都会对电子商务的交易造成安全威胁。

（1）销售者面临的威胁

1）破坏电子商务站点。不法分子恶意攻击、破坏电子商务服务器的站点，中断销售者所提供的服务，暴露销售者的机密信息等，给企业带来损失。

2）信息被窃取、截获、篡改或破坏。电子商务活动中的信息通过计算机网络传输时，可能被别有用心者截获，从而造成商业机密和个人隐私的泄露。别有用心者甚至还可能对截获的数据，如资金数量、货物数量、交货方式等进行修改，从而给销售者造成极大的损失。

3）被他人假冒。非法者建立与销售者服务器名字相同的另一个服务器来假冒销售者，使销售者的信誉受到损害。

4）消费者提交订单后不付款以及向销售者提供虚假订单，给销售者带来经济损失。

（2）购买者面临的威胁

1）被人假冒。假冒者可能会以购买者的名义订购商品，此时购买者会被要求付款，购买者付款后也很有可能收不到商品。

2）机密性丧失。购买者将个人的身份信息及个人数据发送给销售商，这些信息有可能在传递过程中被不法分子窃取，使购买者蒙受损失。

3）得不到正常服务。销售商的服务器因受到攻击而发生故障，购买者不能得到正常的服务。

（3）银行面临的威胁

电子商务活动中的安全风险还有很大一部分来自攻击者对银行专用网络的破坏。攻击者破坏银行专用网络所采用的手段大致有以下四类。

1）中断（攻击系统的可用性）。攻击者破坏银行专用网络系统中的硬件、线路、文件系统等，使系统不能正常运行。

2）窃听（攻击系统的机密性）。攻击者通过搭线与电磁泄漏等手段造成系统信息泄露，或对银行专用网络中的业务流量进行分析，获取有用情报。

3）篡改（攻击系统的完整性）。攻击者篡改银行专用网络中的数据内容，修改消息次序、时间（延时和重放）等。

4）伪造（攻击系统的真实性）。攻击者将伪造的虚假信息输入银行专用网络，冒名顶替合法人员介入银行专用网络，重放截获的合法信息以实现非法目的。

3. 人员、管理、法律的安全隐患

人员、管理、法律的安全隐患常常是电子商务安全中最容易被忽视的环节，其中工作人员存在的安全隐患表现最为突出。

（1）规章制度不健全造成人为泄密事故。

（2）因业务不熟悉、误操作或不遵守操作规程而造成泄密。

（3）保密意识不强，不遵守保密规则，随便泄露机密。

（4）熟悉系统的人员故意改动软件，非法获取或篡改信息。

（5）恶意破坏网络系统和设备。

（6）利用硬件的故障部位和软件的错误非法访问系统，或对各部分进行破坏。

三、电子商务安全技术概述

1. 网络安全技术

（1）防火墙技术

防火墙是保护企业和用户保密数据和网络设施免遭破坏的主要手段之一。它可用于防止未授权的用户访问企业内部网络，也可用于防止企业内部的保密数据未经授权而发出。防火墙可用于设置用户对内部网络中某些部分的访问权限，保护敏感信息或保密信息。防火墙技术主要有包过滤、代理服务、状态监控等。

（2）虚拟专用网络技术

虚拟专用网络（virtual private network，VPN）是企业内部网络在互联网的延伸，它通过专用的通道创建安全的专用连接，将远程用户、企业分支机构、公司业务合作伙伴等与公司内部网络连接起来，构成一个扩展的企业内部网络。VPN 是企业常用的安全解决方案，它将不可靠的公用互联网作为信息传输媒介，通过附加的安全隧道、用户认证和访问控制等技术，实现与专用网相似的安全性能。

对于商务网站来说，VPN 是一种理想的、性价比较高的安全防护手段，它既可以为企业提供类似专用网的安全性，又可以为企业节约成本。

（3）入侵检测（intrusion detection）技术

入侵检测是继防火墙之后的又一道防线。防火墙只能对黑客的攻击实施被动防御，一旦黑客攻入系统内部，就没有切实的防护策略。而入侵检测系统则是针对这种情况提出的又一道防线，它能对系统外部的入侵和内部用户的非授权行为进行识别和做出相应处理。

（4）蜜罐技术

蜜罐技术中的蜜罐是指故意让人攻击的目标，它用来引诱黑客前来攻击。攻击者入侵后，蜜罐技术可以随时了解针对服务器发动的最新攻击和服务器的漏洞；还可以通过窃听黑客之间的联系，收集黑客所用的工具，并且掌握黑客的社交网络。

（5）防病毒技术

计算机病毒是指编制的或在计算机程序中插入的破坏计算机功能或毁坏数据、影响计算机使用，并能自我复制的一组计算机指令或程序代码。病毒具有寄生性、传染性、隐蔽性、潜伏性、可触发性、破坏性等特点，是目前计算机网络安全的一个重要威胁。因此，防病毒技术一直是计算机领域研究的重点内容。

2. 信息与交易安全技术

（1）信息加密技术

信息加密技术是主动的信息安全防范措施，它利用加密算法，将明文转换成无意义的密文，阻止非法用户理解原始数据，从而确保数据的保密性。

（2）认证技术

认证技术主要包括数字证书和数字签名。数字证书是网络通信中标志通信各方身份信息的一系列数据，是通过运用对称和非对称密码体制建立起的一套严密的身份认证系统。数字签名实现消息认证，可以保障信息来源的真实性和信息的完整性。

（3）安全套接层协议

安全套接层（secure socket layer，SSL）协议提供两台计算机之间的安全连接，

对整个会话进行加密，从而保证信息的安全传输。SSL 协议具有三个特点：①连接是保密的，采用对称密码体制加密数据；②连接是可靠的，采用信息验证算法进行完整性检验；③对端身份是经验证的，对端实体的鉴别采用非对称密码体制进行认证。

（4）安全电子交易（secure electronic transaction，SET）协议

SET 协议是通过开放网络进行安全资金支付的技术标准。SET 协议向基于信用卡进行电子化交易的应用提供实现安全措施的规则：信息在互联网上安全传输，保证传输的数据不被黑客窃取；订单信息和个人账号信息隔离，当包含持卡人账号信息的订单发送到商家时，商家只能看到订货信息，而看不到持卡人的账户信息；持卡人和商家相互认证，以确认通信双方的身份。

3. 安全管理技术

俗话说"三分靠技术，七分靠管理"，大力加强电子商务系统的安全管理是十分必要的。在行政管理方面应加强安全组织机构的责任感和监督力度，加强业务运行安全，完善规章制度。安全管理技术主要包括加强企业内部安全管理、加速培养电子商务人才、加强政府监管和法律法规建设等方面的内容。

案例讨论

1. 请阅读材料，谈一谈本案例中电子商务企业面临哪些安全风险，应该从哪些方面着手进行防范。

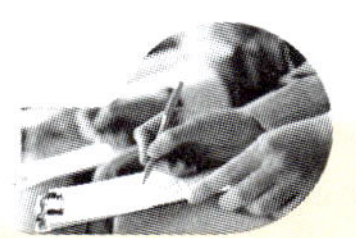

男子在一电子商务公司电脑植入木马，盗取 6 万多条快递信息被抓

近日，杭州一家电子商务公司向萧山警方报警，称接到多名客户反映的快递理赔类诈骗电话和短信，怀疑公司发货单信息泄露。警方调查发现，一款可疑的"打印机监视木马"软件通过 U 盘被复制至该公司电脑，该软件会在公司打印发货单信息时将数据同步上传至指定服务器。监控录像显示，一名陌生男子曾偷偷进入该公司并在电脑上操作，该男子被确认为王某某。警方发现王某某频繁出入杭州、金华等地的电子商务园区，存在连续作案的可能。最终，警方在金华义乌的一家小旅馆内将王某某抓获，并当场查获 9 台作案手机和 3 个

带有木马的U盘。经调查，王某某无固定工作，被一诈骗团伙招募并经培训后潜入电子商务公司植入木马。他通常以应聘为幌子混入仓库，趁人不备在电脑中安装木马软件。除杭州的电子商务公司外，王某某还以相同手法在杭州、义乌等地的另外11家公司作案。目前，王某某因涉嫌非法获取计算机信息系统数据罪被采取刑事强制措施，案件正在进一步办理中。

2. 2015年5月28日，携程旅行网遭到不明攻击，导致网站和客户端无法登录，损失近亿元。谈一谈本案例中电子商务企业面临哪些安全风险，应该从哪些方面着手进行防范。

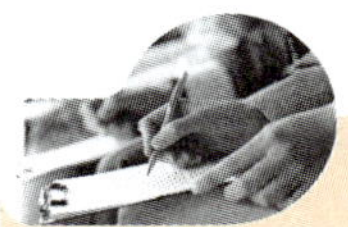

“5·28”携程旅行网瘫痪事件致使携程损失近亿元

2015年5月28日11时许，携程旅行网官网及手机App遭遇不明攻击，导致大面积瘫痪，用户无法正常使用。携程回应称服务器被攻击，数据未丢失。8小时后，网站部分功能开始恢复，但不稳定且无法预订酒店。至当日22时45分，除个别业务外，携程官网及App基本恢复正常。此次事件持续超过12小时，给用户和在线旅游市场供应商及合作伙伴带来不便，部分酒店订单也受到影响。携程在解决问题的同时开展公关工作，安抚用户，承诺数据安全。由于此事件，携程股价盘前暴跌11.67%，估计损失达8 305万元人民币。最终，携程确认此次事件为员工误删生产服务器执行代码所致。

3. CNCERT近年来每年都会发布我国年度互联网网络安全报告和安全态势综述。请阅读《2020年我国互联网网络安全态势综述》节选材料，并上网查询最新一期的我国年度互联网网络安全报告和安全态势综述。结合以上材料，你认为当前电子商务行业面临的主要安全风险有哪些？

2020 年我国互联网网络安全态势综述（节选）

（二）APT 组织利用社会热点、供应链攻击等方式持续对我国重要行业实施攻击，远程办公需求增长扩大了 APT 攻击面。

1. 利用社会热点信息投递钓鱼邮件的 APT 攻击行动高发。

境外“白象”“海莲花”“毒云藤”等 APT 攻击组织以“新冠肺炎疫情”“基金项目申请”等相关社会热点及工作文件为诱饵，向我国重要单位邮箱账户投递钓鱼邮件，诱导受害人点击仿冒该单位邮件服务提供商或邮件服务系统的虚假页面链接，从而盗取受害人的邮箱账号密码。1 月，“白象”组织利用新冠肺炎疫情相关热点，冒充我国卫生机构对我国 20 余家单位发起定向攻击；2 月，“海莲花”组织以“H5N1 亚型高致病性禽流感疫情”“冠状病毒实时更新”等时事热点为诱饵对我国部分卫生机构发起“鱼叉”攻击。“毒云藤”组织长期利用伪造的邮箱文件共享页面实施攻击，获取了我国百余个单位的数百个邮箱的账户权限。

2. 供应链攻击成为 APT 组织常用攻击手法。

APT 组织多次对攻击目标采用供应链攻击。例如，新冠肺炎疫情防控下的远程办公需求明显增多，VPN 成为远程办公人员接入单位网络的主要技术手段之一。在此背景下，部分 APT 组织通过控制 VPN 服务器，将木马文件伪装成 VPN 客户端升级包，下发给使用这些 VPN 服务器的重要单位。经监测发现，东亚区域 APT 组织以及“海莲花”组织等多个境外 APT 组织通过这一方式对我国党政机关、科研院所等多个重要行业单位发起攻击，造成较为严重的网络安全风险。2020 年年底，美国爆发 SolarWinds 供应链攻击事件，包括美国有关政府机构及微软、思科等大型公司在内的大量机构受到影响。

3. 部分 APT 组织网络攻击工具长期潜伏在我国重要机构设备中。

为长期控制重要目标从而窃取信息，部分 APT 组织利用网络攻击工具，在入侵我国重要机构后长期潜伏，这些工具功能强大、结构复杂、隐蔽性高。3 月至 7 月，“响尾蛇”组织隐蔽控制我国某重点高校主机，持续窃取了多份文件；9 月，在我国某研究机构服务器上发现“方程式”组织使用的高度隐蔽网络窃密工具，结合前期该机构主机被控情况，可以推断，最早可追溯至2013年，“方程式”组织就已开始对该研究机构实施长期潜伏攻击。

（三）App违法违规收集个人信息治理取得积极成效，但个人信息非法售卖情况仍较为严重，联网数据库和微信小程序数据泄露风险较为突出。

1. App违法违规收集个人信息治理取得积极成效。

App违法违规收集使用个人信息乱象的治理持续推进，取得积极成效。截至2020年年底，国内主流应用商店可下载的在架活跃App达到267万款，安卓、苹果App分别为105万款、162万款。为落实《网络安全法》，进一步规范App个人信息收集行为，保障个人信息安全，国家互联网信息办公室会同工业和信息化部、公安部、市场监管总局持续开展App违法违规收集使用个人信息治理工作，对存在未经同意收集、超范围收集、强制授权、过度索权等违法违规问题的App依法予以公开曝光或下架处理；研究起草了《常见类型移动互联网应用程序（App）必要个人信息范围规定（征求意见稿）》并面向社会公开征求意见，规定了地图导航、网络约车、即时通信等常见类型App的必要个人信息范围。

2. 公民个人信息未脱敏展示与非法售卖情况较为严重。

监测发现涉及身份证号码、手机号码、家庭住址、学历、工作信息等敏感个人信息暴露在互联网上，全年仅CNCERT就累计监测发现政务公开、招考公示等平台未脱敏展示公民个人信息事件107起，涉及未脱敏个人信息近10万条。此外，全年累计监测发现个人信息非法售卖事件203起，其中，银行、证券、保险相关行业用户个人信息遭非法售卖的事件占比较高，约占数据非法交易事件总数的40%；电子商务、社交平台等用户数据和高校、培训机构、考试机构等教育行业通信录数据分别占数据非法交易事件总数的20%和12%。

3. 联网数据库和微信小程序数据泄露风险问题突出。

CNCERT持续推进数据安全事件监测发现和协调处置工作，全年累计监测并通报联网信息系统数据库存在安全漏洞、遭受入侵控制，以及个人信息遭盗取和非法售卖等重要数据安全事件3 000余起，涉及电子商务、互联网企业、医疗卫生、校外培训等众多行业机构。分析发现，使用MySQL、SQLServer、Redis、PostgreSQL等主流数据库的信息系统遭受攻击较为频繁。其中，数据库密码爆破攻击事件最为普遍，占比高达48%，数据库遭删库、拖库、植入恶意代码、植入后门等事件时有发生，数据库存在漏洞等风险情况较为突出。

近年来，微信小程序（以下简称“小程序”）发展迅速，但也暴露出较为突出的安全隐患，特别是用户个人信息泄露风险较为严峻。CNCERT 从程序代码安全、服务交互安全、本地数据安全、网络传输安全、安全漏洞等五个维度，对国内 50 家银行发布的小程序进行了安全性检测，结果显示，平均一个小程序存在 8 项安全风险，在程序源代码暴露关键信息和输入敏感信息时未采取防护措施的小程序数量占比超过 90%；未提供个人信息收集协议的超过 80%；个人信息在本地储存和网络传输过程中未进行加密处理的超过 60%；少数小程序则存在较严重的越权风险。

注：APT 是指黑客以窃取核心资料为目的，针对客户所发动的网络攻击和侵权行为，是一种蓄谋已久的“恶意商业间谍威胁”。

思考与练习

1. 作为商家，在电子商务交易过程中会面临哪些风险威胁?
2. 谈谈你所了解的某项电子商务安全技术，并说说你还有哪些改善的意见和建议。

学习单元 2　电子商务系统安全的构成

学习目标

知识目标

1. 了解电子商务系统实体安全的基本内容。
2. 了解电子商务系统运行安全的基本内容。
3. 了解电子商务系统信息安全的基本内容。

技能目标

1. 能够对个人征信情况进行查询。
2. 能够对企业征信情况进行查询。

相关知识

如果从计算机信息系统的角度来阐述电子商务系统的安全，那么可以认为电子商务系统安全是由系统实体安全、系统运行安全和系统信息安全三部分组成的，其整体的安全结构如图 1–2–1 所示。

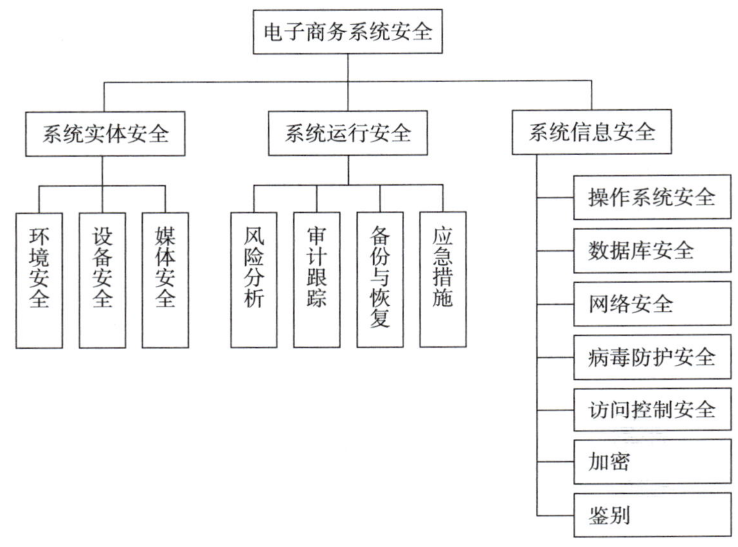

图 1–2–1 电子商务系统安全结构

一、电子商务系统实体安全

电子商务系统实体安全是指保护计算机与网络设备、设施以及其他媒体免遭地震、水灾、火灾、有害气体和其他环境事故（如电磁污染等）破坏的措施。电子商务系统实体安全由环境安全、设备安全和媒体安全三部分组成。

1. 环境安全

实体安全中的环境安全是指对电子商务系统所在的环境实施安全保护，主要包括受灾防护和区域防护。

（1）受灾防护

受灾防护是指系统要具备受灾报警、受灾保护和受灾恢复等功能，目的是保护电子商务系统免受水、火、有害气体、地震、雷击和静电的危害。

1）受灾防护的功能。受灾防护的功能可归纳为三个方面。

①灾难发生前，对灾难进行监测和报警。

②灾难发生时，对正遭受破坏的电子商务系统采取紧急措施，进行现场实时保护。

③灾难发生后，对已经遭受某种破坏的电子商务系统进行灾后恢复。

2）受灾恢复计划辅助软件的功能。为了实施受灾防护，在电子商务系统中应考虑受灾恢复计划辅助软件，它主要是为制订受灾恢复计划提供计算机辅助。受灾恢复计划辅助软件的功能主要包括三个方面。

①灾难发生时的影响分析。

②受灾恢复计划的概要设计或详细制订。

③受灾恢复计划的测试与完善。

（2）区域防护

区域防护是指对特定区域提供某种形式的保护和隔离措施，其功能可归纳为两个方面。

1）静止区域保护：如通过电子手段（如红外扫描等）或其他手段对特定区域（如机房等）进行某种形式的保护（如监测和控制等）。

2）活动区域保护：对活动区域（如活动机房等）进行某种形式的保护。

2. 设备安全

实体安全中的设备安全是指对电子商务系统的设备进行安全保护，主要包括设备防盗、设备防毁、防止电磁泄漏、防止线路截获、抗电磁干扰以及电源保护六个方面。

（1）设备防盗

设备防盗就是对电子商务系统的设备和部件采取一定的防盗手段（如移动报警器、数字探测报警器和部件上锁），以提高系统设备和部件的安全性。

（2）设备防毁

设备防毁就是对电子商务系统的设备实施防毁保护，主要包括两个方面的措施。

1）对抗自然力的破坏，使用一定的防毁措施（如接地保护等）来保护电子商务系统的设备和部件。

2）对抗人为的破坏，使用一定的防毁措施（如防砸外壳）来保护电子商务系统的设备和部件。

（3）防止电磁泄漏

防止电子商务系统的电磁泄漏，可以提高系统内敏感信息的安全性。为防止电磁泄漏，可以采用三个方面的措施。

1）防止电磁的泄漏，如建立屏蔽室防止电磁泄漏。

2）干扰泄漏的电磁，如利用电磁干扰对泄漏的电磁进行置乱。

3）吸收泄漏的电磁，如通过特殊材料 / 涂料等吸收泄漏的电磁。

（4）防止线路截获

防止线路截获主要是防止对电子商务系统通信线路的截获，主要涉及四个方面的举措。

1）预防线路截获，使线路截获设备无法正常工作。

2）探测线路截获，发现线路截获并报警。

3）定位线路截获，发现线路截获设备的位置。

4）对抗线路截获，阻止线路截获设备的有效使用。

（5）抗电磁干扰

抗电磁干扰主要是要防止对电子商务系统的电磁干扰，从而保护系统内部的信息，主要涉及两个方面的举措。

1）对抗外界对系统的电磁干扰。

2）消除来自系统内部的电磁干扰。

（6）电源保护

电源保护主要是指为电子商务系统设备的可靠运行提供能源保障，如采用不间断电源、纹波抑制器、电源调节软件等，主要涉及两个方面的举措。

1）对工作电源工作连续性的保护，如不间断电源。

2）对工作电源工作稳定性的保护，如纹波抑制器。

3. 媒体安全

实体安全中的媒体安全是指对媒体本身和媒体数据实施安全保护。

（1）媒体本身的安全

媒体本身的安全主要是指提供对媒体的安全保管，目的是保护存储在媒体上的信息，主要涉及两个方面的举措。

1）媒体的防盗。

2）媒体的防毁，如防霉和防砸等。

（2）媒体数据的安全

媒体数据的安全主要是指提供对媒体数据的保护，实施对媒体数据的安全删除和安全销毁，目的是防止删除或者销毁的敏感数据被他人恢复，主要涉及三个方面的措施。

1）媒体数据的防盗，如防止媒体数据被非法复制。

2）媒体数据的销毁，包括媒体的物理销毁（如媒体粉碎等）和媒体数据的彻底销毁（如消磁等），防止媒体数据删除或销毁后被他人恢复而泄露信息。

3）媒体数据的防毁，防止意外或故意的破坏而使媒体数据丢失。

二、电子商务系统运行安全

电子商务系统运行安全是指为保障系统功能的安全实现，提供一套安全措施来保护信息处理过程的安全。电子商务系统运行安全由风险分析、审计跟踪、备份与恢复和应急措施四个部分组成。

1. 风险分析

运行安全中的风险分析是指对电子商务系统进行人工或自动的风险分析。风险分析首先要对系统进行静态的分析，尤指系统设计前和系统运行前的风险分析，发现系统的潜在安全隐患；其次要对系统进行动态的分析，即在系统运行过程中测试、跟踪并记录其活动，发现系统运行期间的安全漏洞；最后要对系统进行运行后的分析，并提供相应的系统脆弱性分析报告。风险分析涉及四个方面的安全举措。

（1）系统设计前的风险分析

通过分析系统固有的脆弱性，发现系统设计前潜在的安全隐患。

（2）系统试运行前的风险分析

根据系统试运行期的运行状态和结果，分析系统潜在的安全隐患，发现系统设计的安全漏洞。

（3）系统运行期的风险分析

提供系统运行记录，跟踪系统状态的变化，分析系统运行期的安全隐患，发现系统运行期的安全漏洞，并及时告知安全管理员。

（4）系统运行后的风险分析

分析系统运行记录，发现系统潜在的安全隐患，为改进系统的安全性提供分析报告。

2. 审计跟踪

运行安全中的审计跟踪，是指对电子商务系统进行人工或自动的审计跟踪，保存审计记录和维护详尽的审计日志。审计跟踪涉及三个方面的安全举措。

（1）记录和跟踪各种系统状态的变化，如提供对系统故意入侵行为的记录和对违反系统安全功能行为的记录。

（2）实现对各种安全事件的定位，如监控和捕捉各种安全事件。

（3）保存、维护和管理审计日志。

3. 备份与恢复

运行安全中的备份与恢复是指提供对系统设备和系统数据的备份与恢复。对系统数据进行备份和恢复所使用的介质可以是磁介质、纸介质、光碟、缩微品载体等。备份与恢复主要涉及三个方面的安全举措。

（1）提供工作现场内高速度、大容量、自动化的数据存储、备份和恢复。

（2）提供工作现场外的数据存储、备份和恢复，如通过专用安全记录存储设施对系统内的主要数据进行备份。

（3）提供对系统设备的备份。

4. 应急措施

运行安全中的应急措施是指提供在紧急事件或安全事故发生时保障电子商务系统继续运行或紧急恢复所需要的策略。应急措施包括应急计划辅助软件和应急设施两个方面。

（1）应急计划辅助软件

应急计划是指在紧急状态下，使系统能够尽量完成原定任务的计划。应急计划辅助软件主要是为制订应急计划提供计算机辅助，它包括三个方面的功能。

1）紧急事件或安全事故发生时的影响分析。

2）应急计划的概要设计或详细制订。

3）应急计划的测试与完善。

（2）应急设施

应急设施主要是指紧急事件或安全事故发生时电子商务系统实施应急计划所需要的设施，包括实时应急设施、非实时应急设施等。实时应急设施、非实时应急设施的区别主要表现在对紧急事件发生时响应时间的长短上。应急设施主要提供两个方面的安全功能。

1）提供实时应急设施，实现应急计划，保障电子商务系统的正常安全运行。

2）提供非实时应急设施，实现应急计划。

三、电子商务系统信息安全

电子商务系统信息安全是指防止信息财产被故意地或偶然地非授权泄露、更改、破坏或使信息被非法的系统辨识、控制。信息安全要确保信息的完整性、保密性、可用性和可控性。信息安全由操作系统安全、数据库安全、网络安全、病毒防护安全、访问控制安全、加密和鉴别七个部分组成。

1. 操作系统安全

信息安全中的操作系统安全是指对电子商务系统的硬件和软件资源实行有效的控制，为所管理的资源提供相应的安全保护。它们可以以底层操作系统所提供的安全机制为基础构建安全模块，也可以完全取代底层操作系统，目的是为建立安全信息系统提供可信的安全平台。操作系统安全由安全操作系统、操作系统安全部件等部分组成。

2. 数据库安全

信息安全中的数据库安全是指对数据库系统所管理的数据和资源提供安全保护。一般采用多种安全机制与操作系统相结合来实现数据库的安全保护。

3. 网络安全

信息安全中的网络安全是指提供访问网络资源或使用网络服务的安全保护。网络安全一般包括安全网络系统、网络系统安全部件及网络安全管理等内容。

4. 病毒防护安全

信息安全中的病毒防护安全是指通过建立系统保护机制来预防、检测和消除病毒。病毒防护既包括单机系统的防护，也包括网络系统的防护。单机系统的防护侧重于防护本地计算机资源，而网络系统的防护则侧重于防护网络系统资源。

5. 访问控制安全

访问控制是指对主体访问客体的权限或能力的限制，以及限制进入物理区域（出入控制），限制使用计算机系统和计算机存储数据的过程（存取控制）。信息安全中的访问控制用来保证系统的外部用户或内部用户对系统资源的访问方式以及对敏感信息的访问方式符合组织安全策略。访问控制主要包括出入控制和存取控制两大部分。

出入控制主要是用于阻止非授权用户进入机构或组织，一般是以电子技术、生物技术或者电子技术与生物技术相结合的方式来阻止非授权用户进入。

而存取控制主要是提供主体访问客体时的存取控制，如通过对授权用户存取系统敏感信息时进行安全性检查，实现对授权用户存取权限的控制。

6. 加密

数据加密是防止未经授权的用户访问敏感信息的常用手段。而在信息安全中的加密主要涉及数据的加密和密钥的管理等内容，如图 1–2–2 所示。

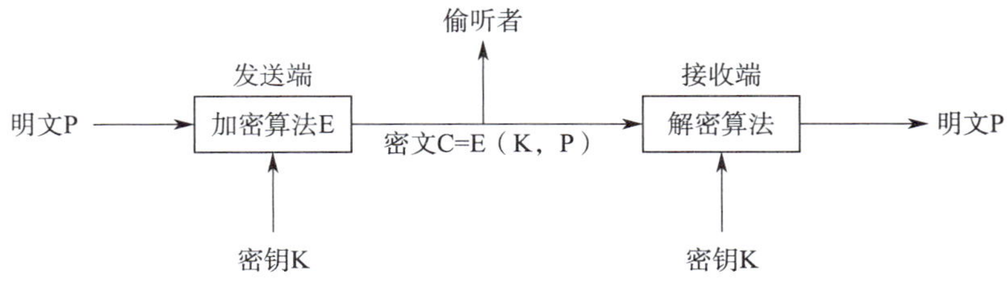

图 1–2–2　信息安全保密通信的模型

7. 鉴别

信息安全中的鉴别主要提供身份鉴别和信息鉴别。身份鉴别是提供对信息收发方（包括用户、设备和进程）真实身份的鉴别。信息鉴别则是提供对信息的正确性、完整性和不可抵赖性的鉴别。

实操练习

数字经济时代，交易者需要更多信息来判别交易对象的信用状况以规避信用风险。目前，我国征信市场上的征信机构主要有三类：一是具有政府背景的非商业性质征信体系，包括主要记录金融信用信息的央行征信中心体系，以及政府职能部门和地方政府建立的征信机构；二是市场化的商业征信机构；三是信用评级机构。

下面就让我们来尝试查询相关个人征信和企业征信等信息。

（1）登录中国人民银行征信中心（见图 1-2-3）互联网个人信用信息服务平台（见图 1-2-4），进行新用户注册（见图 1-2-5），提交信用信息查询请求（见图 1-2-6），查询个人信用信息概要（样例见图 1-2-7）。

图 1-2-3 中国人民银行征信中心

中国人民银行
征信中心
CREDIT REFERENCE CENTER
THE PEOPLE'S BANK OF CHINA
个人信用信息服务平台
登录 | 注册 | 用户销户 | 帮助中心
个人征信记录，尽在掌握！
个人信用信息提示
个人信用信息概要
个人信用报告
马上开始
（验证试用版）
重要提示：征信中心目前仅授权全国性商业银行及中国银联的App客户端提供个人信用报告查询服务，敬请广大用户注意！
三种信用信息产品
针对不同的用户需求，提供个人信用信息提示，个人信用信息概要，个人信用报告三种信用信息产品。
多种验证方式
采用银行卡验证、数字证书验证、问题验证等多种验证方式，确保每位用户都能获得便捷验证体验。
以保护信息安全为前提
严格的身份验证，多因子校验措施，确保信用信息安全。

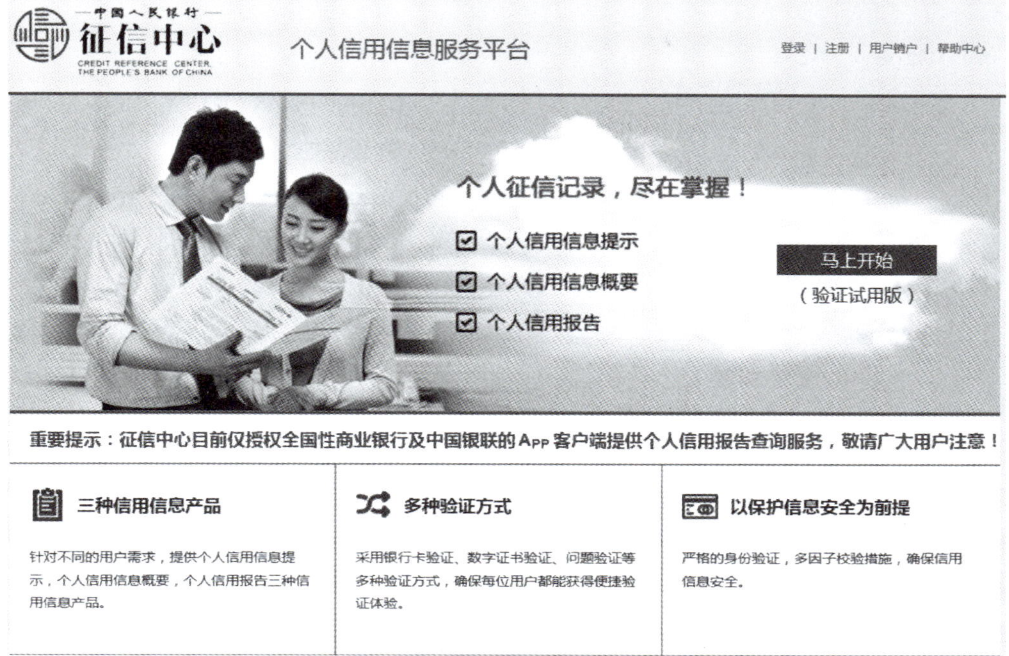

图 1-2-4　个人信用信息服务平台

中国人民银行
征信中心
CREDIT REFERENCE CENTER
THE PEOPLE'S BANK OF CHINA
个人信用信息服务平台
登录 | 注册 | 用户销户 | 帮助中心
当前位置：首页 > 用户登录
用户登录
登录名：
找回登录名
用户销户
密 码：
忘记密码？
无法输入密码，请点这里。
验证码：
3776kc
看不清，换一个
登录
新用户注册
新用户注册
注册流程
填写身份信息 > 补充用户信息 > 完成注册

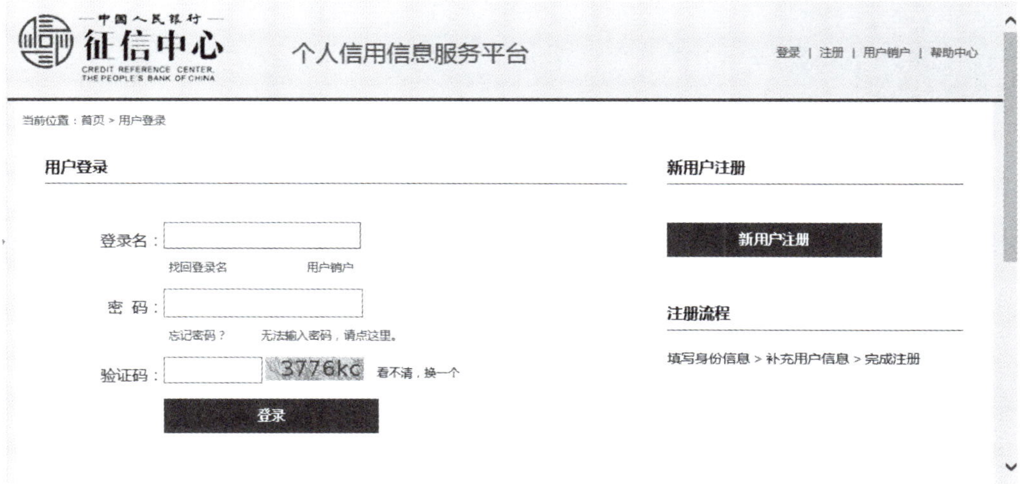

图 1-2-5　中国人民银行个人信用信息服务平台新用户注册

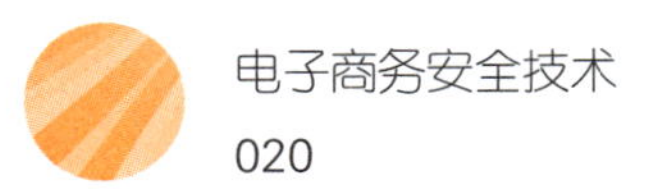

个人信用信息服务平台

退出 | 帮助中心

信息服务 >

申请信用信息

获取信用信息

用户管理 >

当前位置：信息服务 > 申请信用信息

申请信用信息

您的信用信息查询请求已提交，请在24小时后访问平台获取结果。为保障您的信息安全，您申请的信用信息将于7日后自动清理，请及时获取查询结果。

* 选择信用信息： 个人信用信息提示 (处理中)

个人信用信息概要 (处理中)

个人信用报告 (处理中)

您的手机号码：136*****989

* 手机动态码： 获取动态码

图 1-2-6　中国人民银行个人信用信息服务平台申请信用信息查询

个人信用信息概要

报告编号： 2022072210163825365666　**查询时间：** 2022.07.22 10:16:38　**报告时间：** 2022.07.22 10:16:38

信贷记录

这部分包含您的贷款、贷记卡、准贷记卡及其他信贷记录。

您有3笔贷款，其中0笔尚未结清。目前没有逾期，最近5年内没有发生过90天以上逾期。

您有14个贷记卡账户，其中3个尚未销户。目前没有逾期，最近5年内没有发生过90天以上逾期。

公共记录

系统中没有您最近5年内的欠税记录、民事判决记录、强制执行记录、行政处罚记录及电信欠费记录。

查询记录

这部分包含您的信用报告最近2年被查询的记录。

1家机构信用卡审批查询，1家机构贷后管理查询。此外，2022年您未通过互联网进行查询。

图 1-2-7　中国人民银行个人信用信息服务平台个人信用信息概要样例

操作提示：登录中国人民银行征信中心，点选“互联网个人信用信息服务平台”，在“互联网个人信用信息服务平台”点选“马上开始”，然后按要求进行注册，登录后选择“申请信用信息”即可。

（2）现在不少商务交易都需要商家提供企业信用报告。请登录中国人民银行征信中心，查阅“企业信用报告自助机查询指引”和“全国各征信分中心及查询点联系方式”等材料，说说企业如何查询自身的企业信用报告。

（3）国家企业信用信息公示系统（见图 1-2-8）提供全国企业、农民专业合作社、个体工商户等市场主体信用信息的填报、公示和查询服务。该系统是由国家市场监督管理总局主办，并依据《中华人民共和国政府信息公开条例》《企业信息公示暂行条例》等法律法规、规章的有关规定进行的信息公示，公示的主要内容包括市场主体的注册登记、许可审批、年度报告、行政处罚、抽查结果、经营异常状态等信息。用户可通过输入企业注册号查询，也可通过输入企业全称精确查询或企业名称关键词模糊查询。

此外，天眼查（见图 1-2-9）是国家中小企业发展子基金旗下官方备案企业征信机构，企查查（见图 1-2-10）也是全国企业信用查询系统官方备案企业征信机构。请以你平时最喜欢的食品或饮料企业为例，登录上述平台，查询这些企业的信息，并比较这些企业的经营实力和可靠性。

图 1-2-8　国家企业信用信息公示系统

图 1-2-9　天眼查网站平台界面

图 1-2-10　企查查网站平台界面

思考与练习

1. 什么是电子商务系统实体安全？它具体由哪几部分组成？
2. 什么是媒体数据的安全？媒体数据的安全涉及哪些安全功能？
3. 什么是电子商务系统信息安全？信息安全具体包括哪些内容？

模块二
计算机系统与网络安全技术

导语

CNCERT 发布的《2020 年我国互联网网络安全态势综述》显示，勒索病毒持续活跃，全年共捕获勒索病毒软件 78.1 万余个，较 2019 年同比增长 6.8%。2021 年上半年，勒索软件攻击愈发频繁，发生多起重大事件。例如，5 月 7 日，美国输油管道公司 Colonial Pipeline 遭 Darkside 勒索软件攻击，导致东海岸液体燃料停止运营；5 月 26 日，国内某大型地产公司遭 REvil 勒索软件攻击，窃取并加密了约 3 TB 的数据；5 月 31 日，全球最大的肉类供应商 JBS 遭 REvil 勒索软件攻击，导致澳大利亚所有 JBS 肉类工厂停产。

CNCERT 提醒防范勒索软件要做到“四不要”：不要点击来源不明邮件，不要打开来源不可靠网站，不要安装来源不明软件，不要插拔来历不明的存储介质。

近年来，随着我国信息化建设和应用步伐的不断加快，以及电子商务的蓬勃发展，数字经济与实体经济正深度融合。这一趋势对网络安全提出了更为严格的要求。对于电子商务的经营者而言，当务之急就是全面加强网络安全管理，强化技术防护措施，有效提高安全防护水平；同时，还需不断提升网络安全和数据安全保护能力，为数字经济的稳健发展保驾护航。

学习单元 1　计算机系统安全

学习目标

知识目标

1. 了解计算机系统常见的安全问题。
2. 熟悉 Windows 安全配置的主要内容。
3. 了解国产鸿蒙系统及其安全性情况。

技能目标

1. 能够在 Windows 系统下对文件或文件夹进行加密。
2. 能够进行 Windows 本地安全策略的配置。

相关知识

一、计算机系统安全问题原因分析

分析计算机系统安全问题可以从计算机操作系统、应用软件、计算机硬件及计算机操作人员等几个方面入手。

1. 计算机操作系统造成的安全问题

操作系统是计算机各种硬件资源和软件资源的大管家，操作系统的安全性保障不足是造成计算机系统安全问题的原因之一。一般而言，操作系统引发的安全问题主要表现在以下几个方面：其一，操作系统漏洞，这种问题通常是由操作系统设计时的逻辑或者编码缺陷和错误所引起的。以最常见的 Windows 系列操作系统为例，服务拒绝漏洞、热键漏洞、账号快速切换漏洞、UPNP（通用即插即用）服务漏洞等都是常见的操作系统漏洞。其二，操作系统组件的安全问题，如提供互联网服务的 IIS（互联网信息服务）组件中的 MSADC（样本数据访问脚本）可以使得恶意攻击者执行远程指令。其三，操作系统安全设置的问题，如不同级别用户的权限分配问题、管理员账户的弱口令问题等。由于操作系统管理着各种软硬件资源，所以其引发的信息安全问题波及面相对比较广泛。

计算机系统的安全保障首先应加强操作系统的安全性。操作系统的安全保障手段主要有三个方面：第一，应定期对操作系统中的漏洞进行“打补丁”操作，通过“打补丁”操作能够有效地减少由于操作系统漏洞引发的信息系统安全问题；第二，关闭操作系统中不常用的服务组件，加强操作系统的安全审计，如关闭不对外提供网络服务的 IIS 组件，删除 Windows Media Player，避免常见的信息泄露和脚本执行漏洞；第三，更新或者升级不被操作系统厂商所支持的操作系统，减少安全风险。

2. 应用软件造成的安全问题

应用软件是计算机解决特定问题的专门性软件，如常见的办公软件 MS Office 和 WPS、社交软件 QQ 和微信、作图软件 Photoshop 等。应用软件带给用户方便的同时，往往会由于软件设计问题而引发一些安全问题，如 MS Office 应用软件出现的 MS12–027 漏洞（如果用户访问包含为利用该漏洞而设计的特制内容的网站或恶意文件，那么该漏洞可能允许远程执行代码）。应用软件所造成的安全问题相对于操作系统而言影响范围较小，但同样不容忽视。除此之外，一些来源不明的应用软件或者破解软件也会造成一定的安全问题，该类软件捆绑木马、病毒等恶意程序，容易使用户信息的安全性受到威胁。

应用软件安全有效地拓展了计算机的功能，是计算机完成特定工作的必要软件支撑。提升应用软件的安全保障水平应从应用软件选择、更新维护及使用的合理性三个方面进行加强。首先，应用软件应从正规的、可靠的、知名度较高的软件供应商或组织获取，坚决杜绝使用被破解、来源不明的应用软件；其次，应用软件的更新维护一方面能够提高可用性，另一方面可对应用软件中存在的安全漏洞进行修复，因此做好应用软件的更新维护工作也是非常必要的；最后，应用软件应合理使用。例如，FTP（文件传输协议）文件服务应禁止匿名访问，通过为用户分配登录名和密码来确保文件服务器的安全性；一些远程软件容易造成安全漏洞，因此在一些具有保密性数据的计算机上应尽量杜绝安装该类软件。

3. 计算机硬件造成的安全问题

计算机硬件是软件系统得以运行的必要支撑，而硬件引发的安全问题主要表现在两个方面：其一，计算机硬件物理环境的安全稳定性问题，主要包括计算机电磁破坏、静电干扰、供电设备不稳定、物理设备被偷盗以及湿度温度对于计算机硬件的损坏；其二，一些不安全硬件设备的使用，如在机关单位使用家用的路由器设备，随意将可移动磁盘在有重要数据的主机上进行拔插等，都给一些不怀好意的人留下了可乘之机。

计算机硬件安全问题是人们容易忽视的信息系统安全问题。人们往往更关注木马、病毒等带来的破坏，殊不知硬件带来的数据丢失和损坏往往是致命的。因此，在保障信息系统安全方面，选用质量上乘的硬件设备也是计算机系统安全保障工作的重要方面。

计算机硬件安全保障主要表现为对计算机信息系统设备的防盗、防电磁破坏、防恶劣环境破坏等方面的保护。另外，为了防止突然停电对于重要数据丢失的影响，可以采用 UPS（uninterruptible power supply，不间断电源）供电设备。随着标准化机房建设的推进，未来计算机硬件安全保障较之传统机房都会有较大的提升。

4. 计算机操作人员引起的安全问题

计算机操作人员是操作计算机完成各类工作的主动行为者，计算机操作人员引起的安全问题主要有以下几个方面：第一，缺乏基本的计算机操作技能；第二，缺乏信息系统安全操作意识，如关闭防火墙、随意将主机暴露在公共网络之上，操作完成邮件后不进行安全退出等；第三，不合理地使用计算机各类应用软件，如在注册用户名/密码时使用弱口令，将本地打印设备随意在局域网内共享，不加限制地共享本地文件等。总之，计算机操作人员缺乏基本的安全操作技能和必要的安全意识也是导致信息安全问题的重要原因之一。

二、操作系统的安全性

操作系统是管理整个计算机硬件与软件资源的程序，操作系统的安全是整个计算机系统安全的基石。根据运行的环境，操作系统可以分为桌面操作系统、手机操作系统、服务器操作系统、嵌入式操作系统等。

1. 操作系统安全内容

总的来说，操作系统安全的主要内容包括以下四个方面。

（1）系统安全

不允许未经核准的用户进入系统，防止他人非法使用系统的资源，是系统安全管理的任务。主要采取的手段有注册和登录。

（2）用户安全

操作系统中，用户安全管理是指为用户分配文件访问权限。用户对文件访问权限是根据用户分类、需求和文件属性来分配的。可以根据具体情况对文件指定建立、删除、打开、读、写、查询、修改等访问权限。

（3）资源安全

资源安全是通过系统管理员或授权的资源用户对资源属性的设置，来控制用户对文件和打印设备的访问等。

（4）通信网络安全

网络中信息有存储、处理和传输三个主要操作，其中传输受到的安全威胁最大。通信网络安全常用的方法有用户身份验证和对等实体鉴别、访问控制、数据完整性鉴

别、防抵赖、审计等。

2. Windows 操作系统安全配置

Windows 操作系统自身带有比较成熟的安全功能和组件，如组策略编辑器 gpedit.msc 和 syskey 命令等，只要合理地配置它们，Windows 操作系统会是一个比较安全的操作系统。

（1）使用 NTFS 分区格式

NTFS（new technology file system，新技术文件系统）比 FAT（file allocation table，文件配置表）、FAT32（32 位文件配置表）安全得多。NTFS 具备高强度的访问控制机制，保证用户不能访问未经授权的文件和目录，能够有效地保护文件不被泄露与篡改。同时，NTFS 还具有查找文件速度快、产生文件碎片少、节约磁盘空间等优点。

可以在采用了 NTFS 格式的磁盘分区上右击，从弹出的菜单中选择“属性”命令，就会看到 NTFS 格式下的磁盘属性中多了“配额”选项卡。用户通过这个选项卡可以详细地设置系统中每个用户对该磁盘的访问权限。

（2）安装顺序

先安装操作系统，再安装各种应用软件，最后再安装最新的操作系统补丁和应用软件补丁。补丁的安装应该在所有应用软件安装完成之后，因为补丁程序往往要替换或修改某些系统文件，如果先安装补丁再安装应用软件，有可能导致补丁不能起到应有的作用。

（3）及时更新补丁程序

微软公司的产品补丁分为两类，服务包（service pack，SP）和漏洞补丁（hotfix）。SP 是集合一段时间内发布的 hotfix 的所有补丁，也称大补丁，一般命名为 SP1、SP2 等，间隔一段时间才发布一次。hotfix 是小补丁，它位于当前 SP 和下一个 SP 之间，是为解决微软公司网站上最新安全告示中的系统漏洞而发布的，一般命名为“MS 年份 - 序号”，如 MS15-044 表示 2015 年第 44 个 hotfix。

Windows Update 是微软提供的一种自动更新工具，通常提供驱动、软件的升级和漏洞的修复。如果打开了“自动更新”功能，那么 Windows Update 可在第一时间通知更新到计算机。在 Windows10 中还添加了一些选项和设置来控制 Windows 更新。

（4）限制用户数量

系统的账号越多，黑客得到合法用户权限的可能性一般也就越大。因此，应删除所有测试用户、共享用户和普通部门账号，对用户组策略设置相应的权限，并且经常检查系统的用户，删除已经不再使用的用户。

（5）创建两个账号

黑客入侵的常用手段之一就是试图获得管理员（Administrator）账号的密码。每一台计算机至少需要一个账号拥有管理员权限，但不一定非用“Administrator”这个名称。可创建两个账号，一个拥有一般权限的账号处理日常事务，另一个拥有管理员权限的账号只在需要的时候使用。要尽量减少管理员登录的次数和时间，因为只要登录系统，密码就会存储在 Winlogon（系统核心进程）中，非法用户入侵计算机时就可以得到用户登录的密码。

另外，最好创建一个拥有全部权限的账号（如 Guest one），然后停用管理员账号，或把管理员账号改名为普通用户名（如 Guest one）。

（6）使用文件加密系统

Windows 强大的加密系统能够给磁盘、文件夹（包括 temp 文件夹）和文件加上一层安全保护，这样可以防止别人读取用户硬盘上的数据。例如，在 Windows7 中可以对整个硬盘分区，对 U 盘和移动硬盘进行加密，避免因存储设备丢失而导致的数据泄露问题。

需要注意的是，如果重装了系统，加密的文件就不能打开了（这也是加密的作用所在）。而且，打不开的文件是没有任何办法可以恢复的。因为加密用的文件要用“证书”打开，重装系统后，这些证书就没有了。所以需要在系统还未重装的时候，把这些证书备份出来。

（7）目录和文件权限

为了控制服务器中用户的权限，同时也为了预防以后可能遭受的攻击，必须非常小心地设置目录和文件的访问权限。在默认的情况下，大多数的文件夹对所有用户（everyone）是完全开放（full control）的，需要根据应用的需要重新设置目录和文件权限。在进行权限控制时，要注意拒绝的权限应比允许的权限高，文件权限应比文件夹权限高，仅给用户真正需要的权限。权限的最小化原则是安全的重要保障。

（8）关闭默认共享

操作系统安装后，系统会创建一些默认的共享，如共享驱动器、共享文件和共享打印等，这意味着进入网络的用户都可以共享和获得这些资源。因此，要根据应用需要，关闭不需要的共享服务。

（9）禁用 Guest 账号

Guest 账号即所谓的来宾账号，可以访问计算机，虽然受到限制，但也为黑客入侵打开了方便之门。如果不需要用到 Guest 账号，最好禁用它。

（10）使用安全密码

在设置密码时，很多人习惯使用特殊的日期、时间或数字，如自己或家人的出生日期、家庭电话或手机号码、身份证号码等。这样的密码便于记忆，但是最容易记忆的密码也是最不安全的密码。

在选择密码时，最好同时使用字母（包括字母的大小写）、数字、特殊符号，这种类型的密码是比较安全的。在允许的情况下，密码的位数尽可能长，至少要多于 6 位，Windows 允许设置密码的长度可达 127 位，并且要定期更换密码。

（11）随时锁定计算机

如果在使用计算机过程中需要暂时离开，那么可以通过按 Ctrl+Alt+Delete 键或屏幕保护程序来达到锁定屏幕的目的。

（12）关闭不必要的端口

Windows 中每一项服务都对应相应的端口，如 Web 服务的端口是 80，NetBIOS（网上基本输入输出系统）协议所使用的端口是 139。Windows 安装后默认情况下都要开启这些服务，而黑客大多是通过端口进行入侵的，关闭一些端口可以防止黑客的入侵。但关闭端口意味着减少功能，因此，一项服务到底有没有用要根据需要确定。可查找相关资料，将暂时不用的端口关闭，这样系统会更安全一些。

3. 鸿蒙系统及其安全性

华为鸿蒙系统 HarmonyOS 是新一代的智能终端操作系统，是面向万物互联的全场景分布式操作系统，支持手机、平板、智能穿戴、智慧屏等多种终端设备运行。鸿蒙操作系统多项安全举措中包含了模糊位置、聊天隐私保护、分享照片脱敏、敏感权限使用提醒、隐私空间、维修模式、AI 信息保护、文件保密柜等。

例如，当敏感信息被恶意应用、流氓软件调用时，前台会及时提醒，以防信息进一步泄露。如果手机中有大量商业机密，可以开启隐私空间，开启后手机的敏感信息、重要信息会存储在一个独立空间中，两个空间可设置不同密码、指纹用于解锁。如果手机损坏需要送修，还可以在系统中开启维修模式，将手机中的照片、视频、信息、录音、支付软件等数据完全隔离，维修人员无法看到用户个人数据。

另外，鸿蒙操作系统中还有 AI 信息保护和文件保密柜功能。AI 信息保护指的是通过智能识别人脸功能，只有机主查看手机时能看到通知内容，其他人查看时通知内容会自动隐藏。手机里的机密文件可以存放到文件保密柜，保密柜需设置密码登录，且保密柜的界面无法截屏。

实操练习

1. 在 Windows7 下对文件或文件夹进行 EFS（加密文件系统）加密（Windows10 方法类似）。

（1）选中需要加密的文件夹（本例为 D 盘下的“加密测试”文件夹），右键单击选择“属性”，如图 2-1-1 所示。

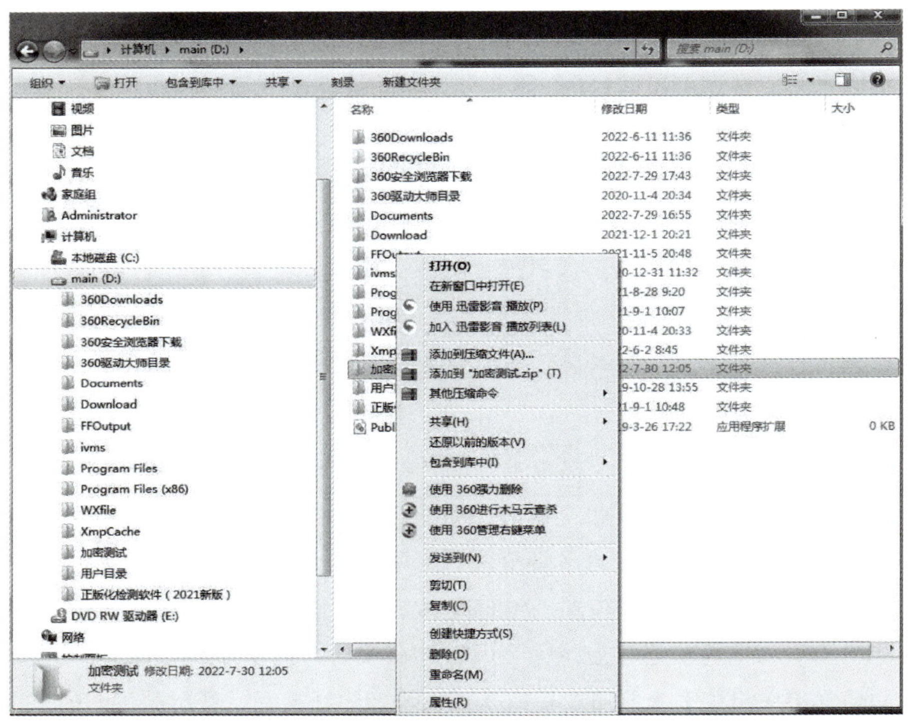

图 2-1-1　选中需要加密的文件夹，右键单击选择“属性”

（2）在弹出的文件夹属性对话框中的“常规”标签下单击“高级”按钮，如图 2-1-2 所示。

（3）在随后弹出的“高级属性”对话框中选择“加密内容以便保护数据”选项，如图 2-1-3 所示。

（4）点击确定后，加密设置生效，系统会提示“备份文件加密密钥”，如图 2-1-4 所示。

（5）此时加密已完成，接着进行加密密钥证书文件的导出备份工作。单击系统提示“备份文件加密密钥”，启动“证书导出向导”，如图 2-1-5 所示。

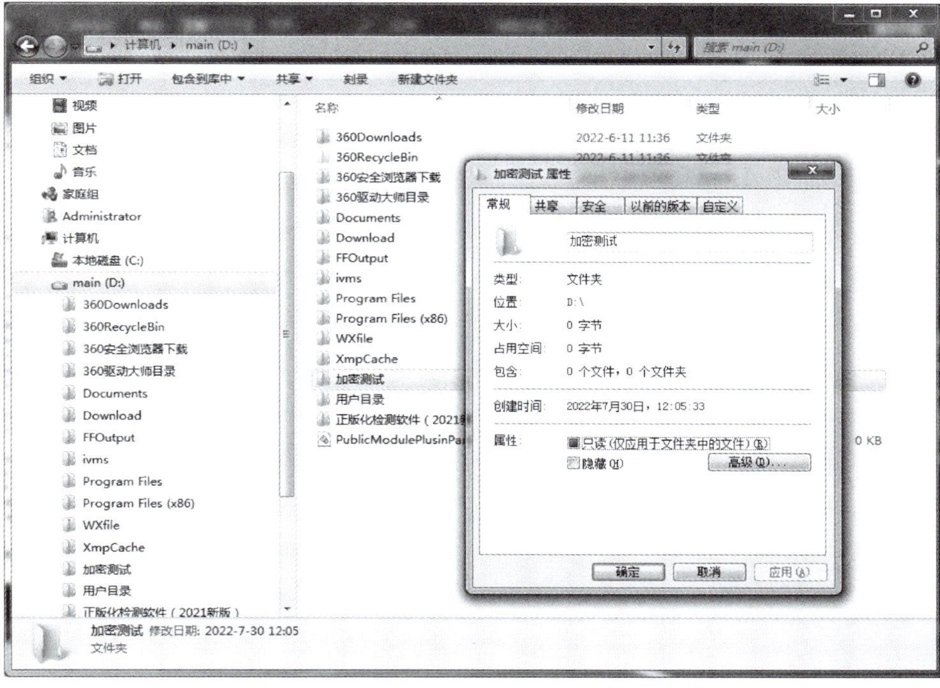

图 2-1-2 点选“常规”标签下的“高级”按钮

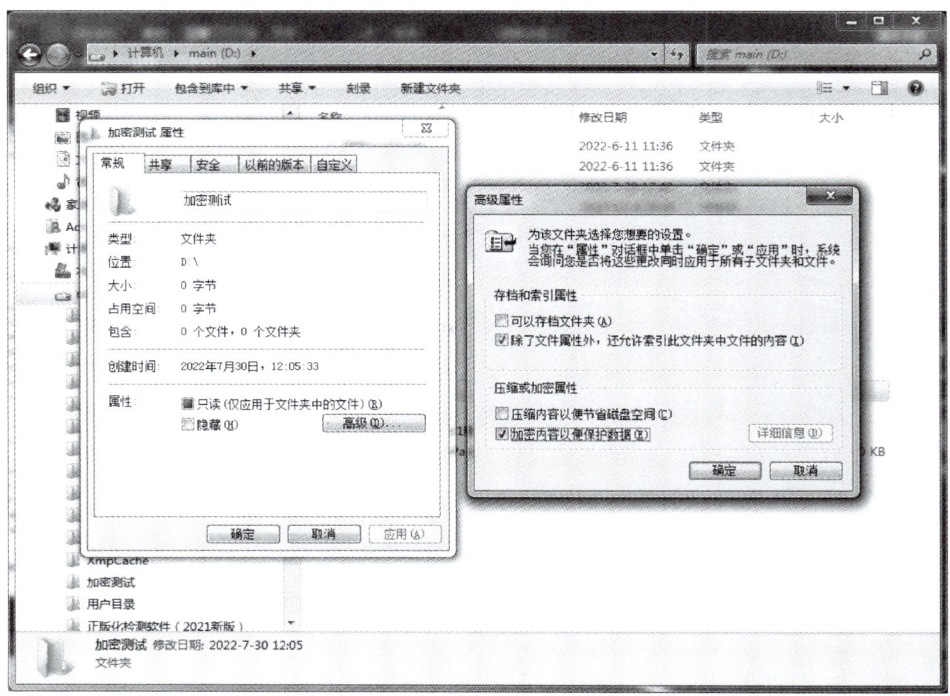

图 2-1-3 点选“加密内容以便保护数据”

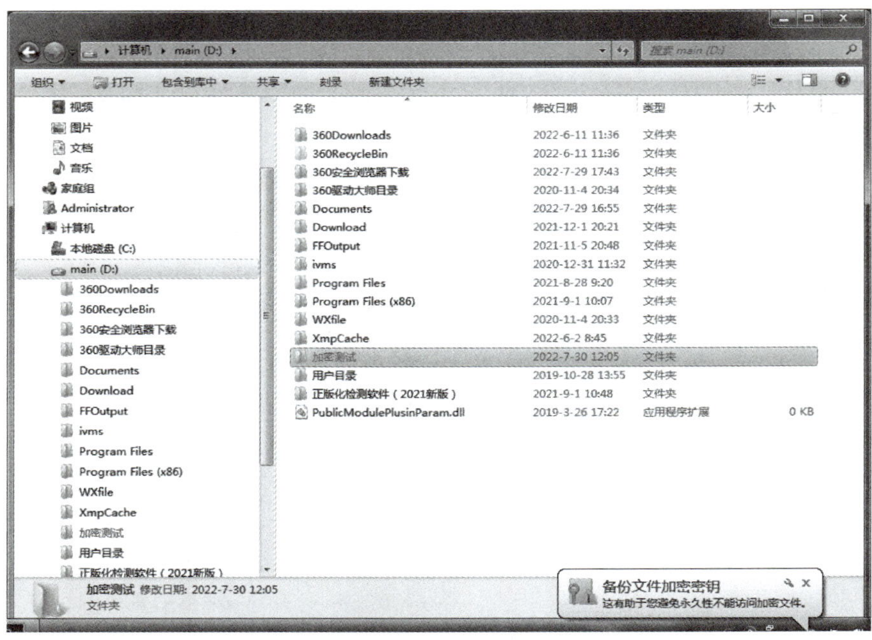

图 2-1-4 加密设置生效，系统提示“备份文件加密密钥”

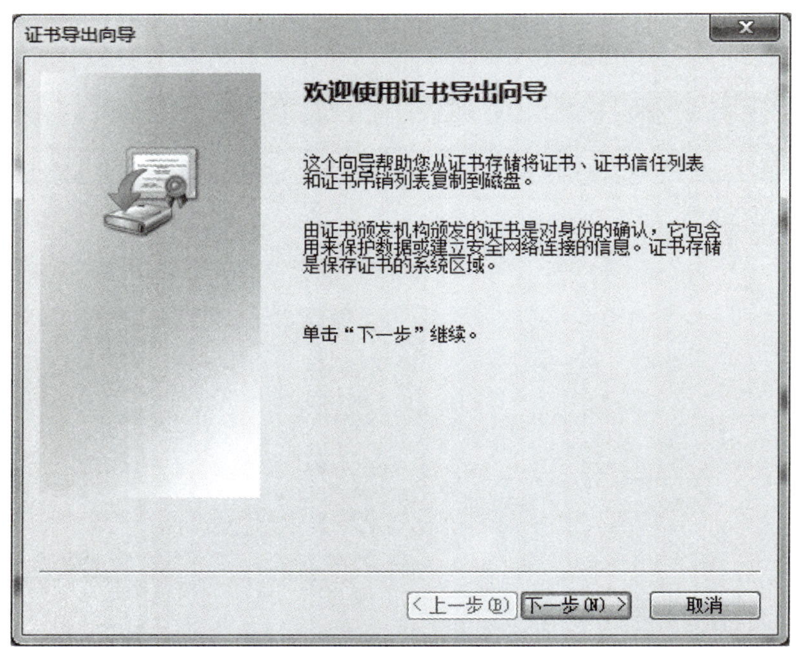

图 2-1-5 启动“证书导出向导”

（6）点击下一步，在随后弹出的对话框中选择“个人信息交换 - PKCS #12（.PFX）（P）”，如图 2-1-6 所示，再单击“下一步”按钮。

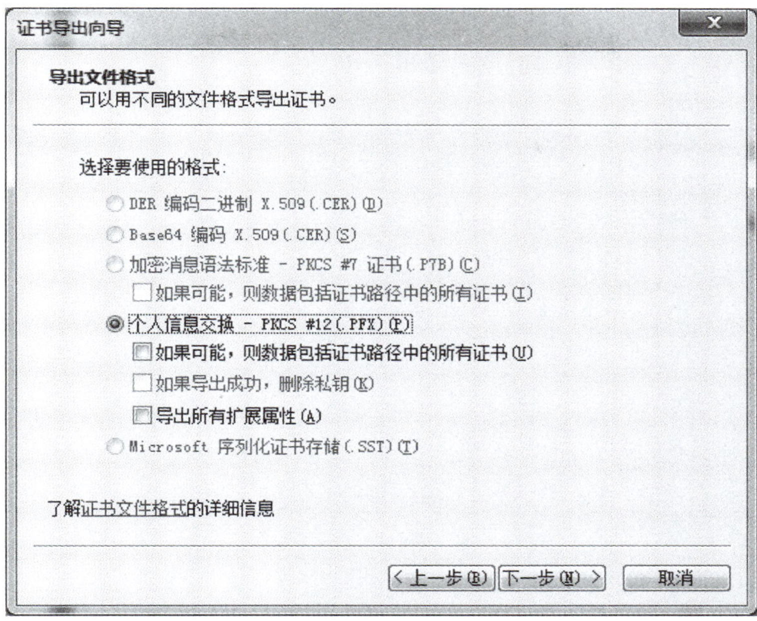

图 2-1-6　选择“个人信息交换 - PKCS #12（.PFX）（P）”

（7）在弹出的对话框中，输入两次相同的密码（这个密码将在恢复导入的时候使用），如图 2-1-7 所示，再点击“下一步”按钮。

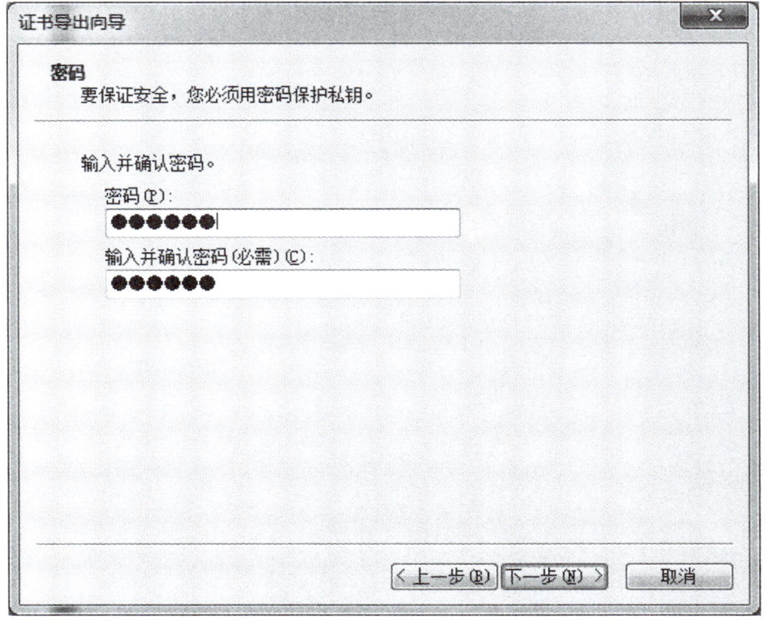

图 2-1-7　设置今后恢复导入时使用的密码

（8）点击“浏览”，设置导出加密密钥证书文件所保存的路径和名称，文件名后缀为 .pfx，如图 2-1-8 所示，再点击“下一步”。

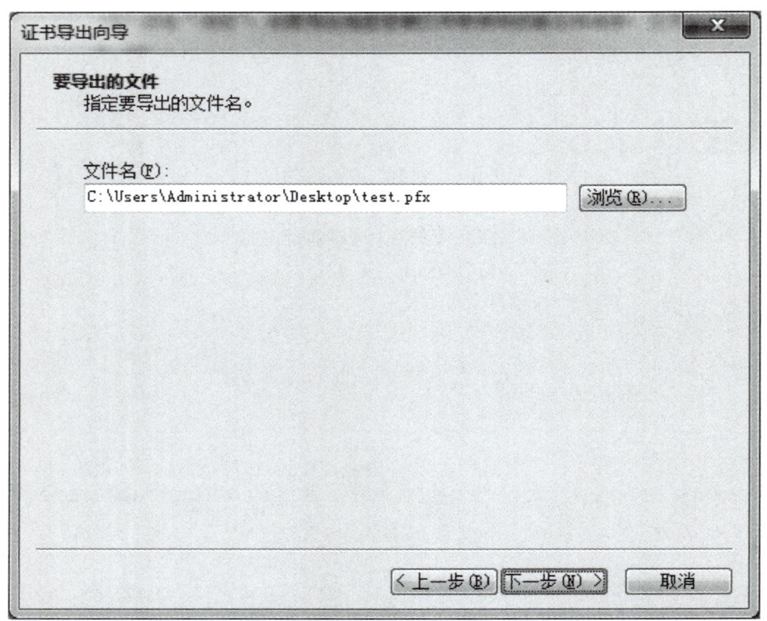

图 2-1-8　设置密钥文件所保存的路径和名称

（9）确认导出加密密钥证书文件无误后，单击完成即可，如图 2-1-9 所示。

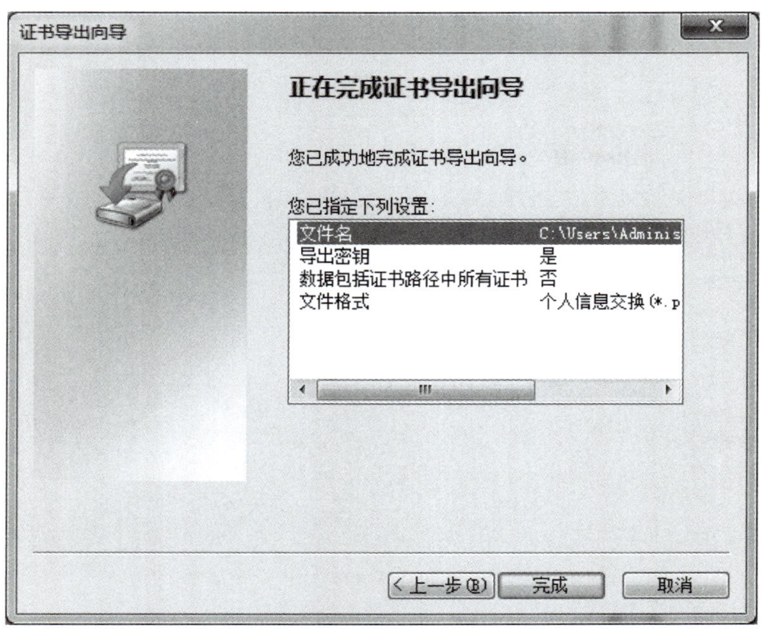

图 2-1-9　确认导出加密密钥证书文件

（10）若需要查看和备份加密密钥证书，按“Windows 徽标键 +R 键”，在弹出窗口输入“certmgr.msc”，按回车键，如图 2–1–10 所示，调出证书管理器。

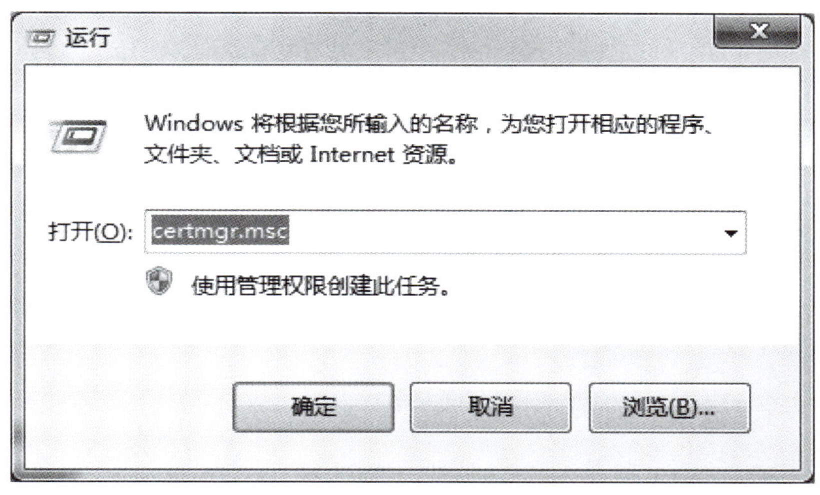

图 2–1–10　运行 certmgr.msc

（11）点击“个人”—“证书”，在右边的窗口中找到对应的证书。选中后右键单击鼠标，选择“所有任务”—“导出”，如图 2–1–11 所示，即可启动如图 2–1–5 所示的“证书导出向导”，随后按提示进行操作即可。

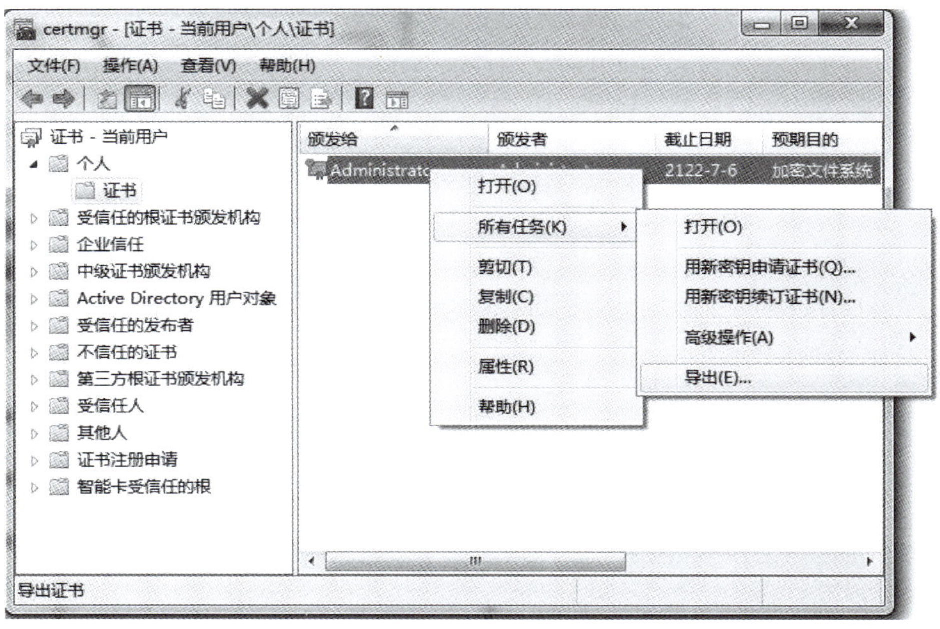

图 2–1–11　选择导出个人证书

2. 进行 Windows 本地安全策略的配置，查看本地账户密码策略，进行更安全的防护配置。

（1）按“Windows 徽标键 +R 键”，在弹出窗口中输入“secpol.msc”，按回车键，如图 2-1-12 所示，调出“本地安全策略”管理器，如图 2-1-13 所示。

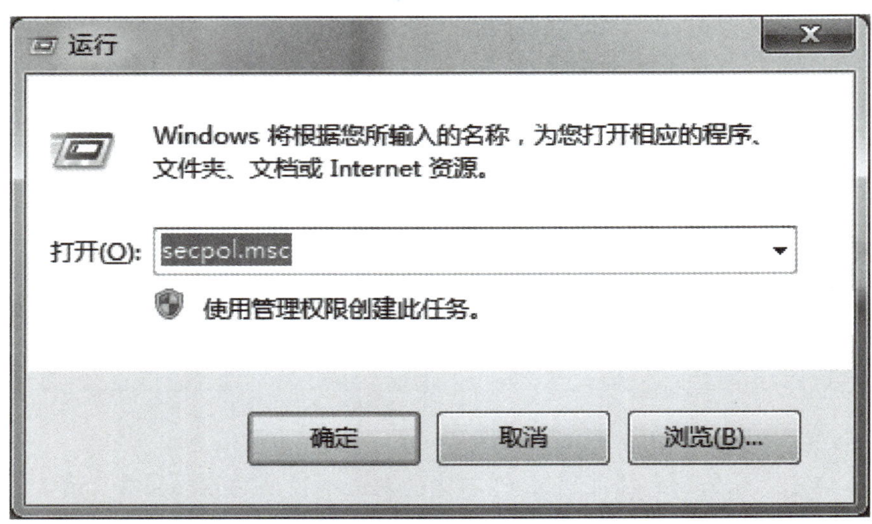

图 2-1-12　调出“本地安全策略”管理器

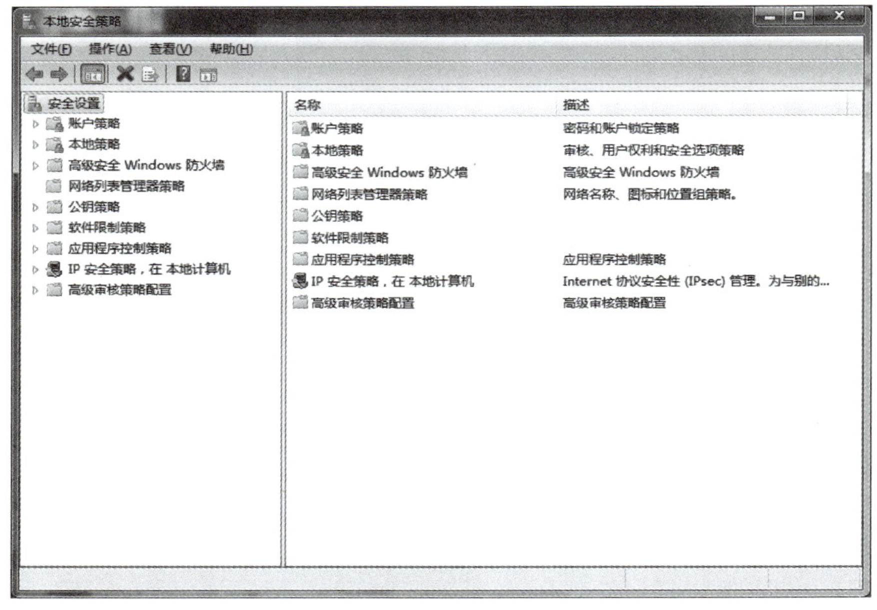

图 2-1-13　“本地安全策略”管理器

（2）选择“账户策略”—“密码策略”，如图 2-1-14 所示，双击要配置的策略项，在弹出的窗口中进行配置即可。

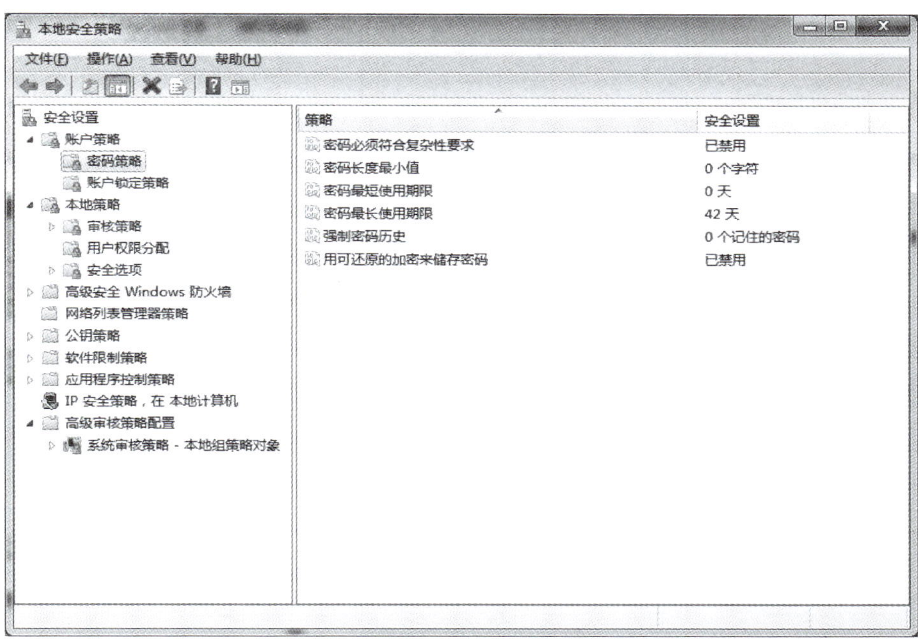

图 2-1-14　选择“密码策略”

思考与练习

1. 在设置密码时，应注意哪些问题？
2. 请简要说明为自己的计算机设置屏幕保护程序（等待时间为 3 分钟，密码为 Safe2022dianshang）的步骤。
3. 请谈一谈你所知道的 Windows 操作系统常用的安全配置。

学习单元 2　网络安全

学习目标

知识目标

1. 了解网络攻击的主要类型。
2. 了解常见的网络攻击方法。
3. 掌握网络扫描的作用和基本原理。

技能目标

能够使用网络扫描工具进行网络安全性检测评估。

相关知识

互联网是电子商务最基本的平台，而网络安全是电子商务安全最重要的保障。只有针对错综复杂、不断演变的网络攻击，采用科学先进的技术手段，并将技术与管理有机地结合，形成完善的网络安全保障体系，才能有效保障网络本身的安全。

一、网络安全概述

1. 网络攻击的类型

网络攻击是指针对计算机信息系统、基础设施、计算机网络或个人计算机设备的任何类型的进攻动作。对于计算机和计算机网络来说，破坏、修改、使软件或服务失去功能，在没有得到授权的情况下访问或偷取任何一台计算机的数据，都会被视为对计算机和计算机网络的攻击。

从对信息的破坏性上看，攻击可以分为主动攻击和被动攻击两大类。

（1）主动攻击

主动攻击会导致某些数据流的篡改和虚假数据流的产生。这类攻击可分为篡改、伪造消息数据和终端以及拒绝服务。

1）篡改消息。篡改消息是指一个合法消息的某些部分被改变、删除，消息被延迟或改变顺序，通常用以产生一个未授权的效果。例如，修改传输消息中的数据，将“允许甲执行操作”改为“允许乙执行操作”。

2）伪造。伪造指的是某个实体（人或系统）发出含有其他实体身份信息的数据信息，假扮成其他实体，从而以欺骗方式获取一些合法用户的权利和特权。

3）拒绝服务。拒绝服务即常说的 DoS（denial of service）攻击，会导致对通信设备的正常使用或管理被无条件地中断。拒绝服务通常是对整个网络实施破坏，以达到降低性能和阻止终端服务的目的。这种攻击也可能有一个特定的目标，如到某一特定目的地（如安全审计服务）的所有数据包都被阻止。

（2）被动攻击

被动攻击中攻击者不对数据信息做任何修改，但在未经用户同意和认可的情况下获得了信息或相关数据。被动攻击通常包括流量分析、窃听、破解弱加密的数据流等攻击方式。

1）流量分析。流量分析攻击方式适用于一些特殊场合，例如敏感信息都是保密的，攻击者虽然从截获的消息中无法知道消息的真实内容，但攻击者还能通过观察这些数据包的模式，分析确定通信双方的位置、通信的次数及消息的长度，来获知相关的敏感信息。

2）窃听。窃听是最常用的手段。应用最广泛的局域网上的数据传送是基于广播方式进行的，这就使一台主机有可能收到本子网上传送的所有信息。而计算机的网卡工作在杂收模式时，可以将网络上传送的所有信息传送到上层，以供进一步分析。如果没有采取加密措施，通过协议分析，可以完全掌握通信的全部内容。窃听还可以用无线截获方式得到信息，通过高灵敏接收装置接收网络站点辐射的电磁波或网络连接设备辐射的电磁波，通过对电磁信号的分析恢复原数据信号，从而获得网络信息。尽管有时数据信息不能通过电磁信号全部恢复，但可能得到极有价值的情报。

由于被动攻击不会对被攻击的信息做任何修改，留下痕迹很少，或者根本不留下痕迹，所以非常难以检测。因此抗击这类攻击的重点在于预防，具体措施包括 VPN、采用加密技术保护信息以及使用交换式网络设备等。被动攻击不易被发现，但却常常是主动攻击的前奏。

2. 常见的网络攻击方法

（1）Web 欺骗

Web 欺骗是指攻击者建立一个可以使人信以为真的假冒 Web 站点（钓鱼网站），这个“复制”的 Web 站点与原页面几乎完全一样，并且攻击者控制了这个“复制”的 Web 站点、被攻击对象和真的 Web 站点之间的所有信息流动。

Web 攻击的原理是打断从被攻击者主机到目标服务器的正常连接，并建立一条从被攻击主机到攻击主机再到目标服务器的连接，如图 2-2-1 所示为假冒银行服务器的

Web 欺骗示意图。当用户浏览某个网站时，发觉速度比平时要慢，并且出现一些其他怪异现象的时候，要提高警惕。这时可以将鼠标移到网页中的一条超级链接上，查看状态行中的地址是否与要访问的一致，或直接查看地址栏中的地址是否正确；还可以查看网页的源代码，在源代码中也可以发现地址是否被改动。当查看后并未发现地址被改动，也并不代表平安无事，因为攻击者可以加一个 JavaScript 程序来隐藏这些线索。所以，提前做好防范才是最重要的。

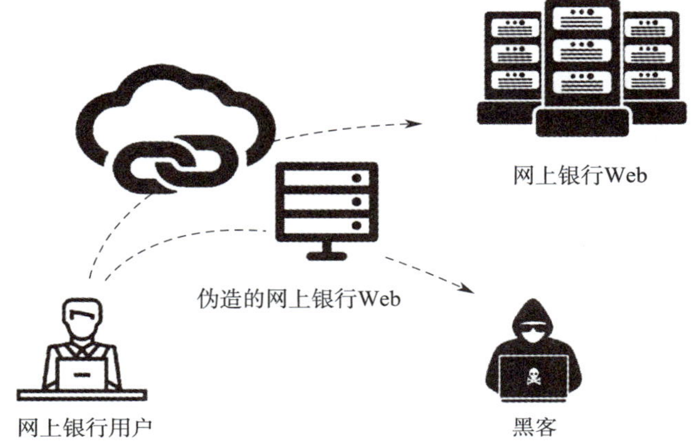

图 2-2-1　假冒银行服务器的 Web 欺骗示意图

要想做好防范，首先，可以在上网浏览时关掉浏览器的 JavaScript，使攻击者不能隐藏攻击的迹象，但这会减少浏览器的功能；其次，不从不熟悉的网站上链接到其他网站（特别是链接到需要输入个人账户名和密码的有关电子商务的网站）；最后，养成从地址栏中直接输入网址来浏览网站的习惯。

（2）拒绝服务攻击

任何对服务的干涉，使得其可用性降低或者失去可用性均称为拒绝服务（denial of service，DoS）。例如，一个计算机系统崩溃或其带宽耗尽或其硬盘被填满，导致其不能提供正常的服务，就构成 DoS。

DoS 攻击是指攻击者想办法让目标机器停止提供服务，是黑客常用的攻击手段之一。其实，对网络带宽进行的消耗性攻击只是 DoS 攻击的一小部分，只要能够给目标造成麻烦，使某些服务被暂停甚至主机死机，都属于 DoS 攻击。DoS 攻击问题也一直得不到合理的解决，究其原因是网络协议本身的安全缺陷，从而使得 DoS 攻击也成为攻击者的终极手法。攻击者进行 DoS 攻击时，实际上让服务器实现两种效果：一种是迫使服务器的缓冲区满，不接收新的请求；另一种是使用 IP 欺骗，迫使服务器把非法用户的连接复位，影响合法用户的连接。

（3）分布式拒绝服务攻击

分布式拒绝服务（distributed denial of service，DDoS）攻击是指处于不同位置的多个攻击者同时向一个或数个目标发动攻击，或者一个攻击者控制了位于不同位置的多台机器，并利用这些机器对受害者同时实施攻击。由于攻击的发出点是分布在不同地方的，所以这类攻击称为 DDoS 攻击，其中的攻击者可以有多个。

DDoS 攻击是一种基于 DoS 攻击的特殊形式的 DoS 攻击，是一种分布的、协同的大规模攻击方式。单一的 DoS 攻击一般采用一对一方式，利用网络协议和操作系统的一些缺陷，采用欺骗和伪装的策略来进行网络攻击，使网站服务器充斥大量要求回复的信息，消耗网络带宽或系统资源，导致网络或系统不胜负荷以至于瘫痪而停止提供正常的网络服务。与 DoS 攻击由单台主机发起相比，DDoS 攻击是借助数百甚至数千台被入侵后安装了攻击进程的主机同时发起的集团行为。

黑客往往会利用僵尸网络（bot net）来发动 DDoS 攻击。僵尸网络是指采用一种或多种传播手段，将大量主机感染僵尸程序病毒，从而在控制者和被感染主机之间形成的一个可一对多控制的网络。僵尸网络命令和控制模型允许攻击者接管这些设备的操作以远程控制它们。僵尸网络极具威胁隐患，也是目前国际上十分关注的问题。然而，发现一个僵尸网络是非常困难的，因为黑客通常远程、隐蔽地控制分散在网络上的“僵尸主机”，这些主机的用户往往并不知情。

（4）特洛伊木马

特洛伊木马（trojan horse）是指寄宿在计算机里的一种非授权的远程控制程序，这个名称来源于公元前 12 世纪希腊和特洛伊之间的一场战争。特洛伊木马程序能够在计算机管理员未发觉的情况下开放系统权限、泄露用户信息甚至窃取整个计算机管理使用权限，这使得它成为黑客们最常用的工具之一。

特洛伊木马本质上就是一种客户 / 服务器模式的网络程序，其工作原理是一台主机提供服务器作为服务器端，另一台主机接受服务作为客户端。服务器端的程序通常会开启一个预设的连接端口进行监听，当客户端向服务器端的这一连接端口提出连接请求时，服务器端上的相应程序就会自动执行，来回复客户端的请求，并提供其请求的服务。对于特洛伊木马来说，功能端程序安装在被攻击的主机上，它也是木马大部分功能的实现端，木马对被攻击主机的所有控制功能也都集中在服务器端。木马的控制端程序通常安装在攻击者的主机上，用于控制功能端，向功能端发出各种命令，使得功能端程序按照攻击者意图实现各种远程控制功能。

特洛伊木马具有隐蔽性和自动运行等特性。特洛伊木马的隐蔽性是其最重要的特征。如果一种特洛伊木马不能很好地隐藏在目标计算机或网络中，就会被用户或安全软件发现和查杀，也就无法生存下去了。另外，特洛伊木马必须是自动启动和运行的程序，因此其采取的方法可能是嵌入启动配置文件或者注册表中。

（5）口令攻击

口令攻击也称口令破解，攻击者常常把破译用户的口令密码作为攻击的开始，只要攻击者能获得用户的口令，他就能获得机器或者网络的访问权，并能访问用户能访问的任何资源。如果这个用户是管理员用户权限，这将极其危险。口令攻击是黑客入侵网络最喜欢采用的方法。黑客通过获取系统管理员或其他特殊用户的口令，获得系统的管理权，窃取系统信息、磁盘中的文件甚至对系统进行破坏。

常见的口令攻击的类型包括字典攻击、强行攻击、工具攻击和社会工程学攻击等。

1）字典攻击。因为多数人使用普通字典中的单词作为口令，发起字典攻击通常是较好的开端。字典攻击使用一个包含大多数单词的文件，用这些单词猜测用户口令。使用一部有一万个单词的字典一般能猜测出系统中 70%的口令。在多数系统中，和尝试所有的组合相比，字典攻击能在很短的时间内完成。

2）强行攻击。许多人认为如果使用足够长的口令，或者使用足够完善的加密模式，就能有一个攻不破的口令。事实上没有攻不破的口令，这只是个时间问题。如果有速度足够快的计算机能尝试字母、数字、特殊字符所有的组合，最终将能破解所有的口令，这种类型的攻击方式叫作强行攻击。

3）工具攻击。攻击者会使用专用的口令攻击工具软件或具有特殊功能的软件，进行口令破解攻击。

4）社会工程学攻击。此类型的攻击有三种方式。第一，攻击者根据账户拥有者的身份信息和习惯，进行口令的猜测，如名字缩写、生日、宠物名、部门名等。在详细了解用户的社会背景之后，攻击者可以列举几百种可能的口令，并在很短的时间内完成猜测攻击。第二，攻击者通过人际交往这一非技术手段，以欺骗、套取的方式来获得口令。第三，攻击者通过管理员疏忽或无意泄露获得口令。避免此类攻击的对策是增强用户的安全意识。

（6）网络监听

网络监听也称网络嗅探（sniffer），它借助网络底层的工作原理，能够将网络传输的全部数据记录下来。网络监听是一种常用的被动式网络攻击方法，攻击者能够轻易获得用其他方法很难获得的信息，如用户账号、口令密码、敏感数据、IP 地址、路由器信息、TCP 套接字号等。

网络监听通常在网络接口处截获计算机之间通信的数据流，是进行网络攻击最简单、最有效的方法。在普通模式下，只有本地地址的数据包或者广播（多播等）才会

被网卡提交给系统核心，否则这些数据包会被网卡直接抛弃。而在混杂模式下，所有经过的数据包都被传递给系统核心，然后被网络监听等程序利用。

在通常的网络环境之下，用户的信息包括口令都是以明文的方式在网络上传输的，因此进行网络监听从而获得用户信息并不是一件困难的事情，只要掌握初步的 TCP/IP 协议知识就可以轻松地监听并获取想要的信息。

可以通过使用检测混杂模式网卡的工具来发现网络监听。另外，还可以通过网络带宽出现反常来检测网络监听。通过某些带宽控制器，可以实时看到目前网络带宽的分布情况，如果某台机器长时间占用了较大的带宽，那么这台机器就有可能被监听。

二、网络扫描

网络扫描就是对计算机系统或者其他网络设备进行安全相关的检测，以找出目标系统所开放的端口信息、服务类型以及安全隐患和可能被黑客利用的漏洞。例如，通过扫描可以发现远程服务器各种 TCP 端口的分配情况、提供的服务和软件版本，这样就能间接或直观地了解远程主机所存在的安全问题。

1. 网络安全漏洞

从技术上说，网络容易受到攻击主要是由于网络软件不完善和网络协议本身存在安全缺陷。例如，人们使用最多、最著名的 TCP/IP 协议就存在大量的安全漏洞。这是因为在设计 TCP/IP 协议时，设计人员只考虑到如何实现信息通信，而没有考虑到有人会破坏信息通信的安全。下面举例说明 TCP/IP 协议的几个安全漏洞。

（1）由于 TCP/IP 协议的数据流采用明文传输，所以信息很容易被在线窃听、篡改和伪造。特别是在使用 FTP 和 Telnet（远程终端协议）命令时，如果用户的账号、口令是明文传输的，那么攻击者就可以使用 sniffer、snoop、网络分析仪等软件截取用户账号和口令。

（2）TCP/IP 协议用 IP 地址作为网络节点的唯一标识，但是节点的 IP 地址又是不固定的，因此攻击者可以直接修改节点的 IP 地址，冒充某个可信节点的 IP 地址进行攻击，实现源地址欺骗（source address spoofing）或 IP 欺骗（IP spoofing）。所以，IP 地址不能作为一种可信的认证方法。

（3）TCP/IP 协议只能根据 IP 地址进行鉴别，而不能对节点上的用户进行有效的身份认证，因此服务器无法鉴别登录用户的身份有效性。目前 TCP/IP 协议主要依靠服务器提供的用户控制机制，如用户名、口令等进行身份认证。

通过网络扫描，有助于网络管理员发现网络漏洞和缺陷，进行网络安全性评估。

2. 网络扫描的基本原理

网络扫描是一种系统检测、有效防御的工具，它的基本原理是通过网络向目标系

统发送一些特征信息，然后根据反馈情况，获得有关信息。网络扫描通常采用两种策略：一种是被动式策略，另一种是主动式策略。所谓被动式策略，就是基于主机之上，对系统中不合适的设置、脆弱的口令以及其他与安全规则相抵触的对象进行检查；而主动式策略是基于网络的，它通过执行一些脚本程序模拟对系统进行攻击的行为并记录系统的反应，从而发现其中的漏洞。

一个网络扫描器至少应该具备以下三项功能：

（1）发现一个主机和网络。

（2）发现主机后，扫描它正在运行的操作系统和各项服务。

（3）测试这些服务中是否存在漏洞。

对于网络管理员来说，扫描器是一种网络安全性评估软件。扫描技术、防火墙与监控系统互相配合，能够给系统和网络安全提供强有力的安全保障，有效地防范黑客入侵。同时，扫描器又是一把双刃剑，黑客也会利用它入侵系统。虽然扫描器不是一个直接攻击网络漏洞的程序，但它可以作为重要的信息收集工具。

3. 常用的网络扫描工具

好的网络扫描工具是网络管理员手中的重要武器，也是黑客手中的利器。这里介绍三款扫描器，它们均为开源或者免费的扫描器，也是迄今为止较常用的扫描器。

（1）Nmap（网络映射器）

Nmap 是一款开放源代码的网络探测和安全审核的工具。它可以在大多数版本的 Unix 操作系统中运行，并且已经被移植到了 Windows 操作系统中。它主要在命令行方式下使用，可以快速扫描大型网络，也可以扫描单个主机。

（2）Nessus（分布式扫描器）

Nessus 是一款用来自动检测和发现已知安全问题的扫描工具，运行于 Solaris、Linux 等操作系统，源代码开放并且可自主修改后再发布，可扩展性强。当一个新的漏洞被公布后，Nessus 可以很快获取其新的插件，对网络进行安全性检查。

（3）X-Scan

X-Scan 是国内著名的扫描器，完全免费。它是不需要安装的绿色软件，其界面支持中文和英文两种语言，使用方式有图形界面和命令行两种，支持 Windows 操作系统。该扫描器支持多线程并发扫描，能够及时生成扫描报告。

使用 X-Scan 扫描器对实验网段进行扫描，了解和掌握采用多线程方式对指定 IP

地址段（或单机）进行安全漏洞检测。了解操作系统的相关漏洞，提高计算机安全隐患方面的意识。了解 X-Scan 扫描器扫描的基本内容，如远程服务类型、操作系统类型及版本，各种弱口令漏洞、后门、应用服务漏洞、网络设备漏洞、DoS 漏洞等。

（1）运行 xscan_gui.exe，打开 X-Scan 主界面，如图 2-2-2 所示。

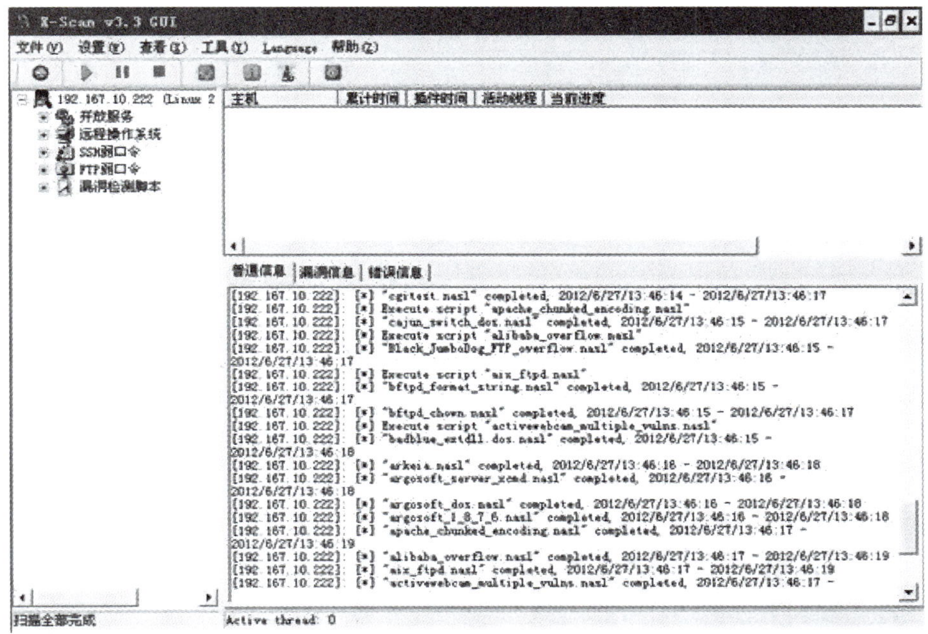

图 2-2-2　X-Scan 主界面

（2）单击“设置”按钮（Ctrl+E），打开“扫描参数”窗口，选择“全局设置”—“扫描模块”选项，在右边的窗口中选择要扫描的内容，如远程操作系统类型、常用服务的端口状态、检测 FTP 弱口令、SQLServer 弱口令、IIS 编码 / 解码漏洞等。

（3）选择“并发扫描”选项，确定扫描过程中最多可以启动的扫描线程数量（最大并发线程数量）和可以同时检测的主机数量（最大并发主机数量）。并发扫描，选择默认即可。如果机器性能好，带宽足够，可以适当增大并发量。

（4）选择“插件设置”—“端口相关设置”选项，在“待检测端口”文本框中修改要检测的端口，如图 2-2-3 所示。

（5）选择“插件设置”—“SNMP 相关设置”选项，选中获取 IP、TCP、UDP（用户数据协议）等信息。

（6）选择“插件设置”—“NetBIOS 相关设置”选项，选中要检测的 NetBIOS 信息。

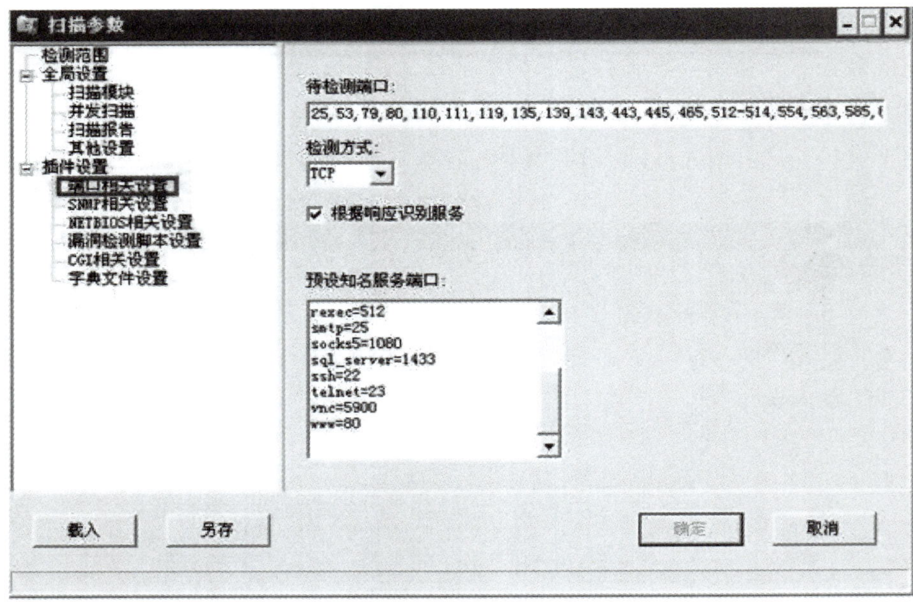

图 2-2-3　设置待检测端口

（7）选择“插件设置”—“字典文件设置”选项，选中要使用的服务密码字典文件。

（8）选择“检测范围”选项，在“指定 IP 范围”文本框中输入要扫描的 IP 地址范围，如图 2-2-4 所示。

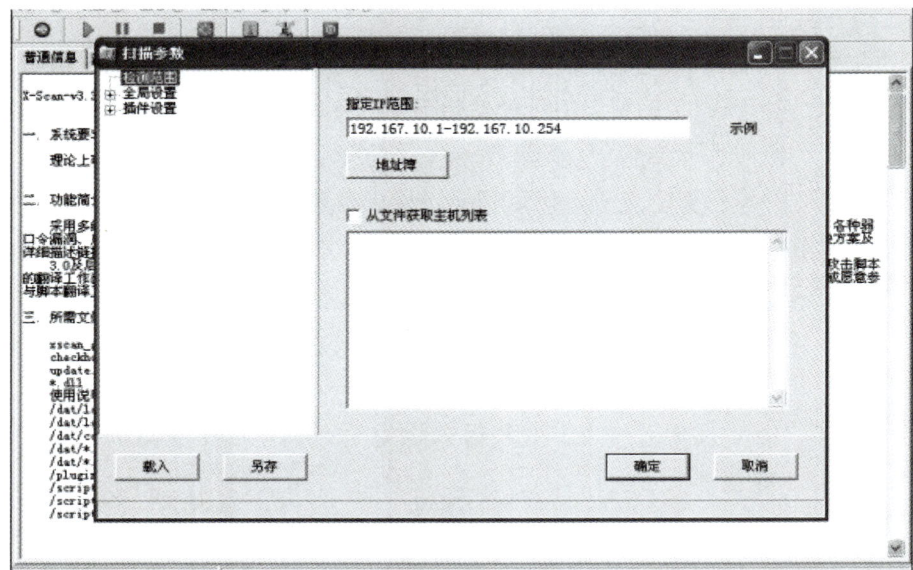

图 2-2-4　指定要扫描的 IP 地址范围

（9）选择“文件”—“开始扫描”选项，X-Scan 开始扫描，扫描结束后，将报告扫描结果。

思考与练习

1. 常用的口令攻击方式有哪些?
2. 请简要说明网络扫描的基本原理。
3. 网络的基础协议 TCP/IP 协议中有哪些安全缺陷或漏洞?

学习单元 3 病毒防范技术

学习目标

- 知识目标

1. 了解电子商务中常见的病毒类型。
2. 熟悉计算机病毒的特征、传播途径及发作的主要表现。
3. 掌握计算机病毒的基本防范方法。
4. 了解手机病毒及其防范。

- 技能目标

1. 能够使用杀毒软件查杀病毒。
2. 能够使用杀毒软件进行系统漏洞修复和运行状态监测。

相关知识

计算机病毒带有明显的利益性质，目标直接指向经济利益，严重影响电子商务的正常运行，威胁电子商务的安全。因此，病毒防范是电子商务安全中的重要一环。

一、电子商务中常见的病毒

1. 木马

木马也称特洛伊木马，通常是指伪装成合法软件的非感染型病毒，黑客通常靠植入木马入侵计算机系统，但木马不进行自我复制。木马一般有单独的文件，会与黑客使用的机器进行通信，试图窃取系统的用户名和密码、用户的注册信息和账号信息，或接收指令对用户机器进行全面控制。

2. 网络蠕虫

网络蠕虫是一种通过网络传播的恶性病毒，它具有病毒的一些共性，如传播性、隐蔽性、破坏性等，同时具有一些独有的特征，如不利用文件寄生（有的只存在于内存中）、快速的自我复制能力、易于通过网络感染，以及和其他黑客技术相结合等。在产生的破坏性上，网络蠕虫也不是普通病毒所能比拟的，网络的发展使得网络蠕虫可以在短时间内蔓延整个网络，造成网络瘫痪。

3. 网页病毒

网页病毒仅仅通过浏览网页就可以入侵，普通用户无从识别且难以防范。病毒制造者将其写入网页源文件，用户浏览上述网页时，病毒体和脚本文件与正常的网页内容一起进入计算机的临时文件夹，在显示网页内容的同时网页病毒开始运行，要么直接运行恶意代码，要么直接执行病毒程序，要么将伪装的文件还原为“.exe”文件格式后再执行，完成病毒入驻、修改注册表、嵌入系统进程、修改硬盘分区属性等操作，对计算机及系统造成破坏。

4. 流氓软件

流氓软件一般是合法的公司为了达到扩大和巩固知名度、抢占用户群等目的而开发的。流氓软件通过捆绑在其他软件中，在用户未察觉的情况下安装到用户的计算机上，一般表现为用户单击网站后就一连出现很多叠加的网页，通常无法正常关闭。流氓软件不但占用系统资源，还会强行向用户推送广告，更会非法获取用户的个人隐私资料。当用户使用网上银行或进行网上购物时，如果没有相关的防御措施和安全意识，那么用户的账号和密码就很容易被窃取，造成经济损失。

5. 网络钓鱼

网络钓鱼是指窃取他人个人资料、银行及财务账户资料的网络诱骗行为。网络钓鱼诱骗用户连接到特制的网页，这些网页通常会伪装成银行或理财网站，让用户信以为真，并输入信用卡或银行卡号码、账户名称及密码等；或是将程序安装到受害者的计算机中，使用木马程序、按键记录程序等直接盗取个人资料。

二、计算机病毒的特征

1. 破坏性

任何病毒侵入计算机后，都会或大或小地对计算机的正常使用造成一定的影响，

轻者降低计算机的性能，占用系统资源；重者破坏数据，导致系统崩溃，造成不可挽回的损失。

有些计算机病毒在发作时只是显示一些图片、播放一段音乐或开个玩笑，这类病毒只是干扰了人们的生活和工作，不会对系统造成破坏，通常称为良性病毒。而有些病毒则含有明确的破坏目的，如破坏数据、删除文件、格式化磁盘等，这类病毒就是恶性病毒。

2. 隐蔽性

病毒程序一般都设计得非常小巧，当它被附带在文件中、隐藏在磁盘上或在传播过程中时，不易被人觉察，有些更是以隐藏文件的形式出现，不经过仔细查看，一般用户很难发现。

3. 传染性

病毒能通过复制自身来感染正常文件，以达到破坏计算机正常运行的目的。但是它的传染是有条件的，也就是说，病毒程序必须被执行之后才具有传染性，才能感染其他文件。病毒一旦进入计算机系统，就会寻找机会感染其他文件。

4. 潜伏性

病毒进入计算机系统后往往不会立即发作，而是有一个“冬眠”期，并隐藏在系统中进行传播，在满足特定条件时才会被激活。

5. 可触发性

病毒如果没有被激活，就像其他没有被执行的程序一样，没有杀伤力。但是一旦遇到某个特定时机或条件，它就会被触发，具有传染性和破坏力，对系统产生破坏作用。这些特定的触发条件一般都是病毒制造者事先设定的，它可能是某个具体的时间、日期、文件类型或某些特定的数据等。

三、计算机病毒的传播途径和发作表现

1. 计算机病毒的传播途径

（1）存储设备

存储设备包括软盘、硬盘、移动硬盘、光盘、磁带等。硬盘是数据的主要存储介质，因此也是计算机病毒感染的主要目标。硬盘传播计算机病毒的途径包括硬盘向其他移动存储设备复制带毒文件，带毒情况下格式化其他移动存储设备，通过其他移动存储设备将病毒从一台计算机传播到另一台计算机中，向光盘上刻录带毒文件，硬盘之间的数据复制以及将带毒文件发送至其他地方等。

（2）网络

网络覆盖面广、速度快，为病毒的快速传播创造了条件。目前，大多数新式病毒都是通过网络进行传播的，破坏性很大。通过网络感染计算机病毒的途径主要有电子邮件、即时通信软件、文件共享、FTP 文件下载等。

2. 计算机病毒的发作表现

了解计算机病毒的发作表现有助于人们及时发现病毒，减少病毒造成的损失。计算机病毒发作时的表现千差万别，下面介绍几种计算机病毒发作的主要表现，见表 2–3–1。

表 2–3–1 计算机病毒发作的主要表现

现象	具体表现
速度异常	运行速度明显变慢
启动异常	无法正常启动，并出现反复重启的现象
网络异常	网络时断时好，十分不稳定，突然收到或者发送大量垃圾电子邮件或数据包
设备异常	主板损坏，打印和通信发生异常，屏幕显示混乱，突然播放音乐或显示无关图片
数据丢失或损坏	文件被删除、改名，或被添加内容、打乱数据

四、计算机病毒的防范

1. 防毒

防毒是指根据系统特性，采取相应的系统安全措施预防病毒侵入计算机。

2. 查毒

查毒是指对于确定的环境，准确地发现计算机系统是否感染病毒，并准确查找出病毒的来源，给出统计报告。

3. 杀毒

杀毒是指从感染对象中清除病毒，恢复被病毒感染的原始信息。

一般来说，计算机病毒常用的防范方法包括：定期备份，不使用盗版或来历不明的软件；安装正版杀毒软件，及时升级杀毒软件的病毒库，设置实时监视功能；养成经常利用杀毒软件检查硬盘和 U 盘的良好习惯；不在互联网上随意下载软件；对于陌生人发来的电子邮件，不轻易打开其附件；设置安全级别高的用户密码；随时注意计算机的各种异常现象，一旦发现，应立即用杀毒软件仔细检查，及时将可疑文件提交

专业反病毒公司进行确认。

五、手机病毒及其防范

如今，智能手机已经成为人们生活的一部分。智能手机除打电话、发短信外，还具有上网、发微信、登录手机银行、进行手机支付等丰富的功能。与此同时，针对手机的病毒也在迅速增加。

1. 手机病毒概述

智能手机中有嵌入式操作系统和大量的应用软件，一般用 Java、C++ 等语言编写。智能手机实际上就是一台微型计算机，因此，智能手机也会像计算机一样受到病毒和木马攻击。手机病毒是一种用 Java 等语言编写的具有破坏性的程序，可以导致手机不能正常使用，造成通信网络瘫痪等。手机木马会窃取用户的个人隐私，删除、修改用户的信息、资料，甚至导致用户存款被窃。

手机病毒和木马都具有隐蔽性和传染性。在病毒和木马没有发作之前，一般用户很难发现手机中存在病毒和木马程序。手机的数据传输功能也为手机病毒和木马提供了传播途径。手机病毒和木马与计算机病毒和木马没有本质的区别，只是在病毒的表现和设计方法上有所差异。同样，在现实生活中也常会将手机病毒和木马统称为手机病毒。

就手机操作系统来说，由于安卓操作系统的开放性，安卓操作系统容易成为恶意软件和病毒攻击的对象；而苹果公司的 iOS 操作系统采取了封闭性策略，被病毒攻击的现象相对较少。

2. 手机病毒的种类

手机病毒有不同的分类方法，根据病毒的危害性大致可分为以下八类。

（1）恶意扣费

通过无提示或模糊提示等方式，消耗手机流量或手机话费，发送短信等，直接造成用户经济损失。

（2）恶意传播

通过短信、微信、蓝牙、Wi-Fi 等方式，利用手机进行大范围的病毒传播。

（3）远程控制

远程控制手机端口，隐蔽式联网下载软件，上传用户隐私资料等。

（4）破坏数据

自动删除用户数据，或有针对性地破坏某些软件的功能，影响其正常使用。

（5）诱骗欺诈

利用浏览器进行钓鱼欺诈或者冒充正常商家发送服务信息，甚至盗用正版软件名

称诱导用户安装。

（6）系统破坏

破坏手机常用软件功能或者操作系统，影响用户的正常使用。

（7）隐私窃取

窃取用户个人信息、终端设备信息等，如QQ号码、通信录、手机序列号等隐私资料。

（8）流氓软件

推送大量广告信息、捆绑安装恶意软件、常驻系统后台、卸载困难、妨碍同类软件正常使用等。

3. 手机病毒的防范

可以通过以下八种方式防范手机病毒。

（1）使用正版手机

购买手机时要通过正规渠道，使用正版手机，正版手机的安全认证更加严格。山寨手机和翻新手机容易被不法分子利用，内置手机病毒，并且很难查杀和清除。

（2）关闭蓝牙

开启蓝牙不但费电，还会导致网络蠕虫传播进来，有很大的安全隐患。因此，在必要的时候再开启蓝牙，不要接受陌生的蓝牙连接请求。

（3）不要随意连接公共Wi-Fi

由于Wi-Fi连接的安全性差，很容易被盗取信息、植入病毒，所以连接Wi-Fi前一定要确认其是否安全、可靠。

（4）不要随意下载软件

尽量从官方网站下载应用软件。官方网站对软件安全性的检查比较严格，这样可以大大减少由于安装软件造成的手机中毒现象。不要下载任何来历不明的软件或盗版软件。恶意软件一般通过不安全的软件市场、云盘、短信链接、论坛等渠道传播。在安装软件前，用户要仔细阅读软件启用的隐私权限，遇有危险的隐私权限获取行为要停止安装。

（5）定期更新操作系统

例如，一旦发现系统存在被黑客利用的漏洞，安卓系统一般会在最短的时间内发布补丁或升级版本，用户需要及时进行更新。因此，定期更新操作系统、修复漏洞对于保护手机安全是十分必要的。

（6）备份个人资料

为了防止病毒破坏数据，导致数据丢失，要做好手机的数据备份工作。可以把手

机上的数据备份到计算机中。

（7）不要随意打开陌生链接

不要轻易地打开短信、微信、邮件中的陌生网站链接。在扫描二维码前，要注意二维码的来源，这样可以有效地防止手机感染病毒。

（8）清除手机病毒

安装合适的手机杀毒软件。杀毒软件可以实时监测手机，及时发现病毒，大部分简单的手机病毒都可以通过杀毒软件查杀。如果杀毒效果不理想，可以将手机恢复到出厂设置，然后通过最近一次的备份数据进行数据恢复。

实操练习

安装火绒安全软件，进行本机病毒查杀。火绒是一款集杀、防、管、控于一体的安全软件，有着面向个人和企业的产品。

（1）登录火绒安全官网，选择下载火绒安全软件个人版，如图 2–3–1 所示。

图 2–3–1　火绒安全软件官网

（2）安装火绒安全软件个人版，如图 2–3–2 所示。

（3）安装完成后，选择病毒查杀，如图 2–3–3 所示，对本机 C 盘进行病毒查杀。

（4）病毒查杀后，选择安全工具，如图 2–3–4 所示，对本机进行漏洞修复。

（5）漏洞修复完成后，选择安全工具中的启动项管理，如图 2–3–5 所示，观测本机的启动项、服务项、计划任务等有无异常。

图 2-3-2　安装火绒安全软件个人版

图 2-3-3　安装完成后进行病毒查杀

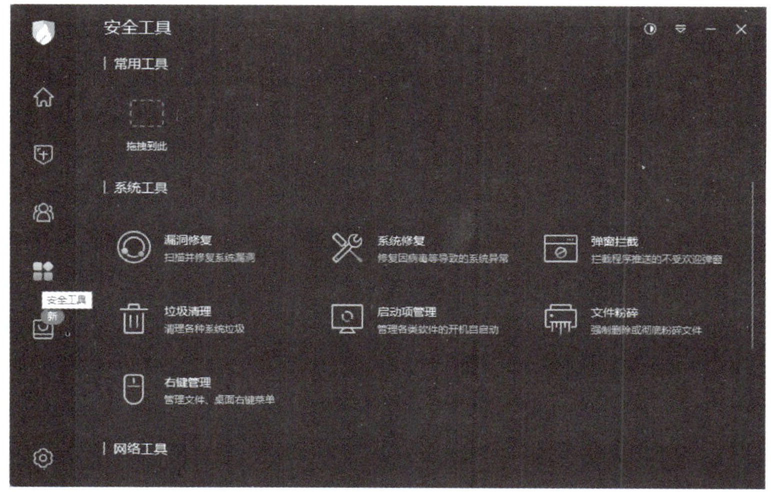

图 2-3-4　火绒安全的安全工具

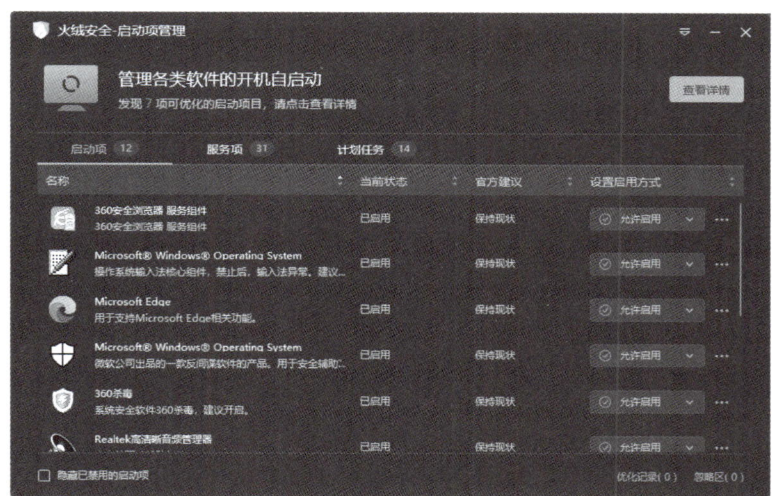

图 2-3-5　火绒安全的启动项管理

思考与练习

1. 计算机病毒发作时一般会有哪些表现？
2. 手机病毒有哪些类型？
3. 弹窗（pop-up notification）一般是指打开网页、软件、手机 App 等时自动弹出的窗口。你知道如何使用火绒安全软件来防止计算机弹窗吗？

学习单元 4　黑客防范技术

学习目标

- **知识目标**

1. 了解黑客常用的攻击手段和方法。
2. 了解入侵检测技术的一般原理及方法。
3. 熟悉相关入侵检测系统的特点。

- **技能目标**

1. 能够使用网络监听工具 Sniffer 进行网络信息捕获。
2. 能够针对黑客常用的攻击手段和方法采取相应的安全防范措施。

相关知识

黑客一般泛指计算机网络系统的非法入侵者。早期的黑客主要利用操作系统或软件的漏洞入侵 Web 服务器，进而篡改页面的内容，例如在主页写上“您的主页被 ×× 攻克”的字样，用来炫耀技术水平。而现在，黑客已经不满足于炫耀技术，他们开始通过窃取银行密码、股票交易密码和游戏账户等来获取非法利益。

一、黑客的攻击手段和方法

目前黑客的攻击手段有数千种之多，使网络安全问题变得极其严峻，他们采用的攻击方式和手段虽然不同，但是有一定的共性。

1. 信息收集

黑客首先收集想要攻击的目标，主要收集的信息包括名字、邮件地址、电话号码、传真号、IP 地址范围、DNS 服务器、邮件服务器等，然后锁定目标。

2. 系统安全弱点的探测

在收集到攻击目标的一系列网络信息之后，黑客会探测该系统，利用工具对端口和漏洞进行扫描，以寻求该系统的安全漏洞或安全弱点。

3. 网络攻击

黑客在收集或探测到一些“有用”信息之后，就会对目标实施攻击。前文介绍的

许多网络攻击方法都是黑客发动攻击的常用选项。

（1）口令攻击

口令攻击有三种方法：一是缺省的登录页面攻击法，在被攻击主机上启动一个可执行的程序，该程序显示一个伪造的登录页面。当用户在这个伪装的页面上键入登录信息（用户名、密码等）后，程序将用户输入的信息传送到黑客的主机，然后关闭页面，给出“系统故障”提示信息，要求用户重新登录，此后，才会出现真正的登录页面。二是通过网络监听非法得到用户口令，这类方法有一定的局限性，但危害性极大，监听者往往能够获得其所在网段所有用户的账号和口令，对局域网安全威胁巨大。三是在知道用户的账号后，利用一些专门软件强行破解用户口令，对于安全系数极低的口令，只需很短的时间便可破解。

（2）漏洞攻击

漏洞攻击是指黑客利用计算机操作系统自身存在的缺陷，通过他们编制的专门软件，对计算机系统进行破坏和入侵。

（3）电子邮件攻击

电子邮件攻击是黑客常用的攻击手段之一，指的是用伪造的 IP 地址和电子邮件地址向同一邮箱发送数以千计、万计甚至无穷多次的内容相同的恶意邮件。由于邮件信箱的容量是有限的，当庞大的垃圾邮件到达信箱的时候，就会挤满信箱的存储空间，迫使信箱把正常的邮件删除掉。同时，因为它占用了大量的网络资源，使用户不能正常收发邮件，所以还可能会给电子邮件服务器操作系统带来损害，甚至使其瘫痪。

（4）缓冲区溢出攻击

缓冲区是一个临时的区域，程序要先放入缓冲区才能运行。缓冲区溢出攻击是通过向程序的缓冲区写超出其长度的内容，造成缓冲区的溢出，从而破坏程序的堆栈，转而执行黑客指定的代码，以达到攻击的目的。

（5）DDoS 攻击

DDoS 攻击通过向目标服务器发送大量的数据包，造成攻击目标服务资源耗尽，无法再为其他正常的连接请求提供服务。现在很多常见的网络蠕虫都可以对服务器发起 DDoS 攻击。

（6）欺骗攻击

常见的黑客欺骗攻击方法有 IP 欺骗攻击、邮件欺骗攻击、网页欺骗攻击等。

1）IP 欺骗攻击。即黑客改变自己的 IP 地址，伪装成他人计算机的 IP 地址来获得信息或者得到特权。

2）邮件欺骗攻击。黑客向某位用户发送了一封电子邮件，并且修改邮件抬头信息，使得邮件地址看上去和这个系统管理员的邮件地址完全相同，信中他冒称自己是系统管理员，谎称由于系统服务器故障导致部分用户数据丢失，要求该用户将其个人信息马上用电子邮件回复给他，这就是一个典型的电子邮件欺骗攻击案例。

3）网页欺骗攻击。黑客将某个站点的网页都复制下来，然后修改其链接，使得用户访问这些链接时会先经过黑客控制的主机，然后黑客会想方设法让用户访问这个修改后的网页，而黑客则监控用户的整个访问请求过程，窃取用户的账号和密码等信息，甚至假冒用户给服务器发送数据。

（7）木马攻击

木马攻击是黑客常用的手段，他们向用户计算机内植入木马，从而非法控制用户的计算机，窃取口令、浏览驱动器、修改文件、登录注册表等。

二、入侵检测技术

随着黑客技术的发展，传统的网络安全技术已不能满足人们对网络信息安全的需求，新的网络安全技术，如入侵检测、蜜罐网络、网络取证和物理隔离等，正日益受到人们的重视。入侵检测系统（intrusion detection system，IDS）通过对网络中的数据或主机的日志等信息进行提取和分析，发现入侵和攻击行为，并可通过和防火墙联动，对入侵或攻击做出响应。

1. 入侵检测技术概述

网络入侵是指任何企图危及网络资源完整性、机密性和可用性的活动。入侵检测（intrusion detection）是指对入侵行为的发现、报警和响应，它收集计算机网络或计算机系统中若干关键点的信息，并对收集到的信息进行分析，从而判断网络或系统中是否有违反安全策略的行为和系统被攻击的征兆。入侵检测的目标是识别系统内部人员和外部入侵者非法使用、滥用计算机系统的行为。入侵检测技术是一种典型的动态防护技术。

2. 入侵检测的一般流程

一般可将 IDS 粗略地分为三大模块：入侵数据提取模块、入侵数据分析模块和入侵事件响应模块。一个通用的 IDS 结构如图 2–4–1 所示。从图 2–4–1 中可以看出，入侵检测的一般流程包括数据提取、数据分析和事件响应。

（1）入侵数据提取

数据提取模块主要是为系统提供数据，数据的来源可以是主机上的日志信息、变动信息，也可以是网络上的数据流，甚至是流量变化等。提取的内容包括系统、网络、数据及用户活动的状态和行为。入侵检测的正确性很大程度上依赖于收集信息的可靠性和准确性。

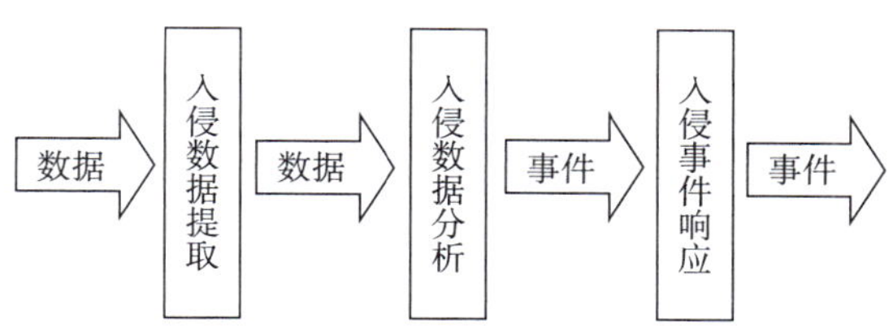

图 2-4-1　通用的 IDS 结构

入侵数据提取可来自以下四个方面。

1）系统和网络日志。充分利用系统和网络日志文件信息是检测入侵的必要条件。日志中包含发生在系统和网络上的不寻常和不期望活动的证据，这些证据可以指出有人正在入侵或已成功入侵了系统。通过查看日志文件，能够发现成功的入侵或入侵企图，并很快地启动相应的应急响应程序。

2）目录和文件中的改变。网络环境中的文件系统包含很多软件和数据文件，包含重要信息的文件是攻击者修改或破坏的目标。对目录和文件中的修改、创建和删除，特别是那些正常情况下限制访问的操作，很可能就是一种入侵的信号。攻击者经常替换、修改和破坏他们获得访问权限的系统上的文件，同时为了隐藏他们的活动痕迹，都会尽力去替换系统程序或修改系统日志文件。

3）程序执行中的不期望行为。每个在系统上执行的程序都需要由一个到多个进程来实现。每个进程执行在具有不同权限的环境中，这种环境控制着进程可访问的系统资源、程序和数据文件等。一个进程出现了不期望的行为可能表明攻击者正在入侵系统。攻击者可能会分解程序或服务的运行，从而导致它们运行失败，或者以非用户或管理员意图的方式操作。

4）物理形式的入侵信息。物理形式的入侵信息包括对网络硬件的未授权连接和对物理资源的未授权访问。入侵者会想方设法去突破网络的周边防卫，如果他们能够在物理上访问内部网络，就能安装他们自己的设备和软件，然后利用这些资源访问网络。

数据提取模块在获得数据之后，需要对数据进行处理，如过滤、数据格式的标准化、特征提取等，然后将经过处理的数据提交给数据分析模块。

（2）入侵数据分析

数据分析模块的主要作用在于对数据进行深入分析，发现攻击并根据分析的结果产生事件，传递给事件响应模块。分析的方式多种多样，可以是对某种行为的计数（如一定时间内登录失败的次数或某种特殊类型报文的出现次数），也可以是一个复杂的专家系统。数据分析常用的技术手段有模式匹配、统计分析和完整性分析等。其中前两种方法用于实时的入侵检测，而完整性分析则用于事后分析。入侵数据分析是整个 IDS 的核心模块。

（3）入侵事件响应

事件响应模块的作用在于报警与反应，它可以做出切断连接、改变文件属性等强烈反应，也可以只是简单的报警，由系统管理员采取相应措施来阻止非法入侵，甚至可以给非法入侵者以打击。入侵事件响应方式分为主动响应和被动响应。

被动响应系统只会发出报警通知，将发生的不正常情况报告给管理员，本身并不试图降低入侵所造成的破坏，更不会主动地对攻击者采取反击行动。

主动响应系统可以分为对被攻击系统实施保护的系统和对攻击系统实施反击的系统。对被攻击系统实施保护是通过调整被攻击系统的状态，来阻止或减轻攻击影响，如断开网络连接、增加安全日志、杀死可疑进程等。对攻击系统实施反击是对攻击者的攻击行为进行网络取证，按非法获取计算机信息系统数据罪或非法控制计算机信息系统罪进行立案惩处。

3. IDS

IDS 就是自动对入侵行为的发现、报警和响应的软件或硬件产品。例如，Snort 是一款免费开源的入侵检测软件产品，而天融信、启明星辰、华为等则提供了不少优秀的国产入侵检测硬件产品。

（1）Snort

Snort 是一款免费的、开放源代码的、基于网络的 IDS，具有很好的扩展性和可移植性。它具有以下特点：

1）Snort 是一个跨平台、轻量级的网络入侵检测软件。它支持的操作系统广泛，如 Linux、Windows、OpenBSD、Solaris、SunOS 等。所谓轻量级，是指系统管理员可以轻易地将 Snort 安装到网络中，可以在很短的时间内完成配置，可以很方便地将其集成到网络安全的整体方案中，使其成为网络安全体系的有机组成部分。

2）Snort 采用基于规则的网络信息搜索机制，对数据包进行内容的模式匹配，从中发现入侵和探测行为。

3）Snort 具有实时数据流量分析和监测 IP 网络数据包的能力，能够进行协议分析，对内容进行搜索 / 匹配。它能够检测各种不同的攻击方式，对攻击进行实时报警。它还可以用来截获网络中的数据包，并记录数据包日志。

4）Snort 的报警机制很丰富，如 syslog、用户指定的文件、一个 Unix 套接字，以及使用 Samba 协议向 Windows 客户程序发出 Win Popup 消息。

5）Snort 的日志格式既可以是二进制格式，也可以解码成 ASCII 字符形式，便于用户检查。使用数据库输出插件，Snort 可以把日志记入数据库，其支持的数据库包括 PostgreSQL、MySQL、UnixODBC 数据库和 Oracle 等。

6）Snort 使用一种简单的规则描述语言，能够很快地对新的网络攻击做出反应；发现新的攻击后，可以很快根据 Bugtraq 邮件列表找出特征码，写出检测规则。其规则语言简单，容易学习使用。因此，Snort 具有很好的扩展性。

7）Snort 支持插件，可以使用具有特定功能的报告、检测子系统插件对其功能进行扩展。Snort 当前支持的插件包括数据库日志输出插件、碎数据包检测插件、端口扫描检测插件、HTTP URI normalization 插件、XML 插件等。

（2）天融信入侵检测系统

天融信入侵检测系统（以下简称 TopSentry 产品）是一款旁路监听网络流量，精准发现并详细审计网络中漏洞攻击、DDoS 攻击、病毒传播等风险隐患的网络安全监控产品。同时，TopSentry 产品具有上网行为监控功能，发现客户风险网络访问、资源滥用行为，辅助管理员对网络使用进行规范管理，并可结合与防火墙联动阻断功能，进一步实现对攻击的有效拦截，全面监控、保护客户网络安全。

TopSentry 产品的特点如下：

1）全面检测。TopSentry 产品能够准确检测发现网络中包括的溢出攻击、RPC 攻击、CGI（公共网关接口）漏洞攻击、DoS 攻击、木马、网络蠕虫、系统漏洞等在内的十一类网络攻击行为；同时，可结合上网行为管理等模块，扩展网络安全监控范围，实现对全网威胁的立体化监控。

2）深度分析。TopSentry 产品采用基于目标主机的流计算引擎，结合协议分析、模式匹配、统计阈值和流量异常监视等综合技术手段来深入分析判断网络入侵行为，并具有多种抗逃逸算法，可精准、深度发现网络中的攻击威胁，保障高检测率。

3）高效计算。TopSentry 产品采用天融信多核处理硬件平台，基于 Smart AMP 并行处理架构，通过处理器动态负载均衡技术，实现最大化利用运算空间，并结合 SecDFA 核心加速算法，实现了对网络数据流的高性能实时检测。

4）详尽审计。TopSentry 产品能够详细审计攻击事件五元组、攻击内容、攻击特征码及攻击报文等信息，为攻击溯源提供有效的依据；同时，具有分析报表功能，可对大量的攻击事件进行进一步分析，让管理员对网络中复杂的攻击状态一目了然。

实操练习

使用网络监听工具 Wireshark 进行网络信息捕获，了解网络监听工具的功能和对系统的威胁。

Wireshark 是一个开源的网络抓包软件，其功能是截取网络封包，并尽可能显示

详细的网络封包资料，常用来检测网络问题、攻击溯源或者分析底层通信机制。虽然 Wireshark 不是入侵侦测系统，不会对网络的异常流量行为产生警示或是任何提示，但是通过仔细分析 Wireshark 截取的封包，能够帮助使用者对于网络行为有更清楚的了解。网络管理员使用 Wireshark 来检测网络问题，网络安全工程师使用 Wireshark 来检查安全相关问题。

（1）下载安装 Wireshark。本练习中，我们用 Wireshark 来进行网络信息捕获练习。Wireshark 软件可在其官网下载，如图 2-4-2 所示。

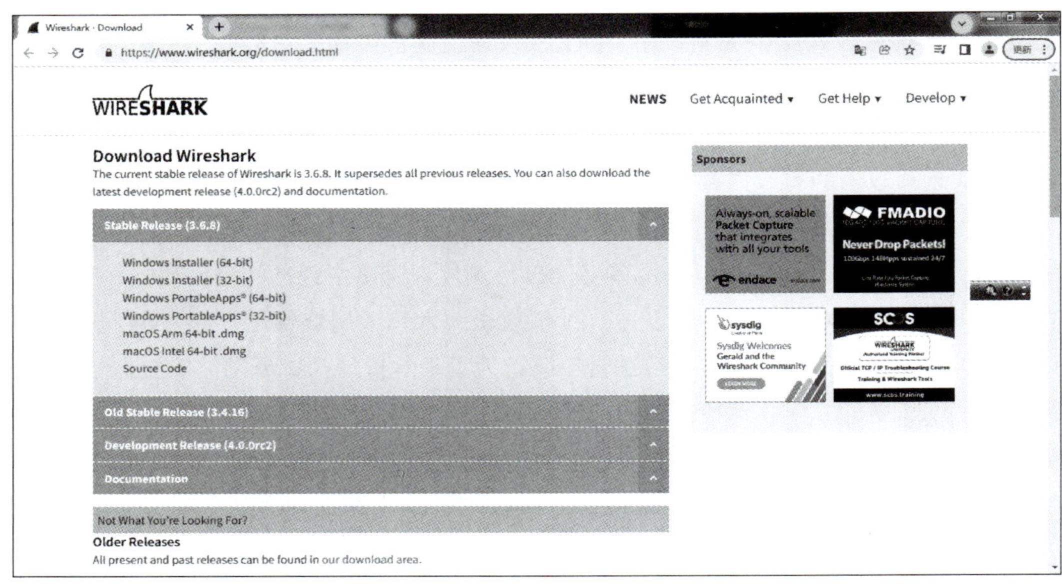

图 2-4-2　Wireshark 官网下载页面

（2）启动 Wireshark，选择要进行网络抓包的网卡。打开 Wireshark 后，会直接进入“网卡选择界面”，Wireshark 支持有线及无线等多种网络连接，启动时会在 Wireshark 界面上列出本机所有网络连接情况，并用类似心电图的曲线表示该网络连接数据流通情况，如图 2-4-3 所示。

（3）启动网络抓包。本练习中，WLAN 2 是本机使用的无线网卡，双击该网卡名，系统就会对该网络连接自动开始抓包，如图 2-4-4 所示。

通过图 2-4-4，我们可以看到，Wireshark 的主界面包含六个部分：①菜单栏，用于调试、配置；②工具栏，常用功能的快捷方式；③过滤栏，指定过滤条件，过滤数据包；④数据包列表，核心区域，每一行就是一个数据包；⑤数据包详情，数据包的数据介绍；⑥数据包字节，数据包对应的详细字节信息。

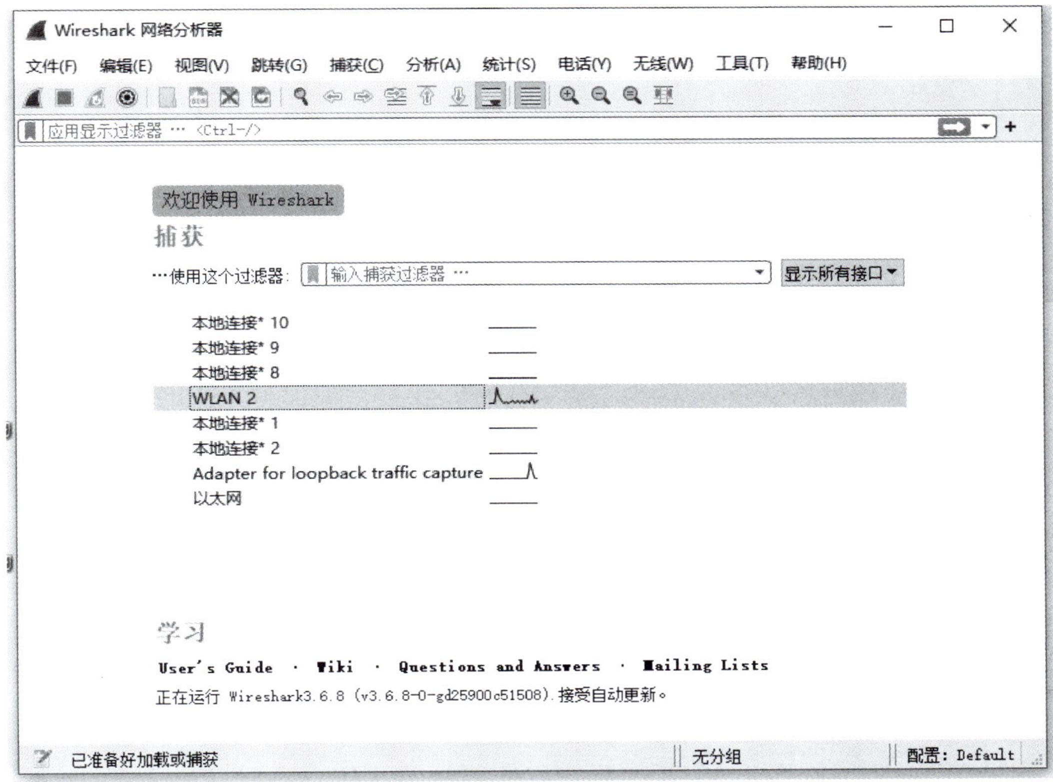

图 2-4-3　Wireshark 启动界面

（4）使用 Wireshark 抓取 FTP 用户名、密码等信息。FTP（file transfer protocol，文件传输协议）是用于在网络上进行文件传输的一套标准协议。使用 FTP 程序可以远程访问资源，实现用户往返传输文件，是互联网历史上最悠久的网络应用之一。这里，我们尝试使用 Wireshark 抓取 FTP 用户名、密码等信息。首先，在另外一台计算机（192.168.31.6）中启动 FTP 服务器，设定相关登录用户名和密码，如图 2-4-5 所示。

接下来，在本机（192.168.31.123）登录该 FTP 服务器（192.168.31.6），输入相关登录用户名和密码，如图 2-4-6 所示。

这时，可以观察 Wireshark 截获的数据（Wireshark 的数据包列表含有大量与 FTP 无关的数据，可以通过在过滤栏输入 FTP，设置过滤条件，以便聚焦提取分析信息），图 2-4-7 和图 2-4-8 所示分别为截获的用户名和密码信息。

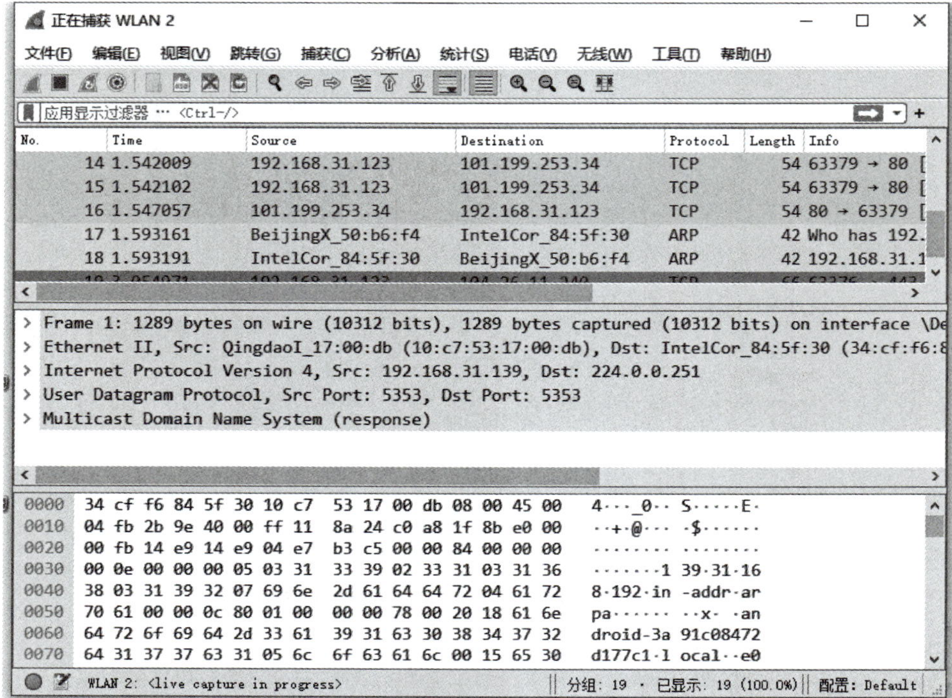

图 2-4-4 Wireshark 自动抓包

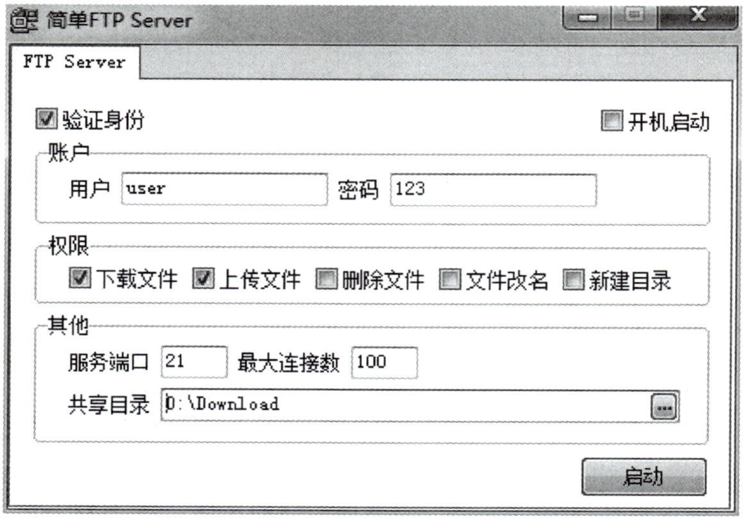

图 2-4-5 启动 FTP 服务器程序

```
C:\WINDOWS\system32\cmd.exe - ftp  192.168.31.6

C:\Users\DELL>ping 192.168.31.6

正在 Ping 192.168.31.6 具有 32 字节的数据:
来自 192.168.31.6 的回复: 字节=32 时间=25ms TTL=64
来自 192.168.31.6 的回复: 字节=32 时间=16ms TTL=64
来自 192.168.31.6 的回复: 字节=32 时间=40ms TTL=64
来自 192.168.31.6 的回复: 字节=32 时间=65ms TTL=64

192.168.31.6 的 Ping 统计信息:
    数据包: 已发送 = 4, 已接收 = 4, 丢失 = 0 (0% 丢失),
往返行程的估计时间(以毫秒为单位):
    最短 = 16ms, 最长 = 65ms, 平均 = 36ms

C:\Users\DELL>ftp 192.168.31.6
连接到 192.168.31.6。
220 http://www.aq817.cn
530 Please login with USER and PASS.
用户(192.168.31.6:(none)): user
331 Password required for user.
密码:
230 User user logged in.
ftp> dir
200 Port command successful.
150 Opening data connection for directory list.
drw-rw-rw-   1 ftp      ftp             0 Dec 01  2021 .
drw-rw-rw-   1 ftp      ftp             0 Dec 01  2021 ..
226 File sent ok
ftp: 收到 118 字节, 用时 0.00秒 29.50千字节/秒。
ftp>
```

图 2-4-6　登录 FTP 服务器

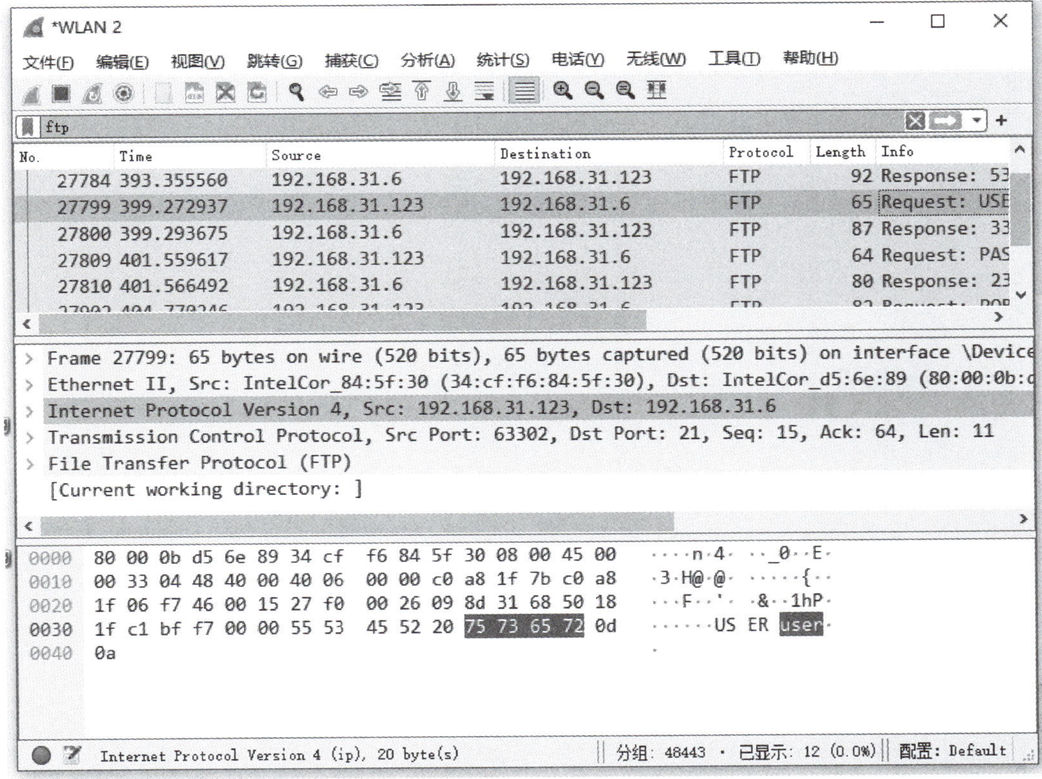

图 2-4-7　Wireshark 截获的 FTP 用户名信息

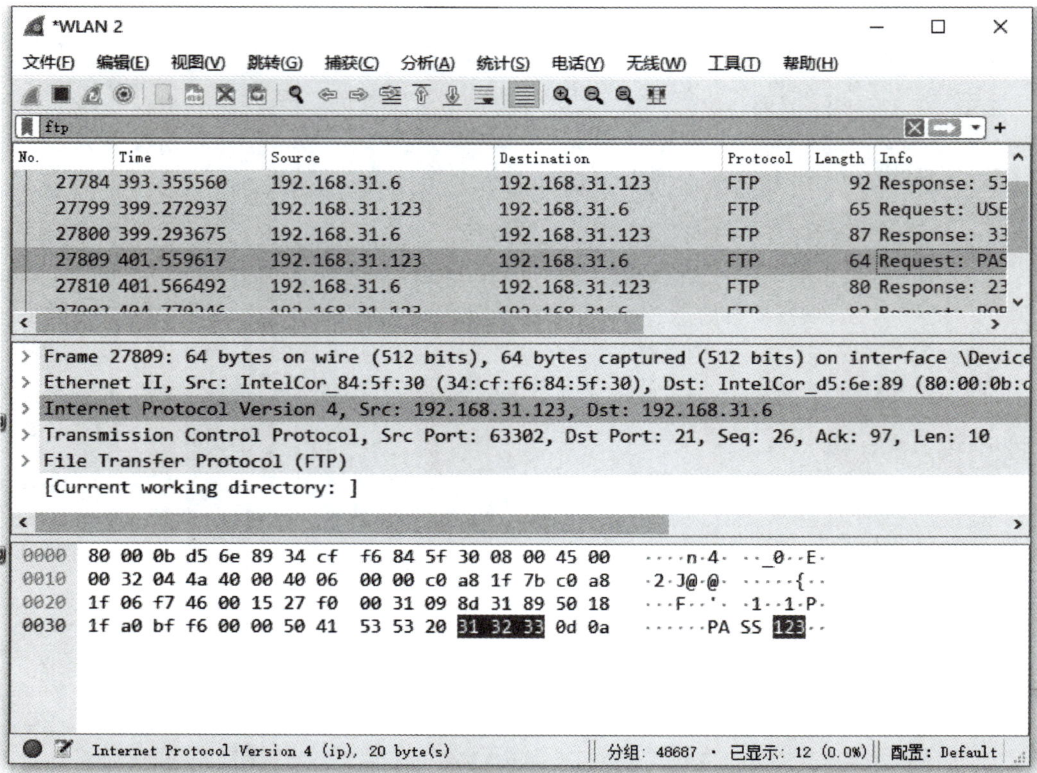

图 2-4-8 Wireshark 截获的 FTP 密码信息

1. 黑客常用的网络攻击手段有哪些?
2. 什么是入侵检测技术?

学习单元 5 防火墙技术

学习目标

知识目标

1. 了解防火墙的特性和作用。

2. 熟悉防火墙的类型与采用的主要技术。

3. 了解防火墙功能的局限性。

● 技能目标

1. 能够进行企业及个人防火墙产品的选购。

2. 能够安装配置 Windows 系统自带防火墙。

相关知识

防火墙是保障网络安全的一个系统或一组系统，用于加强网络间的访问控制，防止外部用户非法使用内部网络的资源，保护内部网络的设备不被破坏，防止内部网络的敏感数据被窃取。防火墙可以被看成是阻断来自外部对内部网络的威胁和入侵，提供扼守内部网络安全和审计的关卡，如图 2–5–1 所示。

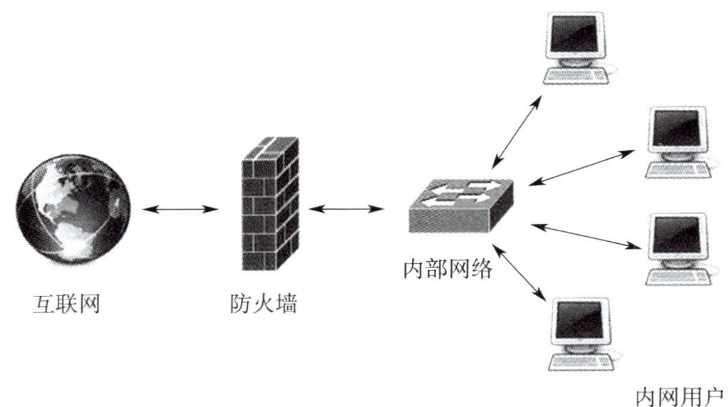

图 2–5–1　防火墙作用示意图

一、防火墙的特性和作用

1. 防火墙的特性

（1）所有的通信都经过防火墙

所有的内外部网络之间的通信都要经过防火墙。

（2）防火墙只放行经过授权的网络流量

防火墙实际并不是一堵实心墙，而是带有“门”的墙，这个“门”就是用来留给那些允许进行的通信，在“门”中安装了过滤机制，就是防火墙的“安全策略”。

（3）防火墙能经受得住对其本身的攻击

这是防火墙之所以能承担企业内部网络安全防护重任的先决条件。防火墙处于网

络边缘，它就像一个边界卫士一样，每时每刻都要面对黑客的入侵，这就要求防火墙自身要具有非常强的抗入侵能力。

2. 防火墙的作用

（1）商务信息的安全保护屏障

防火墙能极大地提高内部网络的安全性，并通过过滤不安全信息和保密信息而降低风险。

（2）集中商务人员认证服务

在电子商务环境下，对参与商务活动的个人、公司、客户或供应商，首先要确定对方是合法的、可信的，也就是身份认证。可以将所有对身份认证系统的相关内容配置在防火墙上，在访问网络时，身份认证系统可以不必放在内部网络的各个主机上，只集中在防火墙上即可。

（3）对网络存取和访问进行监控审计

所有的访问者都经过防火墙，防火墙可以记录这些访问并提供日志文件，同时能提供网络使用情况的统计数据。当发生可疑动作时，防火墙会进行适当的报警，并提供网络是否受到监测和攻击的详细信息。收集一个网络的使用情况和误用情况，可以清楚防火墙能否抵挡攻击者的探测和攻击，以及防火墙的控制是否充分；同时，通过统计数据和信息对网络需求和威胁进行分析，完善网络管理策略。

（4）防止内部信息外泄

商业机密是网络必须关心的问题，一个内部网络中不引人注意的细节可能包含了有关安全线索而引起外部攻击者的兴趣，甚至因此暴露了内部网络的某些安全漏洞。使用防火墙可以隐蔽那些透露内部细节的服务，如隐蔽主机名和 IP 地址，还可以利用防火墙对内部网络进行划分，实现内部网络重点网段的隔离，从而限制局部重点或敏感网络安全问题对全局网络造成的影响。

二、防火墙的类型与采用的主要技术

防火墙可以有选择地限制外部网络用户对内部网络的访问，保护内部网络特定资源，也可以有选择地限制内部用户对外部网络的访问。从不同的角度出发，防火墙有不同的分类方法。

1. 防火墙的类型

（1）按软硬件形式分类

防火墙可以嵌入某种硬件产品中，以硬件设备的形式出现，也就是人们所说的硬件防火墙。它也可以是一种软件产品，安装在计算机中或存储在硬盘中，计算机启动

时就可以执行，也就是人们所说的软件防火墙。

1）硬件防火墙将防火墙系统固化到芯片中，而且通常置于路由器或交换机中，变成提供多种服务的外部设备，如图 2–5–2 所示。硬件防火墙试图通过阻止任何到达的攻击来保护计算机系统。硬件防火墙的优点是不消耗计算机资源，速度快，可以提高防火墙的处理效率，避免网络数据流阻塞情况的发生等，适用于大、中型网络；缺点是扩展性差、配置不灵活、价格较高等。

2）软件防火墙被设计为在当前硬件配置下工作。一旦计算机安装了软件防火墙，用户就可以通过它进行安全配置，使得对防火墙的管理变得更加容易。软件防火墙的优点是安全性高、管理方便、扩展性好、安全配置灵活、价格便宜，甚至有一些软件防火墙对家庭用户是免费的。软件防火墙最大的缺点就是消耗计算机资源，速度慢，只适用于小型网络。

图 2–5–2　硬件防火墙示例

（2）按部署位置分类

按部署位置分类，防火墙可以分为边界防火墙、个人防火墙和分布式防火墙。

1）边界防火墙是最为传统的防火墙，它位于内、外部网络的边界，对内、外部网络实施隔离，保护内部网络的安全，价格较贵，性能较好。

2）个人防火墙安装于单台主机中，防护的是单台主机，通常为软件防火墙，价格最便宜，性能也最差。

3）分布式防火墙也称混合式防火墙，它是一整套防火墙系统，由若干软件和硬件组件组成，分布于内、外部网络边界和内部主机之间，既对内、外网络之间的通信进行过滤，又对内部网络各主机之间的通信进行过滤，如图 2–5–3 所示。分布式防火墙的性能最好，价格也最贵。

（3）按网络参考模型分类

按网络参考模型分类，防火墙可以分为网络层防火墙和应用层防火墙。

1）网络层防火墙作用于网络层，如图 2–5–4 所示，一般根据源、目的地址做出决策。一台简单的路由器就可以是“传统的”网络层防火墙。现代网络层防火墙已变得越来越复杂，可以保持流经它的接入状态、一些数据流的内容等有关信息。使用网络层防火墙通常需要分配有效的 IP 地址。网络层防火墙一般速度很快，对用户很透明。

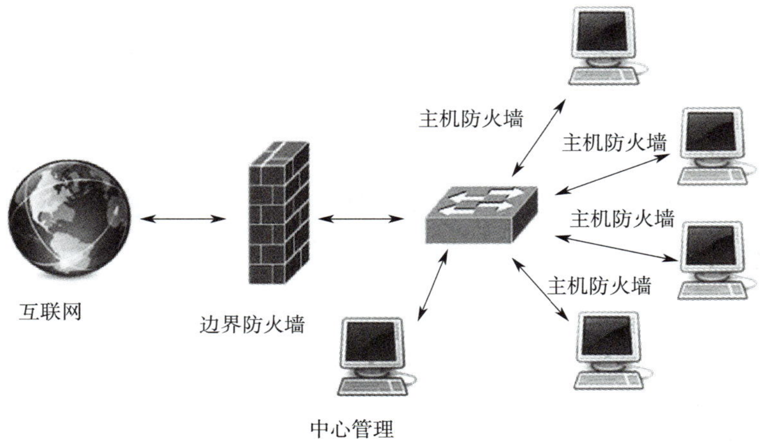

图 2-5-3　分布式防火墙示意图

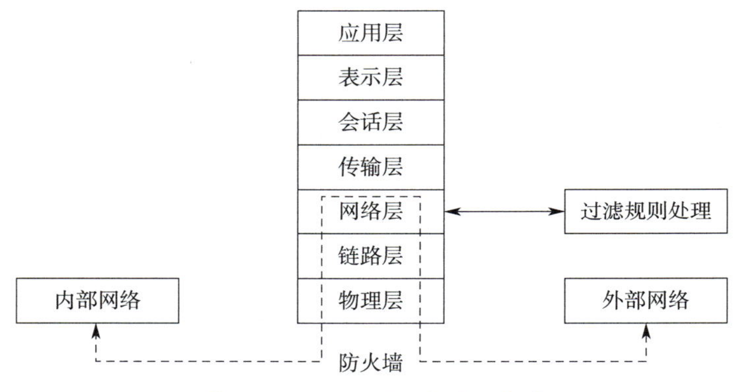

图 2-5-4　网络层防火墙示意图

2）应用层防火墙也称代理防火墙，它作用于网络应用层，如图 2-5-5 所示，一般是运行代理服务器的主机。它针对特定的应用层协议，代替网络用户完成特定的 TCP/IP 功能，控制对应用软件的访问。

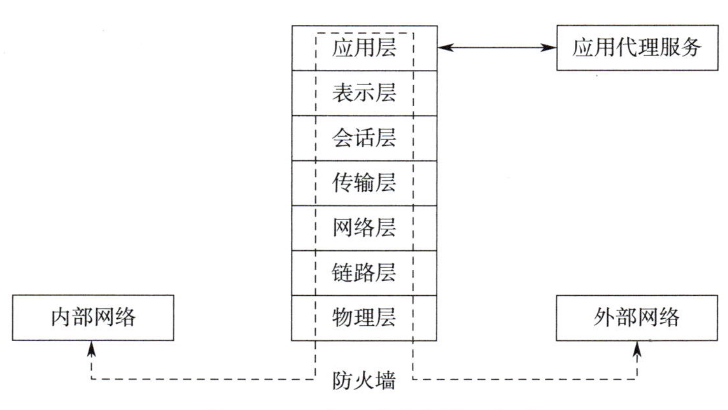

图 2-5-5　应用层防火墙示意图

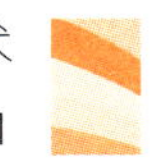

应用层防火墙通过软件分析用户应用层的数据流量，能对通过它的数据流进行记录和审计，能提供更详尽的审计报告。记录和控制所有进出流量的能力是应用层防火墙的主要优点之一。同时，应用层防火墙还可以充当网络地址翻译器的角色。应用层防火墙比网络层防火墙实施更保守的安全防护，但在某些情况下，设置了应用层防火墙后，可能会对性能造成影响，会使防火墙不太透明。

2. 防火墙采用的主要技术

从工作原理角度看，防火墙采用的主要技术有包过滤技术、代理服务技术、状态检测技术、网络地址转换（network address translation，NAT）技术等。

（1）包过滤技术

包过滤技术主要工作在网络模型的网络层，利用访问控制列表（ACL）对数据包进行过滤，过滤依据是 TCP/IP 数据包中的源地址和目的地址、所用端口号、协议状态。

包过滤技术的优点是逻辑简单、价格低廉，易于安装和使用，网络性能和透明性好。它的缺点有两个：一是非法访问一旦突破防火墙，即可对主机上的软件和配置漏洞进行攻击；二是数据包的源地址、目的地址及 IP 地址的端口都在数据包的头部，很有可能被窃听或假冒。

（2）代理服务技术

代理防火墙（proxy）一般采用代理服务器作为防火墙，是一种较新的防火墙技术，它分为应用层网关和链路层网关。

代理服务器是指代表客户处理连接请求的程序。当代理服务器接收到一个客户的连接意图时，它将核实客户请求，并用特定的安全化的代理应用软件来处理连接请求，将处理后的请求传递到真实的服务器上，然后根据服务器应答做进一步处理后，将答复交给发出请求的最终客户。代理服务技术在安全方面比包过滤技术要强，但这种安全性是有代价的，会给开发者、管理者和最终用户带来不便，因为每个应用都需要建立自己的代码，这会对网络性能产生明显影响。

（3）状态检测技术

基于状态检测技术的防火墙通过一个在网关处执行网络安全策略的检测引擎而获得非常好的安全特性。检测引擎在不影响网络正常运行的前提下，采用抽取有关数据的方法对网络通信的各层实施检测，它将抽取的状态信息动态地保存起来作为以后执行安全策略的参考。检测引擎维护一个动态的状态信息表并对后续的数据包进行检查，一旦发现某个连接的参数有意外变化，则立即将其终止。

（4）NAT 技术

NAT 技术是一个互联网工程任务组（IETF）的标准，允许一个整体机构以一个公用 IP 地址连接到互联网上。顾名思义，它是一种把内部私有 IP 地址转换成公共网络 IP 地址的技术。

三、防火墙的选购

防火墙在电子商务安全中扮演着举足轻重的角色，它肩负着保护企业内部资源和防止黑客入侵的重大责任，从事电子商务的企业和个人应该根据实际需要选购合适的防火墙。

一般情况下，企业防火墙以硬件防火墙为主，同时加之软件防火墙进行辅助；个人防火墙以软件防火墙为主。

1. 企业防火墙的选购

目前市场上的企业用防火墙产品很多，如华为、H3C、天融信、深信服、启明星辰等都提供了防火墙产品。企业在选购防火墙之前，要了解所选购的防火墙的性能和防火墙自身的安全性，以及防火墙管理的难易程度，在满足实用性和安全性的基础上，还要考虑经济性。下面列出一些选购防火墙时的注意事项。

（1）可靠性

注意厂商推荐的防火墙是否有国家权威测评认证机构的认证，了解厂商的防火墙在市场上的占有率。部门的认证和销售许可也是相当重要的，这些认证包括公安部、工业和信息化部的销售许可以及国家测评中心的认证等。只有具有国家行业准入资格的产品才是值得信赖的。

（2）防火墙的体系结构

根据企业安全要求，选择防火墙的体系结构。

（3）技术指标

辨别防火墙性能的优劣，可以参考国际标准 RFC2544（RFC2544 协议是 RFC 组织提出的用于评测防火墙、入侵检测、交换机等网络互联设备的国际标准），主要技术指标包括网络吞吐量、丢包率、时延和最大并发连接数等。

吞吐量是防火墙的重要指标之一，它是防火墙在不丢包条件下每秒转发包的极限值。丢包率是防火墙在不同负荷下丢弃的包占收到的包的比例。时延是在防火墙的吞吐量范围内，从收到包到转发包的时间间隔。最大并发连接数是指防火墙能够同时处理点对点连接的最大数目，它直接影响防火墙所能支持的最大信息点数。

（4）安装和配置

防火墙的安装和配置要尽量简单和方便。如果防火墙的安装和配置比较麻烦，就

会给用户带来不便，增加工作的难度。一般能工作于混合方式的防火墙更具便捷性。

（5）扩展性

好的防火墙的功能应该能够适应网络规模和安全策略的变化。选购的防火墙具有随意伸缩的模块化解决方案，包括从最基本的包过滤器到带加密功能的 VPN，直至一个独立的应用网关，才能让用户真正被保护起来。目前的防火墙一般标配三个网络接口，分别用于连接外部网络、内部网络和 SSN（安全服务器网络）。用户在购买防火墙时，必须清楚其是否可以增加网络接口，因为有些防火墙无法扩展。

（6）可升级性

由于网络技术的发展和攻击手段的变化，防火墙必须不断地升级，才能有效抵御黑客的攻击。

（7）兼容性

防火墙的加入应该以不影响单位已有的业务软件使用为前提，不应与已有的业务软件提供的服务产生冲突。

（8）高效性

如果因为用户使用防火墙导致网络性能大幅度下降，这就意味着安全代价高。一般来说，防火墙加载上百条规则时，网络性能下降不应超过 5%。

（9）界面友好

防火墙使用界面要友好，有易于编程的 IP 过滤语言，本身支持安全策略，可以加入新的服务，可以安装先进的认证方法等。

2. 个人防火墙的选配

个人防火墙就是一套安装在个人计算机上的软件系统，它能够监视计算机的通信状况，一旦发现有对计算机产生威胁的通信，就会报警通知管理员或立即中断网络连接，以此实现对个人计算机上重要信息的安全保护。企业级防火墙虽然功能强大，但价格高昂、配置困难、维修复杂，需要具有一定安全知识的专业人员来配置和管理。对于家庭或个人用户来说，往往更适合进行个人防火墙的选配。

Windows 操作系统的防火墙就属于个人防火墙，它集成在 Windows 各个版本的操作系统中，在安装系统时会自动安装。与第三方的个人防火墙相比，由于 Windows 操作系统的防火墙工作在系统的底层，所以与 Windows 操作系统的结合比较好，效率较高。

目前，第三方的个人防火墙产品很多，如瑞星、360、天网防火墙、ZoneAlarm Free Firewall、Norton Personal Firewall 等。手机防火墙有 360 手机卫士、蓝盾安全卫士、华为手机管家、腾讯手机管家等。

四、防火墙的局限性

防火墙作为电子商务安全的基础设施，对电子商务及网络经济的发展起促进作用。但是防火墙并不能完全保障电子商务的安全，其局限性如下：

1. 不能防范来自内部网络的攻击。

2. 不能真正防止人为因素的攻击，如口令泄露、用户错误操作等。

3. 不能有效防范受病毒感染的软件或文件的传输，不可能查找到所有的病毒。

4. 不能防止数据驱动式的攻击，即通过将某些表面看来无害的数据邮寄或复制到内部的主机中，然后再在内部主机中运行而造成的攻击。

Windows 系统自带防火墙的安全配置。本练习以 Windows10 中 Windows Defender 防火墙为例（Windows7 操作与之类似）。

（1）开启防火墙。打开“开始”菜单，选择“控制面板”命令，选择“系统和安全”选项，如图 2-5-6 所示，打开“Windows Defender 防火墙”窗口，如图 2-5-7 所示。选择“启用或关闭 Windows Defender 防火墙”选项，开启防火墙，查看防火墙的状态，如图 2-5-8 所示。

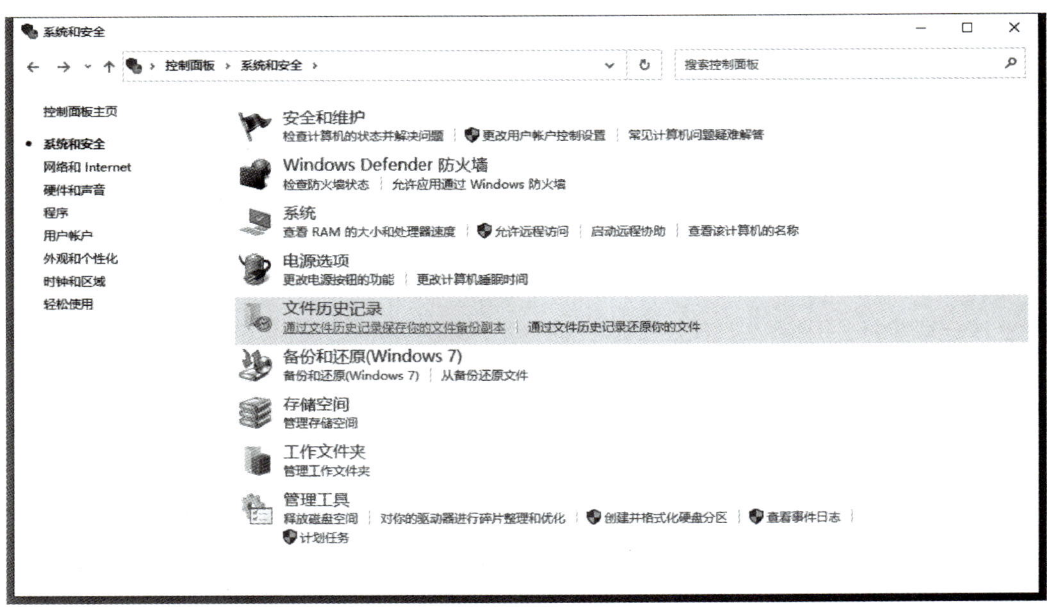

图 2-5-6 “控制面板”中“系统和安全”选项

图 2-5-7　“Windows Defender 防火墙”窗口

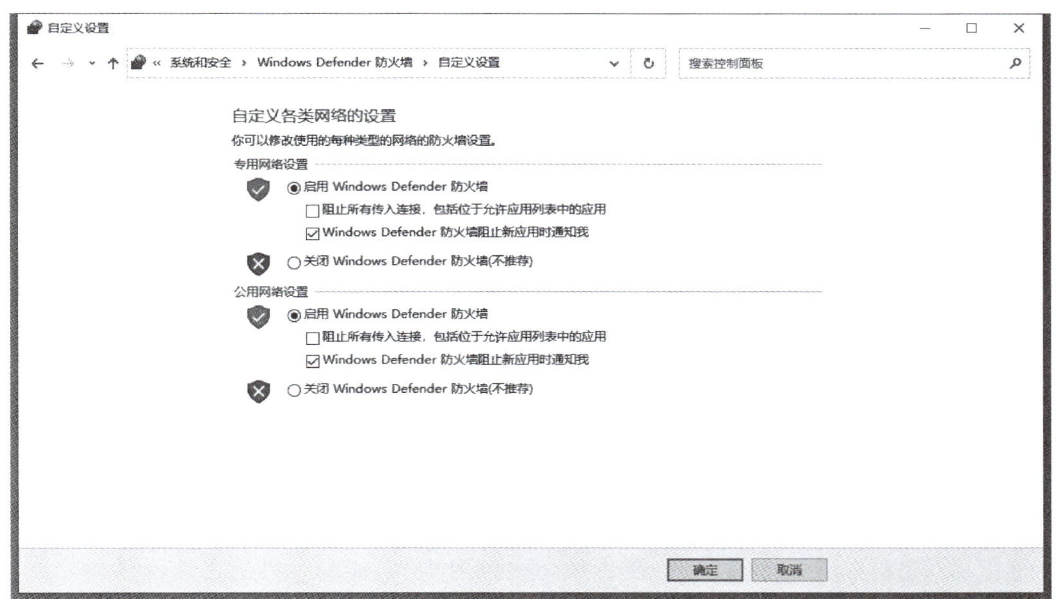

图 2-5-8　“启用或关闭 Windows Defender 防火墙”选项

（2）设置允许通过 Windows 防火墙的程序或功能。在图 2-5-7 中选择“允许应用或功能通过 Windows Defender 防火墙”选项，可以在弹出的“允许的应用和功能”列表框中手动添加允许通过的程序或删除允许通过的程序，如图 2-5-9 所示。

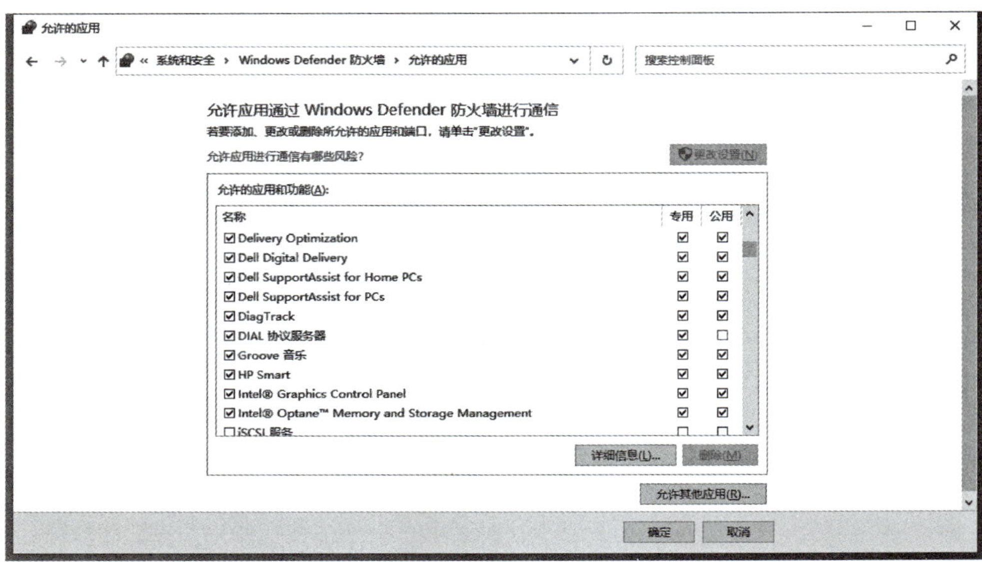

图 2-5-9　设置允许应用通过 Windows Defender 防火墙进行通信

（3）高级设置。在图 2-5-7 中选择“高级设置”选项，打开“高级安全 Windows Defender 防火墙”窗口，如图 2-5-10 所示。

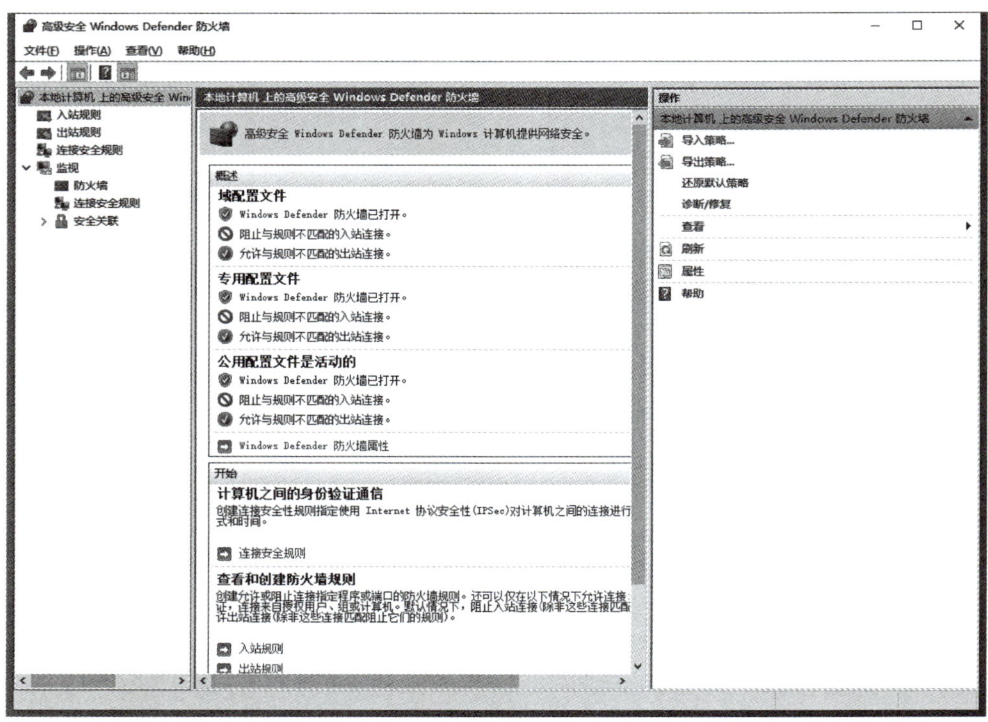

图 2-5-10　“高级安全 Windows Defender 防火墙”窗口

图 2–5–10 中的“导入策略”和“导出策略”是通过策略文件（*.wfw）进行配置保存或共享部署的，导出功能既可以作为当前设置的备份，也可以共享给其他计算机进行批量部署。

“还原默认策略”用于恢复防火墙的默认设置。还原默认策略将会重置安装 Windows 之后对 Windows 防火墙所做的所有更改。

“诊断 / 修复”用来诊断和修复网络连接。

“属性”显示高级安全设置防火墙的属性，包括“域配置文件”“专用配置文件”“公用配置文件”和“IPSec 设置”。“域配置文件”主要面向企业域连接，普通用户可以将其关闭；“专用配置文件”面向家庭网络和工作网络配置；“公用配置文件”面向公共网络配置；“IPSec 设置”在面向 VPN 等需要进行安全连接时使用。

“高级安全 Windows Defender 防火墙”主要涉及三部分的规则制定，这三部分的规则分别是入站规则、出站规则和连接安全规则。入站规则和出站规则从整体上看可以分成用户规则和系统预定义规则两部分。连接安全规则包括在两台计算机开始通信之前对它们进行身份验证，通过使用密钥、身份验证、数据完整性和数据加密等措施，确保在两台计算机之间发送的信息的安全性。

“监视”目录中包括“防火墙”“连接安全规则”和“安全关联”选项。“防火墙”选项可以显示活动防火墙规则，如应用的 IP 地址、地址范围或子网等；“连接安全规则”选项可以显示终结点身份验证等信息；“安全关联”选项可以显示在本地计算机上维护的有关安全通道的信息，如远程地址身份验证方法等。

思考与练习

1. 防火墙有什么作用?
2. 软件防火墙和硬件防火墙有什么区别?
3. 企业防火墙选购时应注意哪些问题?

学习单元 6　数据备份技术

学习目标

- 知识目标

1. 了解造成数据灾难的原因。
2. 熟悉数据备份的设备和方法。
3. 了解数据恢复的基本原理。

- 技能目标

1. 能够进行系统数据和用户数据的备份。
2. 能够进行硬盘数据的恢复。

相关知识

从信息安全角度来看，对数据构成的威胁主要体现在数据的完整性、可用性、保密性等属性上。导致数据出现安全问题的原因有很多，如硬盘物理损坏、数据逻辑错误、各种恶意破坏和误操作，以及密码丢失无法打开文档等。为了预防数据安全威胁，除了前面几节介绍的安全技术外，还有数据备份技术。

数据备份就是数据以某种方式加以保存，以便在系统需要时重新恢复和利用。对一个完整的信息安全体系而言，数据备份工作是必不可少的组成部分，其作用主要体现在两个方面：一方面，在数据遭到意外事件破坏时，通过数据恢复还原数据。做好数据备份工作是防止数据丢失、防止系统遭到破坏最有效、最简单的手段，也是成本最低的方法。另一方面，数据备份是历史数据保存归档的最佳方式。数据备份为用户进行历史数据查询、统计和分析，以及重要信息归档保存提供了可能性。

一、造成数据灾难的原因

1. 计算机软硬件故障

计算机软硬件故障是发生最频繁的一类故障，原因可能是病毒感染、硬件损坏、操作时断电等。计算机软硬件故障一般表现为无法识别操作系统，无法正常启动，读取数据时出现错误，文件丢失、无法打开、乱码，报告无分区、无法进行格式化，硬

盘不识别，通电后无任何声音等。

2. 人为操作失误

对管理较松、人员业务不熟的企业，人为操作失误也会经常发生，通常表现为人员的误删除等操作。

3. 自然灾害

从事电子商务的地点发生各种自然灾害，从而引起计算机、服务器及系统的数据被损毁。

二、数据备份的类型

1. 系统数据备份

系统数据备份主要针对计算机的操作系统、设备驱动程序、系统应用软件及常用软件工具等。

（1）系统还原卡

系统还原卡主要有硬盘还原卡、硬盘保镖等。硬盘还原卡也称硬盘保护卡，在学校机房、电子阅览室、计算机培训中心、网吧等场合使用较多。它可以在硬盘非物理性损坏的情况下，如系统受到病毒感染、误删除、故意毁坏硬盘数据等破坏时，让硬盘系统数据恢复到预先设置的状态。

（2）硬盘克隆

硬盘克隆（disk cloning），也称硬盘复制，是指通过计算机软件或硬件，把硬盘内容完整地复制（克隆）到另一台硬盘的过程。一般来说，若通过软件来复制，就会把整个硬盘的内容写进一个硬盘备份档里，以待下次恢复时再从备份档里把内容恢复过来。

例如，克隆大师 Symantec Ghost 是一款优秀的硬盘克隆软件。Symantec Ghost 对现有的操作系统都有良好的支持，包括 DOS、Windows、Linux、Unix 等操作系统。Symantec Ghost 也支持大多数存储介质和常用接口，如支持对等 LPT 接口、对等 USB 接口、对等 TCP/IP 接口、SCSI 接口、便携式设备、光盘刻录机等。

Symantec Ghost 可以将数据以镜像文件 .iso 的格式备份起来，还可以将一个硬盘中的数据完全相同地复制到另一个硬盘中，如图 2–6–1 所示。它还提供硬盘备份、硬盘分区、映像文件检查、硬盘工作状态检查等功能。可以在 DOS 或 Windows 操作系统下直接运行 Ghost.exe 文件。现在常用的“一键还原系统”软件中的核心部分就是 Symantec Ghost，它使用户备份、还原操作系统的操作更加简便。

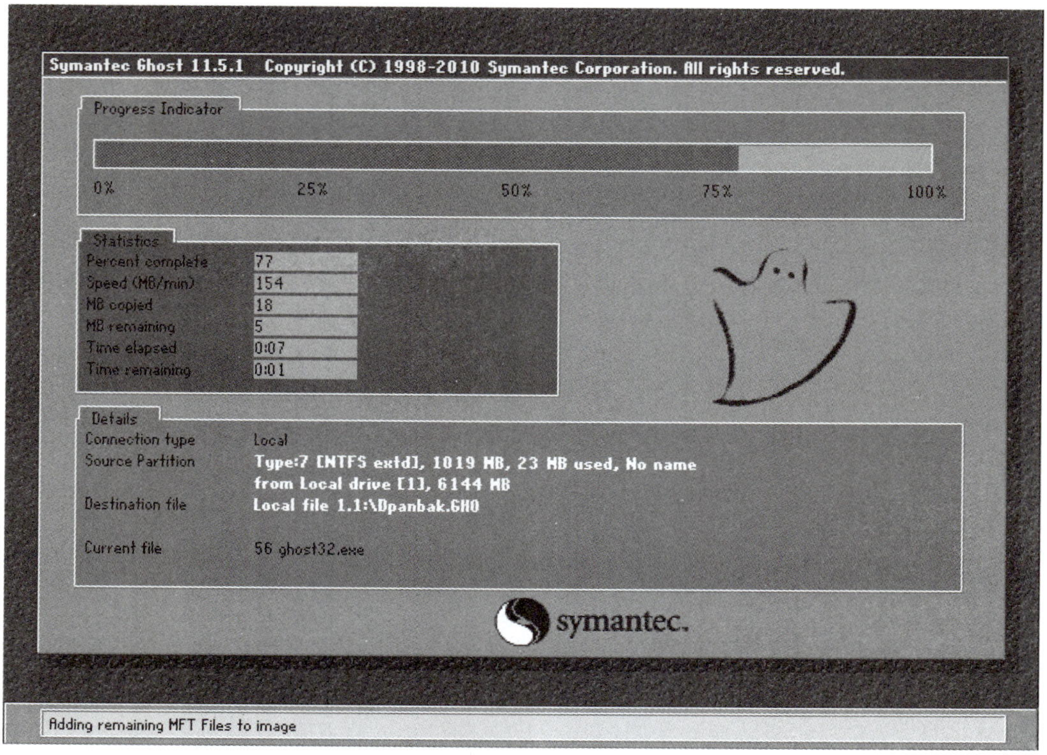

图 2-6-1　Symantec Ghost 硬盘克隆程序界面

2. 用户数据备份

用户数据备份时针对具体应用软件和用户产生的数据进行备份，如电子商务企业的客户交易信息等。用户数据备份的重要性要高于系统数据备份，因为系统数据丢失一般是可以恢复的，如操作系统损坏后可以通过光盘重新安装，而用户数据丢失一般是很难弥补的，例如用户有时会遭遇到正在编辑的 Word 文档还未保存却意外退出或死机所造成的损失。

将用户重要数据与操作系统分别存储在不同的分区或其他存储器上是保护数据、提高工作效率非常有效的方法，这样就不会因操作系统重新安装或恢复而造成重要数据丢失。

用户数据备份的同时要进行有效的用户数据备份管理，如备份的可计划性、操作的自动化程度、历史记录的保存及日志记录等。用户数据有不同的备份方案，见表 2-6-1。

表 2-6-1 用户数据的不同备份方案

备份方案	特点	备份方法	恢复方法	优缺点
完全备份	每个数据都会被写入备份档	星期一至星期日，每天都进行备份	恢复最近一天的备份即可	优点：恢复数据简单 缺点：需要大量的存储空间，成本较高，备份时间长
增量备份	只备份上次备份后被修改的数据	在星期一进行完全备份，在星期二至星期日进行增量备份	需还原星期一的完全备份和从星期二至星期日的所有增量备份	优点：节约存储空间和时间 缺点：数据恢复比较麻烦，可靠性较差

三、常见的数据备份设备

数据备份离不开存储设备。在计算机的组成结构中，有一个很重要的部分就是存储器，它是用来存储程序和数据的部件。对于计算机来说，有了存储器，才有记忆功能，才能保证其正常工作。存储器分为内存储器和外存储器，而备份所用的设备一般会做到内、外存储器结合。

1. U 盘

U 盘（见图 2-6-2）是比较常用的移动存储设备，同样也是一种不错的备份设备。它体积小、价格便宜、重量轻、读写速度快、无须外接电源、可热插拔、携带方便等，还可在台式电脑、笔记本电脑之间跨平台使用，同时适用于不同的数码设备与计算机间传输、存储各类数据文件，另外在保存数据的安全性上也表现得非常出色，并且有些 U 盘本身还带有加密功能。

图 2-6-2 U 盘

2. 移动硬盘

移动硬盘（见图 2-6-3）主要指采用 USB 或 IEEE1394 接口，可以随时插拔，小巧且便携的硬盘存储器，它以较高的速度与系统进行数据传输。

图 2-6-3　移动硬盘

目前移动硬盘按尺寸可以分为三种，3.5 英寸台式机硬盘、2.5 英寸笔记本硬盘及 1.8 英寸微型硬盘。其中，3.5 英寸台式机硬盘具有速度快、容量大的优点，但体积大、重量大，携带不方便，且该硬盘是为台式机设计的，防震性能差，不过在价格和容量方面仍有一定的优势；2.5 英寸笔记本硬盘是专门为笔记本设计的，尺寸、重量都较小，抗震性能好，在目前移动硬盘中应用较多；1.8 英寸微型硬盘也是针对笔记本设计的，抗震性能好，而且尺寸和重量也是三者中最小的，但价格较高，容量也较小，更适合有特殊需求的用户。

移动硬盘所采用的与电脑系统相连接的接口种类有 USB 和 IEEE1394 两种。理论上 USB1.1 接口能提供 12 Mbit/s 的数据传输速度，USB2.0 接口能提供 480 Mbit/s 的数据传输速度，而 USB3.0 最大数据传输速度高达 5.0 Gbit/s。IEEE1394a 接口能提供 400 Mbit/s 的数据传输速度，IEEE1394b 能提供 800 Mbit/s 的数据传输速度。但在实际应用中移动硬盘会因为某些客观的原因（如存储设备采用的主控芯片、电路板的制作质量是否优良等），而减慢了实际应用中的数据传输速度。

3. 云盘

云盘是基于互联网的存储工具，它通过互联网为企业和个人提供信息的存储、读取、下载等服务，具有安全稳定、海量存储等特点。常用的云盘服务商有百度云盘、阿里云、微云等。

4. 硬盘

硬盘分为固态硬盘（SSD）和机械硬盘（HDD）两种主要类型。固态硬盘采用闪存颗粒来存储，如图 2-6-4 所示；机械硬盘采用磁性碟片来存储，如图 2-6-5 所示。硬盘具有读写速度快、容量大等优点。但计算机中硬盘很容易受到病毒的感染，如果被恶性病毒感染，整个硬盘中的数据有可能无法恢复，这样的损失是相当惨重的，所以在使用计算机的过程中一定要注意防毒。另外，硬盘是一种制造非常精密的器件，在计算机中是最“娇气”的，特别是机械硬盘很容易在震动的情况下受到损坏，而损

坏后很难修复，所以在移动台式计算机的过程中一定要轻拿轻放，尤其是在开机的情况下更不要轻易地移动计算机。

一般来说，计算机可以采用双硬盘，一块硬盘用来负责系统的运行，另一块硬盘专门用来备份数据。

图 2-6-4　固态硬盘

图 2-6-5　机械硬盘

四、数据恢复

数据恢复就是把遭到破坏、删除和修改的数据还原为可使用数据的过程。对计算机应用系统来说，数据可以分为系统数据和用户数据两大类。系统数据由于变化不大，具有通用性，恢复起来相对容易一些，一般不会造成“灾难性”后果。而用户数据的价值有时是无法用金钱来衡量的，因此对用户有着更重要的意义。

1. 数据恢复概述

数据恢复可以分为以下两种情况。

（1）计算机病毒感染、人为破坏或人为误操作造成当前的系统数据或用户数据丢失或损坏，但存储数据的物理介质没有遭到破坏，原始的备份数据也保存良好。这种情况下问题并不太严重，只要使用备份软件或应用软件的还原功能，就基本上可以恢复损坏的数据。

（2）当前数据和原始的备份数据都遭到破坏，甚至存储数据的物理介质也出现逻辑或物理上的故障。这种情况将会产生较严重的后果。以下介绍的数据恢复内容主要针对这种情况，并重点针对硬盘的数据恢复。

为了提高数据的修复率，在发现硬盘数据丢失或遭到破坏时，最重要的就是注意“保护好现场”，要立即禁止对硬盘再进行新的写操作。如果要修复的硬盘分区恰恰是操作系统主分区，应该立即关机，先强行退出系统，然后用另外一个硬盘来启动系统，即采用双硬盘结构，以防止操作系统运行时向主分区写入文件，导致数据恢复失败。

进行数据恢复之前，首先要认真、细致地制订恢复计划，每一步操作都要有明确的目的。在进行每一步操作之前，就考虑好操作完该步后能达到什么目的，可能造成什么后果，能不能回退至上一状态。特别是对于一些破坏性操作，一定要考虑周全。只要条件允许，就一定要在操作之前对要恢复的数据进行镜像备份，以防止数据恢复失败和误操作。另外要注意的是，应该先抢救那些最有把握恢复的数据，恢复一点就备份一点。

2. 硬盘数据恢复

当从硬盘中删除文件时，操作系统仅在该文件对应的目录结构信息中标以删除标识，而这个被删除文件本身的数据及其在目录结构中的其他信息并没有从硬盘上清除，即使硬盘被格式化或重分区，仍会保留大部分的数据信息，除非有新的数据将其覆盖。因此，恢复数据、文件的前提就是硬盘中还保留有文件的信息和数据块。但在删除文件、格式化硬盘等操作后，再在对应分区内写入大量新信息时，这些需要恢复的数据就很有可能被覆盖了，这时，使用任何软件工具和手段都很难找回丢失的数据。

对硬盘来说，如果整个系统瘫痪、系统无法启动，恢复数据可以先从硬盘的五个区域入手，首先恢复 MBR（主引导记录区），然后恢复 DBR（操作系统引导记录区）、FAT（文件分配表）、FDT（文件目录表），最后恢复数据文件。必要时，需要检测磁道，修复零磁道和其他坏磁道。

通常来说，只要硬盘没有出现物理故障，使用相关数据恢复软件来恢复数据的机会还是比较大的。如果硬盘出现一般性的物理故障，可以使用专业硬盘修复综合工具来控制硬盘的内部工作，实现硬盘内部参数模块的读写和硬盘程序模块的调用，最终达到修复硬盘缺陷、恢复硬盘数据的目的。

如果硬盘没有出现物理故障，那么在 Windows 环境下就有许多非常优秀的数据恢复工具来进行数据恢复。这些工具的功能非常强大，基本可以解决误删除、误格式化等误操作带来的问题，恢复系统意外造成的数据丢失等。这类工具中有主要针对光盘的数据修复软件 CD Date Rescue，针对数码相机、掌上电脑（PDA）、U 盘、手机等数码设备的数据修复软件 Media Recover，针对硬盘的数据修复软件 Easy Recovery、Final Date、File Recovery 等，还有功能强大的复制软件 Bad Copy 等。

实操练习

1. 使用 Symantec Ghost 对本机 C 盘进行备份。这里以本机 C 盘为例，将 C 盘内容备份成一个磁盘映像文件保存到 D 盘。

（1）启动 Symantec Ghost，如图 2-6-6 所示。

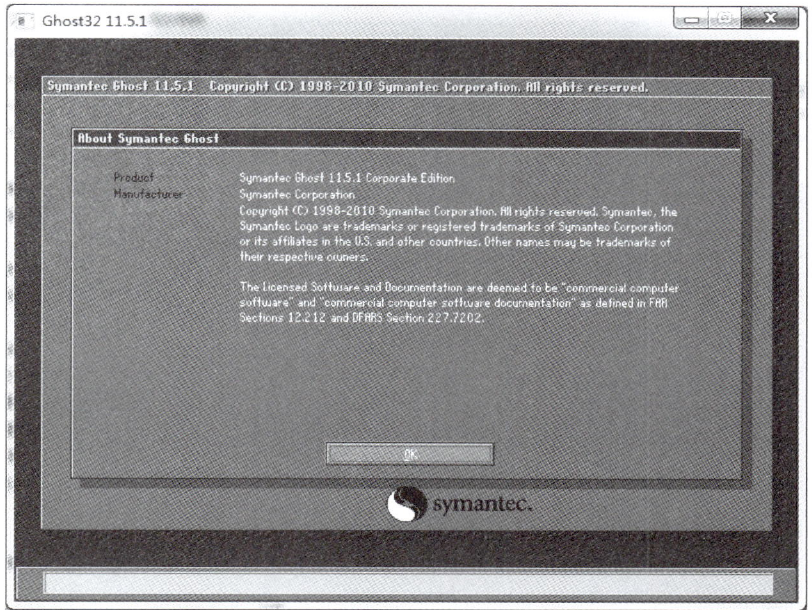

图 2-6-6 启动 Symantec Ghost

（2）选择菜单中的“Local”—“Partition”—“To Image”，如图 2-6-7 所示。

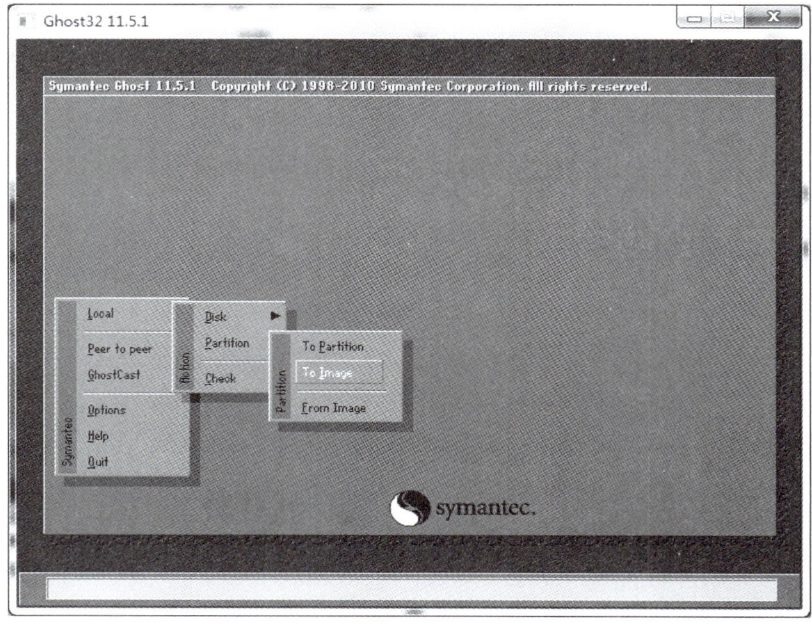

图 2-6-7 选择菜单中的“Local”—“Partition”—“To Image”

（3）在弹出窗口中选择要做备份的存储设备，如图 2–6–8 所示，再点击“OK”按钮。

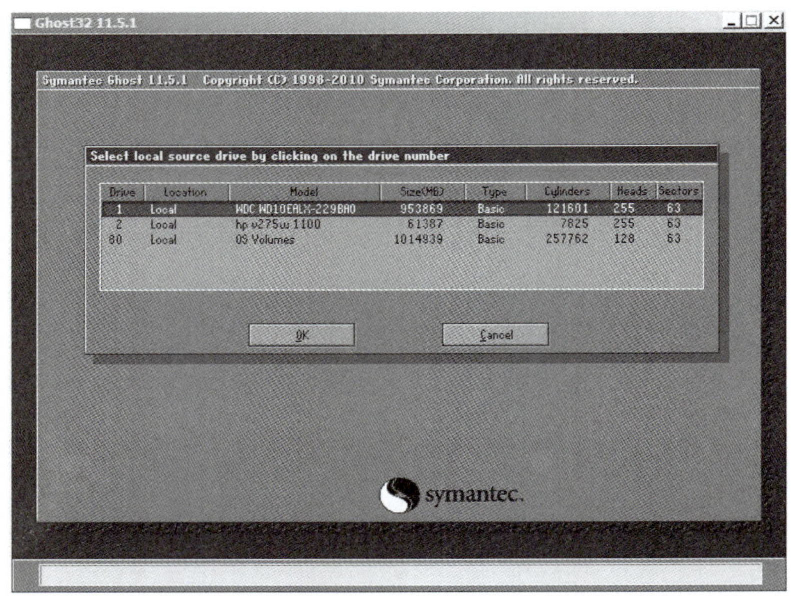

图 2–6–8　选择要做备份的存储设备

（4）选择该设备（硬盘）中要备份的分区，如图 2–6–9 所示，点击“OK”按钮。

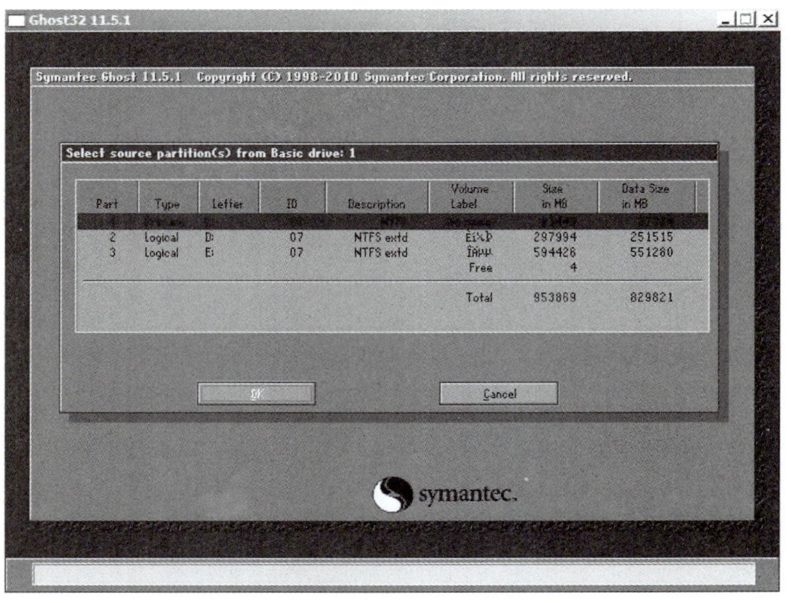

图 2–6–9　选择要做备份的磁盘分区

（5）在弹出窗口中确定备份镜像文件的存放位置，如图 2-6-10 所示，再点击“Save”按钮。

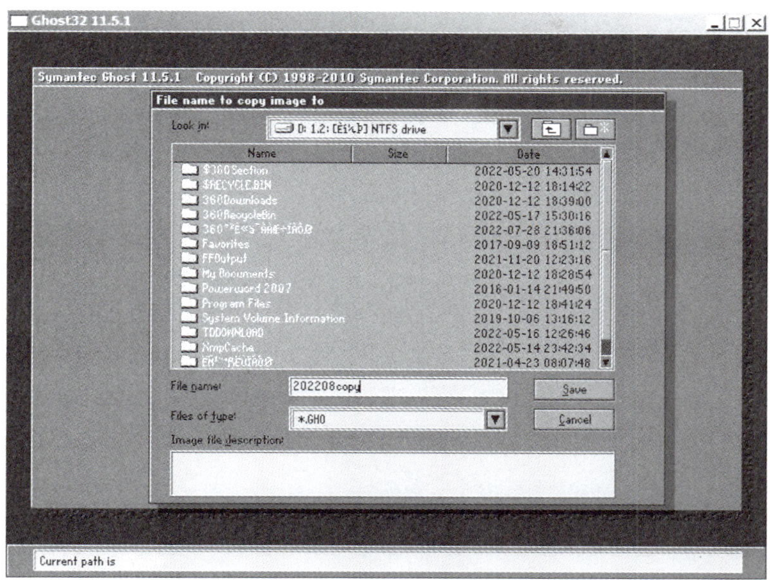

图 2-6-10　确定备份镜像文件的存放位置

（6）选择镜像文件的压缩方式，如图 2-6-11 所示，“No”表示不压缩，“Fast”表示快速压缩，“High”表示高压缩比压缩。

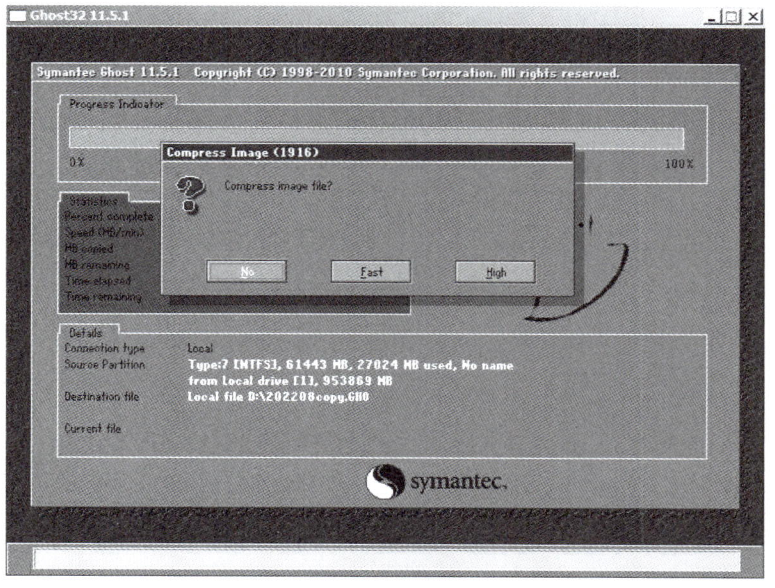

图 2-6-11　选择备份镜像文件的压缩方式

（7）确认创建镜像文件，如图 2–6–12 所示，单击“Yes”即可开始备份。

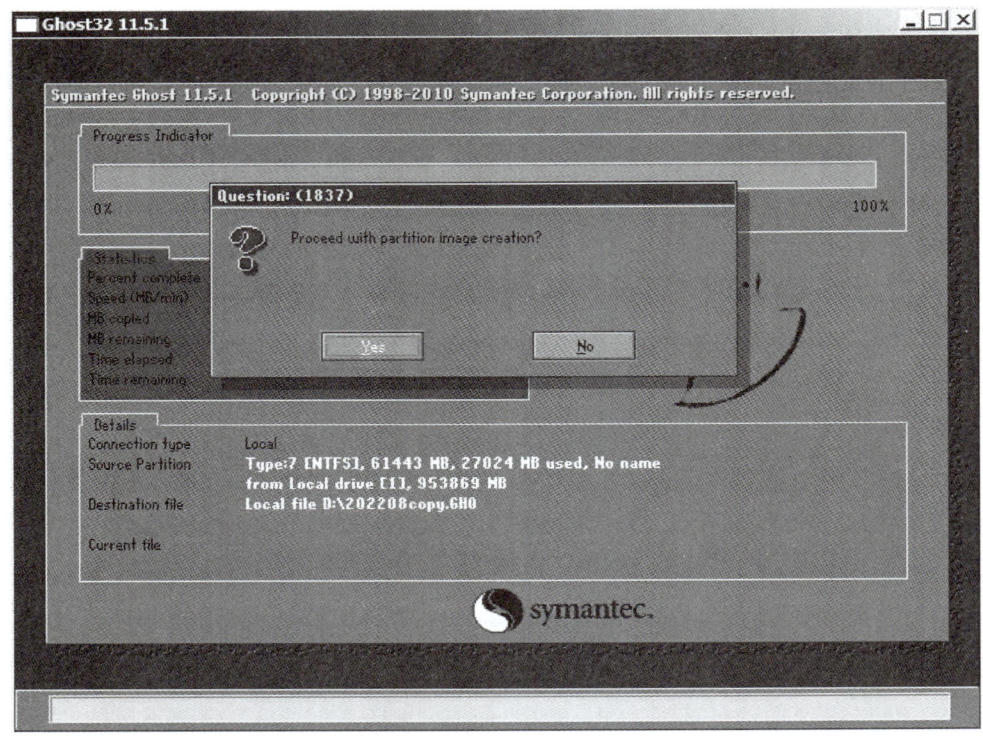

图 2–6–12 确认创建镜像文件

2. 使用数据恢复软件 Easy Recovery 对 U 盘中已删除的“删除恢复测试文件 .doc”进行恢复。Easy Recovery 是一款优秀的数据恢复软件，可在其官网进行下载，付费注册后可使用其数据恢复功能。类似的软件还有 Final Date、File Recovery、Recuva、Wise Data Recovery 等，可自行选择测试。

（1）安装并启动 Easy Recovery，如图 2–6–13 所示，单击“下一个”按钮。

（2）选择待恢复文件的位置，本练习中选择“Local Disk F”即本机中的 U 盘，如图 2–6–14 所示，然后单击“扫描”按钮。

（3）程序完成对 U 盘的扫描，反馈结果报告，如图 2–6–15 所示。

（4）选择要恢复的文件，如本练习中“删除恢复测试文件 .doc”，如图 2–6–16 所示，单击“恢复”按钮即可。

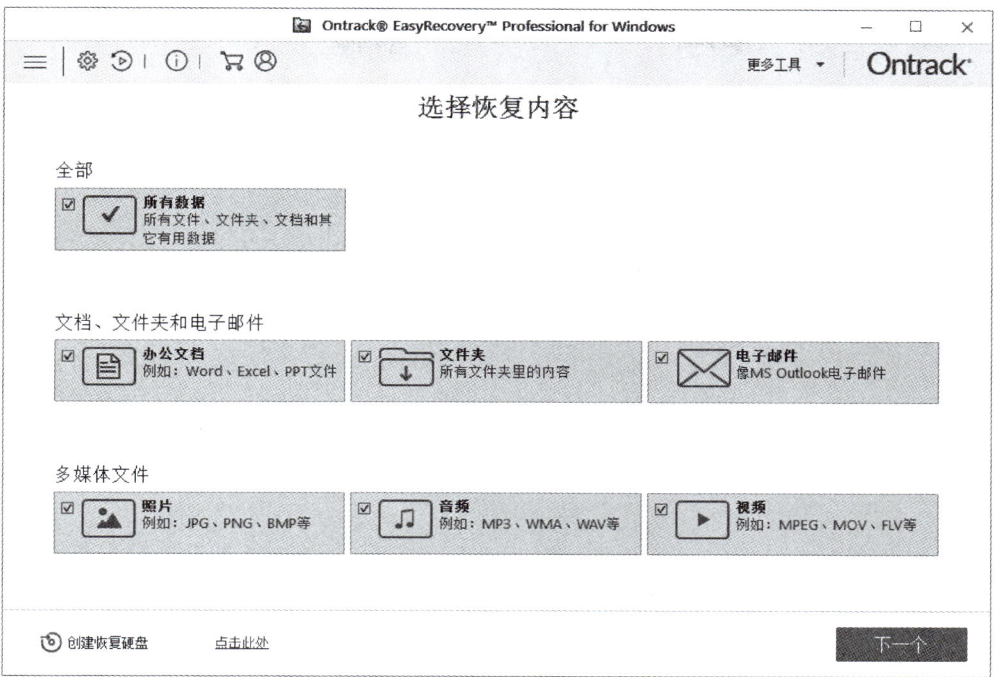

图 2-6-13　启动 Easy Recovery

图 2-6-14　选择待恢复文件的位置

图 2-6-15　完成扫描，反馈结果报告

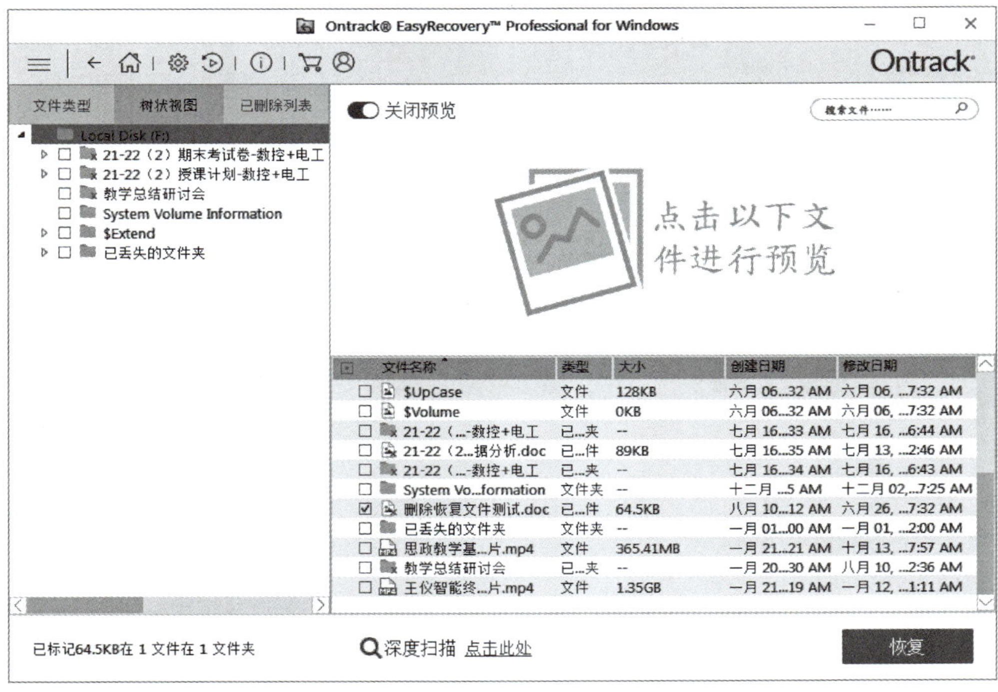

图 2-6-16　选择待恢复文件

思考与练习

1. 完全备份和增量备份有哪些区别?
2. 简述使用 Symantec Ghost 备份及还原系统分区的步骤。
3. 硬盘数据恢复前需要注意哪些问题?

学习单元 7　虚拟专用网络技术

学习目标

知识目标

1. 了解虚拟专用网络的基本概念。
2. 熟悉虚拟专用网络的具体应用。
3. 了解我国关于虚拟专用网络的相关法律规范。

技能目标

能够对合法合规地使用虚拟专用网络技术进行评断。

相关知识

随着电子商务应用的日益广泛，对企业内网的使用范围不断扩大，在外出差或在家办公的员工希望能够随时与企业保持联系，并使用企业内外的信息资源系统；企业的分支机构或与企业有密切业务往来的合作伙伴也需要及时、有效地与企业沟通。过去有两种方案可以解决上述需求：一是企业内网和所有使用者都直接接入公用网，二是建立自己的专线或租用电信部门的专线。但第一种方案没有任何安全措施，安全性得不到保证；而第二种方案要铺设很多线路，也难以实现，而且费用昂贵。虚拟专用网络（virtual private network，VPN）技术是将这两种方案结合在一起，利用现有的公众信息网来安全地建立企业的专用网络。

一、VPN 的工作原理及安全性

VPN 是建立在公共网络上的私有专用网。它利用基于公众基础框架的网络，来建立一个安全、可靠的和可管理的私密通信网络。VPN 技术比较复杂，它涉及通信技术、密码技术和认证技术，是一项交叉科学。

VPN 实际上是“线路中的隧道”，类似于城市道路上的“公交专用线”。所不同的是，由 VPN 组成的“隧道”并不是物理存在的，而是通过技术手段模拟出来的，即是“虚拟”的。不过，这种虚拟的专用网络技术却可以在一条公用线路中为两台计算机建立一个逻辑上的专用“隧道”，而且它具有良好的保密性和不受干扰性，使双方能进行自由而安全的点对点连接。

1. VPN 的工作原理

VPN 可以帮助远程用户、公司分支机构、商业伙伴及供应商同公司的内部网络建立可信的安全连接，其实现的关键在于网络隧道技术，如图 2-7-1 所示。在 VPN 中，原有数据包首先要通过特殊的协议重新加密封装在另一个数据包中，然后通过公共网络的传输协议（如 TCP/IP）在公共网络中传输。当数据包到达 VPN 设备时，VPN 设备首先要对数字签名进行核对，核对无误后才能进行解包，恢复成原数据包。由于这种技术使用了一种网络传输协议来传输另一种网络传输协议，就像在公共网络中挖了一个数据传输的专用隧道一样，所以被称为网络隧道技术。

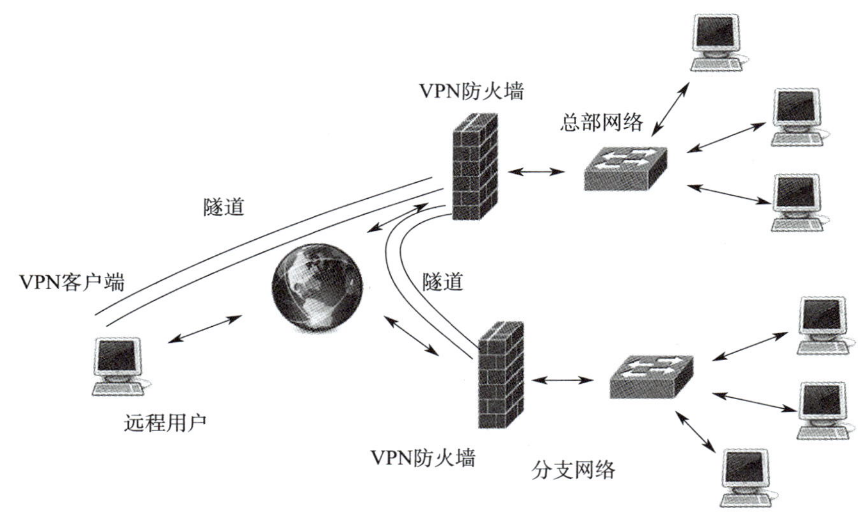

图 2-7-1　VPN 隧道传输示意图

VPN 中的安全连接是由网络隧道技术形成的，它使用的隧道协议主要有点对点隧道协议（point to point tunneling protocol，PPTP）、第二层转发协议（layer 2

forwarding，L2F）、第二层隧道协议（layer 2 tunneling protocol，L2TP）及互联网安全协议（internet protocol security，IPSec）。

（1）PPTP

PPTP 是 1996 年 Microsoft 和 Ascend 等在点对点协议（point to point protocol，PPP）上开发的，是 PPP 的一种扩展。用户可以采用拨号方式接入公共网络。拨号用户首先按常规方式拨号到 ISP（internet service provider，互联网服务提供商）的接入服务器中，建立 PPP 连接；在此基础上，用户进行二次拨号，建立与 PPTP 服务器的连接，该连接称为 PPTP 隧道。

PPTP 把建立隧道的主动权交给用户，但用户需要在其计算机上配置 PPTP，这样做既会增加用户的工作量，又会造成网络的安全隐患。PPTP 的最大优势是 Microsoft 公司的支持，它的另外一个优势是支持流量控制。

（2）L2F

L2F 是 1996 年 Cisco 开发的，远端用户能够通过任何拨号方式接入公共网络。拨号用户先按常规方式拨号到 ISP 的接入服务器中并建立 PPP 连接；接入服务器根据用户名等信息发起第二次连接，呼叫用户网络的服务器。在这种方式下，隧道的配置和建立对用户是完全透明的。

（3）L2TP

L2TP 是 1997 年年底由 Microsoft 和 Cisco 共同开发的。L2TP 结合了 PPTP 和 L2F 的优点，可以让用户从客户端接入服务器端发起 VPN 连接。L2TP 定义了利用公共网络设施封装传输链路层 PPP 帧的方法。

L2TP 的优势在于支持多种协议。在安全性上，L2TP 仅仅定义了控制包的加密传输方式，而对传输中的数据并不加密。L2TP 并不能满足用户对安全性的需求。如果需要安全的 VPN，就需要 IPSec。

（4）IPSec

IPSec 是用来增强 VPN 安全性的标准协议。IPSec 包含了用户身份认证、查验和数据完整性等内容。该协议标准由国际互联网工程任务组（The Internet Engineering Task Force，IETF）组织制定，其中规定了在两个 IP 节点之间进行加密、数字签名等使用的一系列 IP 级协议。IPSec 实现了来自不同厂商的设备在进行隧道开通和终止时的交互操作。

2. VPN 的安全性

一般来说，企业在选用远程网络互联方案时，都希望对访问企业资源和信息的行为加以控制。VPN 技术应当既能够实现授权用户与企业局域网资源的自由连接、不同分支机构之间的资源共享，又能够确保企业数据在公共网络或企业内部网络上传输时的安全性不受破坏。因此，VPN 应该满足以下五个方面的基本要求。

（1）加密数据

通过公共网络传递的数据必须经过加密，以保证通过公共网络传输的信息即使被他人截获也不会泄露。

（2）信息认证和身份认证

必须能够验证用户身份并严格控制只有授权用户才能访问 VPN。保证信息的完整性和合法性，并能鉴别用户的身份。另外，还必须能够提供审计和计费功能，显示何人在何时访问了哪些信息。

（3）提供访问控制

不同的用户有不同的访问权限，对不同权限的用户进行访问控制。

（4）密钥管理

能够生成并更新客户端和服务器的加密密钥，并在公共网络上安全地传递密钥而不被窃取。

（5）多协议支持

必须支持公共网络上普遍使用的基本协议。

二、VPN 的应用

针对不同的用户要求，VPN 有三种主要的应用方案，即远程访问虚拟网（Access VPN）、企业内部虚拟网（Intranet VPN）和企业扩展虚拟网（Extranet VPN）。这三种类型的 VPN 分别与传统的远程访问网络、企业内部网络，以及企业网和相关合作伙伴的企业网所构成的扩展网相对应。

1. Access VPN

Access VPN 可提供对企业内部网络或外部网络的远程访问服务，使用户随时以所需方式访问企业资源，如模拟、拨号、ISDN（综合业务数字网）、数字用户线路（xDSL）、移动 IP 和电缆技术等；可安全连接移动用户、远程工作者或分支机构。Access VPN 可以满足远程办公的需求，特别是出差在外的人员可通过 VPN 技术访问公司内部局域网资源。

2. Intranet VPN

可在互联网上构建全球的 Intranet VPN，企业内部资源只需连入本地 ISP 的接入服务提供点（point of presence，POP）即可相互通信。利用该 VPN 线路不仅可以保证网络的互联性，还可以利用隧道、加密等 VPN 特性保证在整个 VPN 上安全传输信

息。Intranet VPN 可以满足集团公司、分布在不同地区的子公司异地组网，互相访问各自局域网资源的需求。

3. Extranet VPN

Extranet VPN 主要用于企业之间的互联及安全访问服务，可通过专用连接的共享基础设施，将客户、供应商、合作伙伴或相关群体连接到企业内部网。Extranet VPN 拥有与专用网络相同的安全、服务质量等政策。

三、VPN 的相关规范文件

2003 年 4 月，信息产业部重新调整了《电信业务分类目录》，将虚拟专用网业务从基础电信业务中分离出来，成为独立的增值电信业务分类。只是此处的“虚拟专用网”概念与行业内的 VPN 业务还有一定区别，前者属于后者的一部分。

《电信业务分类目录》规定：国内互联网虚拟专用网业务（IP-VPN）是指经营者利用自有或租用的互联网网络资源，采用 TCP/IP 协议，为国内用户定制互联网闭合用户群网络的服务。互联网虚拟专用网主要采用 IP 隧道等基于 TCP/IP 的技术组建，并提供一定的安全性和保密性，专网内可实现加密的透明分组传送。

2006 年 1 月，信息产业部发布《关于两项增值电信业务及国内多方通信服务的通告》，正式开放了“国内因特网虚拟专用网业务”和“在线数据处理与交易处理业务”两项增值电信业务，也宣告了上述两项增值电信业务由商用试验转为正式商用，且应当进行资质申请。

2017 年 1 月，工业和信息化部出台了《关于清理规范互联网网络接入服务市场的通知》（工信部信管函〔2017〕32 号），依法查处互联网数据中心（IDC）业务、互联网接入服务（ISP）业务和内容分发网络（CDN）业务市场存在的无证经营、超范围经营、“层层转租”等违法行为。对于违规开展跨境业务问题，文件明确“未经电信主管部门批准，不得自行建立或租用专线（含虚拟专用网络 VPN）等其他信道开展跨境经营活动。基础电信企业向用户出租的国际专线，应集中建立用户档案，向用户明确使用用途仅供其内部办公专用，不得用于连接境内外的数据中心或业务平台开展电信业务经营活动”。电子商务企业使用 VPN 开展跨境电子商务业务时，需注意相关法律法规的规定。

一些外贸企业、跨国企业因办公自用等，需要通过 VPN 专线等方式跨境联网时，可以向依法设置国际通信出入口局的电信业务经营者租用线路或者网络。例如，中国移动、中国联通、中国电信及中国广电都是经过国家电信主管部门批准的可以提供 VPN 业务的运营商。

案例讨论

VPN 技术如何与“翻墙”产生联系？请阅读材料，谈一谈电子商务企业如何避免此类风险。

非法使用 VPN“翻墙”获罪案例

防火长城（Great Firewall of China，GFW）是我国政府在其管辖的互联网内部实施的网络审查系统。为了规避 GFW 的管理，一些 VPN 软件商私自设立服务器，通过公共网络和软硬件设备实现国内外服务器的互联互通，使用户能够获取 GFW 过滤外的境外信息。这种行为通常被称为“翻墙”，即绕过政府监管访问境外网络内容。

VPN 技术除了用于企业内部加密通信外，也被用作“翻墙”的底层技术，这导致了一系列非法产业链的形成。2017 年 1 月，工业和信息化部发布了《关于清理规范互联网网络接入服务市场的通知》，指出我国互联网接入服务市场面临发展机遇，但也出现了无序发展的迹象，需要进行整治和规范。此次规范行动主要针对未经电信主管部门批准、无国际通信业务经营资质的企业和个人，规定他们不得租用国际专线或 VPN 违规开展跨境电信业务，这意味着使用 VPN“翻墙”的行为被明确禁止。

案例一

基本案情：被告人龚某，作为一名软件从业者，因工作需要经常浏览国外网站而使用 VPN。自 2018 年起，他出于盈利目的，向他人提供从国外网站获取的账号和密码，协助他们下载并登录翻墙软件，进而直接访问国外网站。至今，他已向 100 多人提供了此项服务，按每月 25 元或包年 180 元的标准收费。

法院经审理认为：被告人龚某提供专门用于侵入、非法控制计算机信息系统的程序、工具，情节严重，其行为构成提供侵入、非法控制计算机信息系统程序、工具罪。

裁判结果：依照《中华人民共和国刑法》第五十二条、第五十三条、第

六十四条、第六十七条第三款、第二百八十五条第三款的规定，判决被告人龚某犯提供侵入、非法控制计算机信息系统程序、工具罪，判处有期徒刑八个月，并处罚金人民币二千元。

案例二

基本案情：被告人覃某通过网络结识了出售具有“翻墙”功能路由器的上家，并通过网络广告吸引客户。客户在淘宝下单后，覃某通知上家发货并转账。经查，覃某共售出 144 台此类路由器，销售额约 8 万元人民币。经某市文化广电旅游体育局确认，这些路由器连接互联网后，可观看被国内禁止的非法境外电视节目，属于依法严厉打击的非法网络设备范畴。

法院经审理认为：被告人覃某非法经营带有 VPN“翻墙”功能的路由器，扰乱市场秩序，情节严重，其行为已构成非法经营罪。

裁判结果：依照《中华人民共和国刑法》第六十七条第三款、第二百二十五条的规定，判决被告人覃某犯非法经营罪，判处有期徒刑七个月，并处罚金人民币二万元。

法官说法

VPN 普遍存在于我们日常生活、工作中，用户众多，而“翻墙”软件曾经一直游走于灰色地带，并未获得电信主管部门批准。2018 年工业和信息化部出台相关政策，自此 VPN 被正式列入监管范围。公民个人私自建立 VPN，或者向他人出售，以此牟利达到一定数额，或者向他人提供软件、设备达到一定人次等，均属于情节严重。例如，提供软件登录账号密码，构成提供侵入、非法控制计算机信息系统程序、工具罪；如提供含有 VPN 翻墙功能的路由器，则构成非法经营罪。

思考与练习

1. 什么是 VPN 技术？
2. 简述隧道技术的基本工作过程。

模块三 电子交易安全技术

导语

基本加密算法，以基本加密算法为基础的证书认证 CA 体系以及数字信封、数字签名等基本安全技术，以及以基本加密算法、安全技术、证书认证 CA 体系为基础的各种安全应用协议构成了电子交易安全的主体，电子商务的支付体系和各种业务应用系统均建立在此基础之上。

在传统的银行业中，开通网上银行时，银行通常也会提供与数字证书和电子签名有关的安全工具和措施，如中国工商银行（以下简称工商银行）的 U 盾内置微型智能卡处理器、建设银行的网银盾、招商银行的“优 KEY”等。

在现代电子商务的繁荣背后，隐藏着一系列高精尖的安全技术，它们守护着每一笔交易的私密性与安全性。其中，加密技术、数字证书及电子签名等构成了电子商务安全体系的坚实基石。它们是如何在电子交易的每一个环节中发挥作用，确保商家和用户的宝贵信息不被窃取，信用卡等支付工具不被恶意盗用的呢？本章我们将深入探究它们的工作原理和保障安全的奥妙所在。

学习单元 1　数据加密技术

学习目标

- 知识目标

1. 了解数据加密系统的组成和功能。
2. 熟悉数据加密、解密的过程。

3. 熟悉主流的数据加密技术。

技能目标

1. 能够根据应用场合正确选择对称加密技术和非对称加密技术。
2. 能够对办公文档进行基本的加密操作。

相关知识

加密的出现可以追溯到远古时代，据说古罗马恺撒大帝是率先使用加密函的古代将领之一，他将字母 a、b、c、d…w、x、y、z 的自然顺序保持不变，但使之与 D、E、F、G…Z、A、B、C 分别对应，如“good”加密后为“JRRG”。这样加密后的信函即使被敌方截获，也无法明白其中的内容。这种加密方法也称“恺撒密码”。

随着社会的发展，加密的方式越来越多。特别是在计算机网络和计算机通信技术飞速发展的今天，信息的传输量越来越大，其安全性难以保障，加密作为保障数据安全的一种方式，得到前所未有的重视。尤其是在电子商务活动中，加密技术迅速普及和发展起来。

一、数据加密概述

1. 数据加密的定义

“我看到能理解，但你看到就不能理解”，这就是数据加密的基本思想，也就是伪装信息，使局外人不能理解信息的真正含义，而局内人却能够理解伪装信息的本来含义。在计算机通信中，采用加密技术将信息隐蔽起来，再将隐蔽后的信息传输出去，信息在传输过程中即使被窃取或截获，窃取者也不能了解信息的真实内容，从而保证信息传输的安全性。

因此，数据加密就是指将一条消息通过加密密钥和加密函数转换成无意义的密文，接收者再通过解密函数和解密密钥将密文还原成明文的过程。

2. 加密系统的组成

加密技术在政治、经济和军事等各个领域都得到了非常广泛的应用，它是传送保密信息的主要手段。加密所涉及的一些专业术语如下：

（1）明文（plaintext，P）：可以理解的信息原文。

（2）加密（encryption，E）：用某种方法伪装明文，以隐藏真实内容的过程。

（3）密文（ciphertext，C）：经过加密，将明文变换成不容易理解的信息。

（4）解密（decryption，D）：将密文恢复成明文的过程。

（5）算法（algorithm，A）：用于加密或解密的方法。在现代密码学中，算法就是一个用于加密和解密的数学函数。

（6）密钥（key，K）：用来控制加密和解密算法的实现。

加密系统的大致结构如图 3-1-1 所示。其中，密钥相当于日常生活中使用的钥匙，加密算法相当于锁，看似相同的锁，必须用不同的钥匙才能打开。在密码体制中引入密钥，可以提高加密算法的安全性，便于加密算法的标准化和商品化。

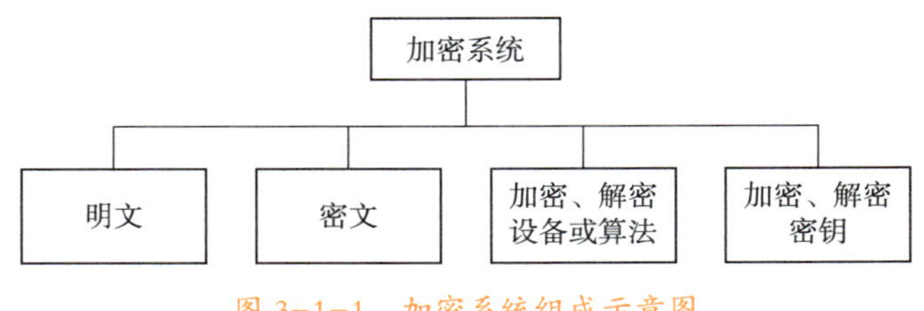

图 3-1-1　加密系统组成示意图

例如前面所述的“恺撒密码”，其加密算法就是向左移位，如果密钥从前面的 3 改为 9，就会将每个字母左移 9 位，产生下面的明密文对照表：

明文：abcdefghijklmnopqrstuvwxyz

密文：JKLMNOPQRSTUVWXYZABCDEFGHI

明文为：good

密文为：PXXM

可以看出，算法相同，密钥不同，得出的密文也不同。

3. 数据加密、解密的过程

加密的基本过程就是对原来为明文的文件或数据按某种加密算法进行处理，使其成为不可读的一段密文，密文只有在输入相应的密钥之后才能显示出原来的内容，通过这样的方式使数据不被窃取。而解密的过程与加密恰恰相反，如图 3-1-2 所示。

4. 加密技术在电子商务中的作用

加密技术是电子商务中主要采取的安全技术手段。采用加密技术可以防止用户的数据被读取，避免敏感信息被泄露，满足信息保密性的需求，防止数据被更改，满足信息完整性的需求，是保证信息保密性、完整性、可用性的有力手段。加密技术还可以有效地用于身份认证、数字签名等，以确认交易双方的身份。可以说，加密技术是认证技术及其他许多安全技术的基础，也是信息安全的核心技术。

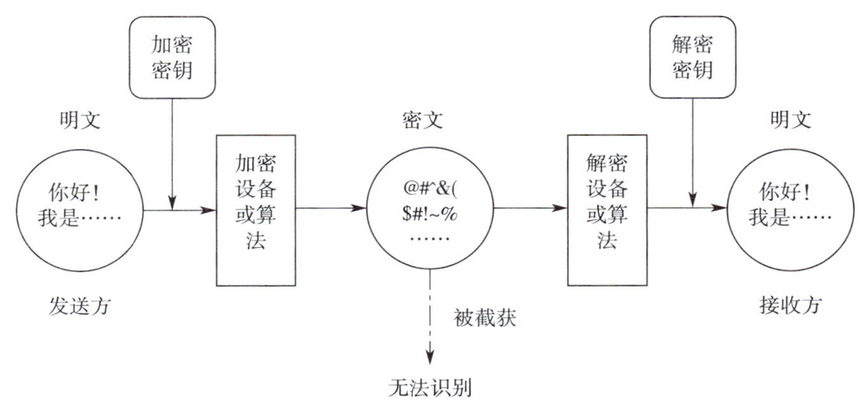

图 3-1-2　数据加密、解密的过程

二、数据加密技术的分类

1. 按发展阶段分类

由于最早期的古代密码没有一定的规律，还不能成为一门学科，所以按照发展阶段分类，密码可大致分为古典密码和近现代密码。

（1）古典密码

古典密码的编码方法主要有两种：置换和代换。将明文中的字母重新排列，字母本身不变，但其位置发生改变，这样编成的密码称为置换密码。最简单的置换密码是把明文中的字母顺序倒过来，然后截成固定长度的字母组作为密文。代换密码则是将明文中的字符替代成其他字符。

（2）近现代密码

密码学的发展与计算机技术的发展密不可分。随着计算机性能的提高，密码技术得到很大提升。近现代数据加密技术主要包括对称加密技术（如数据加密标准 DES、高级加密标准 AES）和非对称加密技术（如公开密钥密码体制 RSA），这些技术也成为现代信息安全的主要支撑。

2. 按加密方式分类

由于明文的大小是不同的，所以人们在加密的过程中必须进行分段逐步加密。不管何种内容的明文在计算机中都是以二进制方式存储的，所以加密过程中可以对每位二进制进行加密变换，也可以以多个字节为单位进行加密变换。按加密方式不同，数据加密技术可分为流密码与分组密码。

（1）流密码

流密码也称序列密码，是以最小单位比特作为一次加密、解密的操作元素，采用设计好的算法进行加密与解密操作，但密钥长度与明文长度一致，加密的效率低。分组密码解决了这个问题，分组密码是将明文消息编码划分成 n 个组，每个组有 m 个字节，每组分别在密钥的控制下进行加密和解密。

（2）分组密码

分组密码取用明文的一个区块和密钥，输出相同大小的密文区块。由于信息通常比单一区块还长，所以有各种方式将连续的区块编织在一起。现代密码技术中的 DES 和 AES 就是分组密码标准，尽管 AES 将逐步取代 DES，但现在 DES 依然很流行，从自动交易机、电子邮件到远端存取，DES 在非常多的应用上被使用。也有其他的分组密码，它们的品质和应用各不相同。

3. 按密钥方式分类

（1）对称加密技术

对称加密技术又称私钥加密技术，即信息的发送方和接收方用一个密钥去加密和解密数据，如图 3–1–3 所示。对称加密技术的最大优势是使用起来简单快捷，加密和解密速度较快，适用于对大数据量进行加密，但密钥管理较为困难。

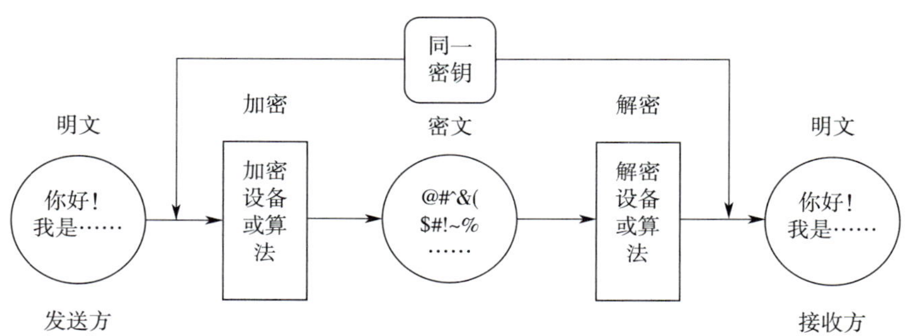

图 3–1–3　对称加密技术

对称加密技术在电子商务交易过程中存在以下问题：

1）在首次通信前，要求提供一条安全的渠道使通信双方在首次通信时协商一个共同的密钥，可能需要借助邮件和电话等其他相对不够安全的手段来进行密钥的传递。

2）当通信对象增多时，需要相应数量的密钥，密钥的数量难于管理，很难适应开放社会中大量的信息交流。

3）对称加密建立在共同保守秘密的基础之上，在管理和分发密钥的过程中，任何一方的泄密都会造成密钥的失效，存在潜在的危险和管理的难度。

4）对称加密技术一般不能提供信息完整性的鉴别，它无法验证发送者和接收者的身份。

（2）非对称加密技术

非对称加密技术又称公钥加密技术，这种技术的加密密钥和解密密钥是不同的，公开密钥（公钥）对外公布，私有密钥（私钥）只有持有人知道。公钥与私钥必须成对出现，也就是说如果用某人的公钥对数据进行加密，那么只有用此人对应的私钥才能解密，如果用私钥对数据进行加密，那么只有使用对应的公钥才能解密，如图 3-1-4 所示。

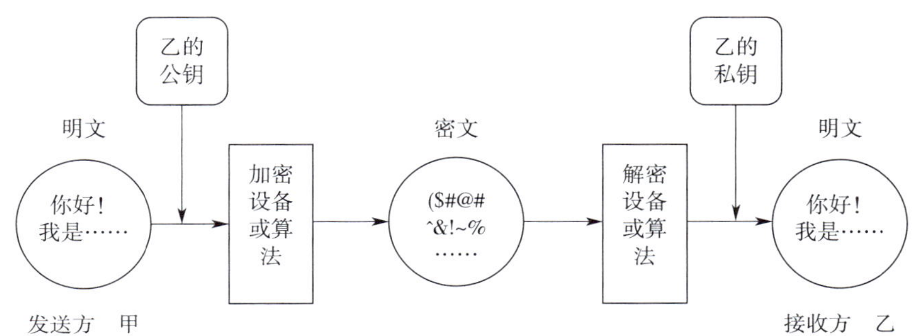

图 3-1-4　非对称加密技术

例如：老张和小李的公钥分别对外公开，而各自的私钥只有自己知道。现在老张要传送书信给小李，老张要保证信件只能小李阅读，其他任何人都不可以阅读，方法是：

- 老张将书信以小李的公钥加密。
- 老张将这个密文传送给小李。
- 小李收到这个密文后，用自己的私钥解读。

由于密文是以小李的公钥加密的，所以只有小李的私钥才能打开，其他任何人都无法打开，包括老张自己，从而保证了信件只能小李阅读。通常以这种方法可以保证信件的保密性。

现在的问题是：传送的密文一定是老张发出的吗？小李的公钥是对外公开的，任何人都有可能用小李的公钥将书信加密后传送给小李，那么老张如何让小李知道信件是自己发的而不是别人冒名的呢？他可以采取如下步骤：

- 老张用自己的私钥加密信件。
- 老张将密文传送给小李。
- 小李用老张的公钥解密，如图 3-1-5 所示。

老张的私钥只有他自己知道，因此可以确保该信息只能由老张发出，因此这种方法通常可以用来鉴别信息发出者的身份。

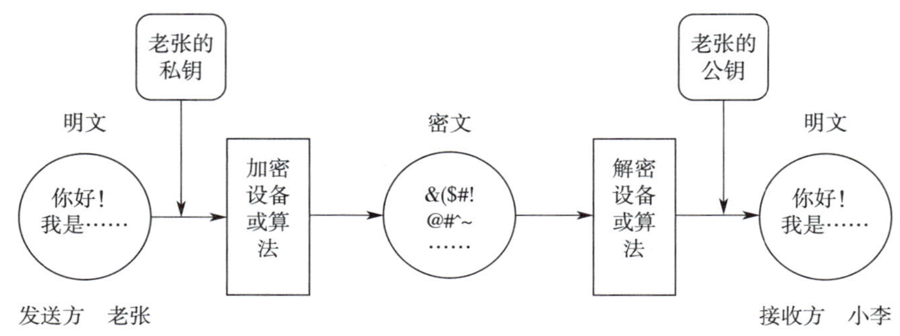

图 3-1-5　非对称加密技术用于身份鉴别

以上可知，非对称加密技术可以用来对信息保密，也可以用来对身份进行鉴别。非对称加密技术有三个要点：

1）公钥和私钥是两个相互关联的密钥。

2）公钥加密的文件只有私钥能解开。

3）私钥加密的文件只有公钥能解开。

当然，最重要的是私钥一定要保管好，否则，再严密的方法也是徒劳。

除了加密外，非对称加密技术（公钥）最显著的成就是实现了数字签名。数字签名，顾名思义，就是使普通签章数字化，它们的特性都是某人可以轻易制造签章，但他人却难以仿冒。数字签名可以永久地与被签署信息结合，无法自信息上移除。数字签名大致包含两个算法：一个是签署，使用私钥处理信息或信息的哈希值而产生签章；另一个是验证，使用公钥验证签章的真实性。公钥密码体制 RSA 和数字签名算法 DSA 是两种最流行的非对称加密技术。

（3）对称加密技术和非对称加密技术的比较

对称加密技术的特点如下：加密方和解密方使用同一密钥；加密和解密的速度比较快，适用于需要加密的数据量比较大的情况；密钥传输的过程不安全，且容易被破解，密钥管理也比较麻烦。

非对称加密技术的特点如下：每个用户拥有一对密钥加密，即公钥和私钥；公钥加密、私钥解密，私钥加密、公钥解密；由于公钥使用的密钥长度非常长，所以公钥加密速度非常慢，一般不使用它对大数据量进行加密；某一个用户用自己的私钥加密，其他用户用这个用户的公钥解密，实现数字签名。

对称加密技术和非对称加密技术的比较见表 3-1-1。非对称加密技术的运行速度比对称加密技术的运行速度慢很多，当需要加密大量的数据时，建议采用对称加密技术，以提高加解密速度。对称加密技术不能实现签名，因此签名只能使用非对称加密技术。由于对称加密技术的密钥管理是一个复杂的过程，密钥的管理直接决定着它的安全性，所以当数据量很小时，还是要考虑采用非对称加密技术。

表 3-1-1　对称加密技术和非对称加密技术的比较

特性	对称加密技术	非对称加密技术
密钥数目	单一密钥	密钥是成对的
密钥种类	一个且私有	一个私有、一个公开
密钥管理	简单，不好管理	需要数字证书及可靠的第三者
相对速度	非常快	慢
用途	用来做大量资料的加密工作	用来加密小文件或数字签名

实操练习

1. 使用 RSA 算法进行信息加密体验。RSA 算法可以被任何人免费使用，甚至用于商业软件。

（1）通过互联网下载并运行 RSA 算法演示程序，如图 3-1-6 所示。图中相关参数含义如下：

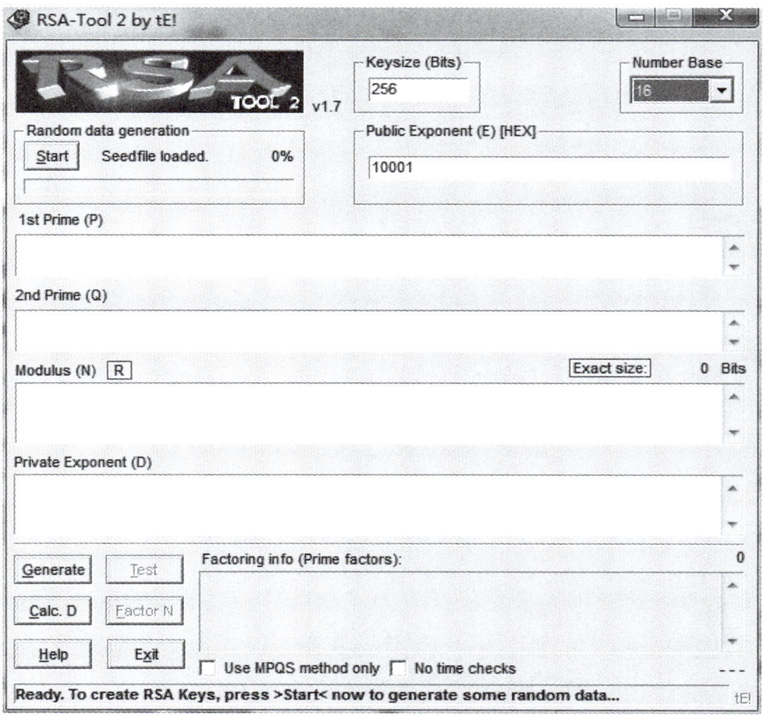

图 3-1-6　数值加密 RSA 演示程序界面

P= 第一个大素数；

Q= 第二个大素数，P 和 Q 的长度不能相差太大；

E= 公钥，一个随机数，要求 E 和（P–1）(Q–1）互素；

N= 公用模数，由 P 和 Q 生成，N=P×Q；

D= 私钥，$D=E^{-1}$［mod（(P–1)(Q–1)）]。

参数 N 和 E 是公开的，但是 D 是私有的并且绝不能公开。P 和 Q 在生成密钥后便不再需要，但是必须销毁。

（2）按下“Start”按钮，通过移动鼠标指针来收集一些随机数据，如图 3–1–7 所示。

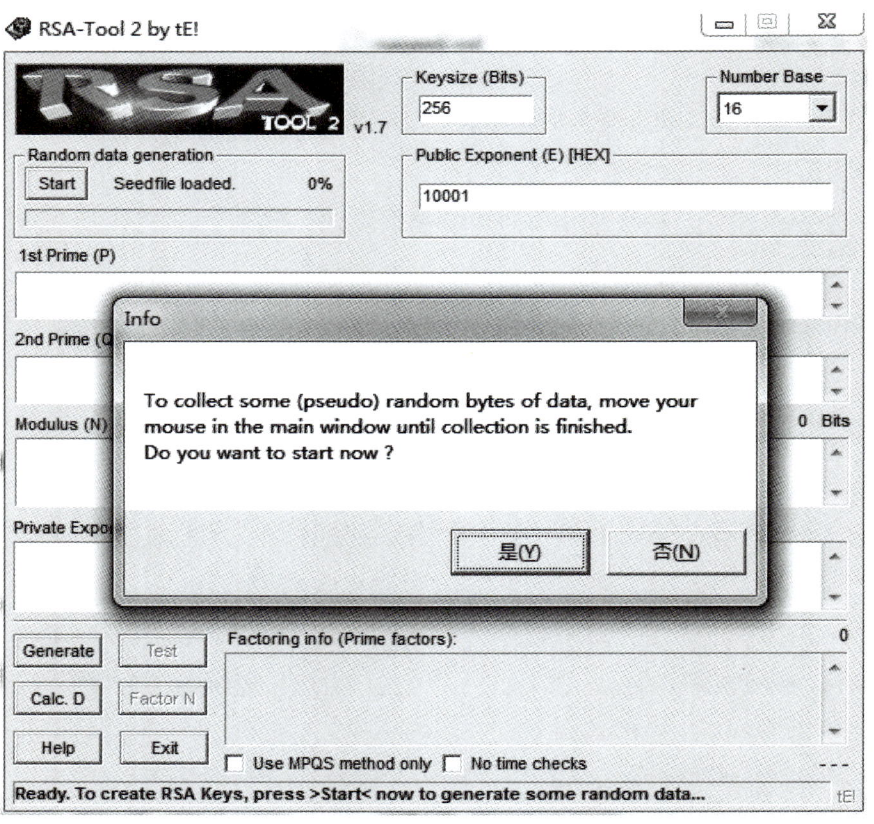

图 3–1–7　移动鼠标生产随机数据

（3）选择要创建的密钥的长度，最大为 4 096 位，这里选 256 即可。然后选择公钥（E）并将数值输入相应的编辑框，常用的 E 有（考虑到计算速度）3、17、257 和 65537 等，十进制“65537”转换为 16 进制表示为“10001”。

（4）按下“Generate”按钮，等待密钥生成完成，如图 3–1–8 所示。

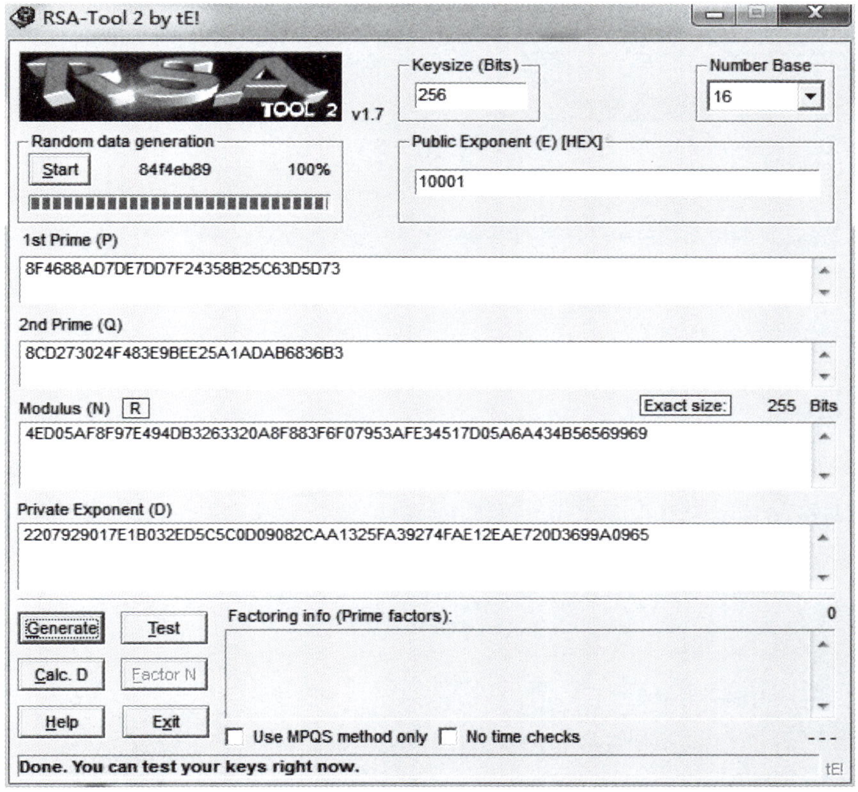

图 3-1-8 生成密钥

（5）此时，再按下“Test”按钮，对密钥功能进行测试，如图 3-1-9 所示。在“Message（M）to encrypt”栏内输入待加密的明文，单击“Encrypt”加密按钮，在“Ciphertext”栏内将显示密文，再单击“Decrypt”解密按钮，测试是否能将密文正确解密回明文。

2. 为 Word 文档设置打开及修改密码。本练习以 Word2010 为例，Word 其他版本方法类似，可自行尝试。

（1）打开相应的 Word 文档，点击“文件”菜单，选择“另存为”，弹出“另存为”窗口，如图 3-1-10 所示。选择“工具”下的“常规选项”选项。

（2）在弹出的“常规选项”对话框中，如图 3-1-11 所示，设置该文档的打开密码和修改密码，再单击“确定”按钮，回到保存界面，点击“保存”即可。

3. 为 WPS 文档设置打开及修改密码。本练习以 WPS2019 为例，WPS 其他版本方法类似，可自行尝试。

（1）打开相应的 WPS 文档，点击“文件”菜单，选择“文档加密”，如图 3-1-12 所示。

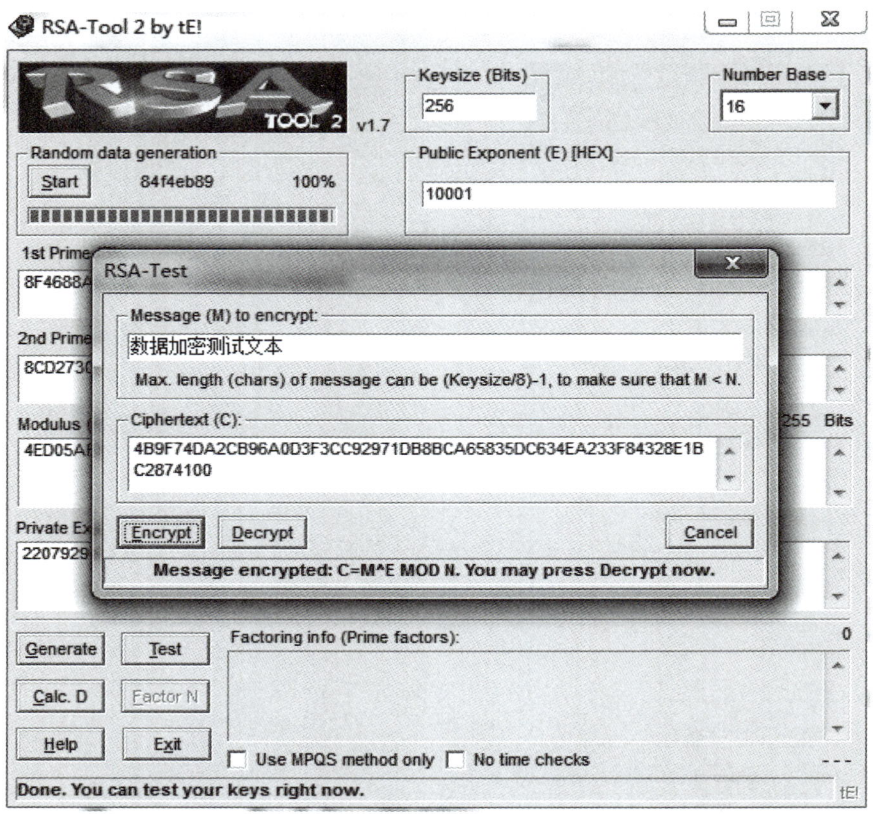

图 3-1-9 密钥功能测试

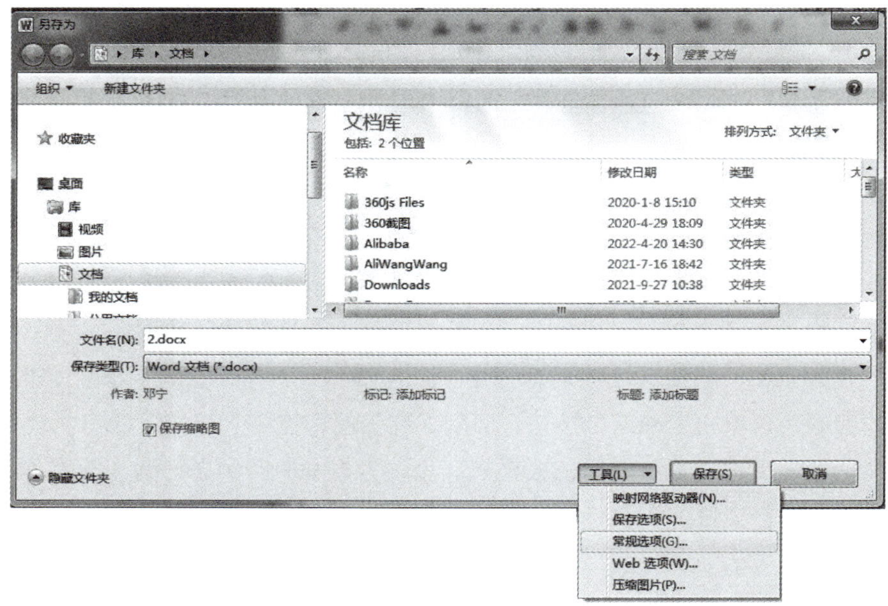

图 3-1-10 “另存为”窗口

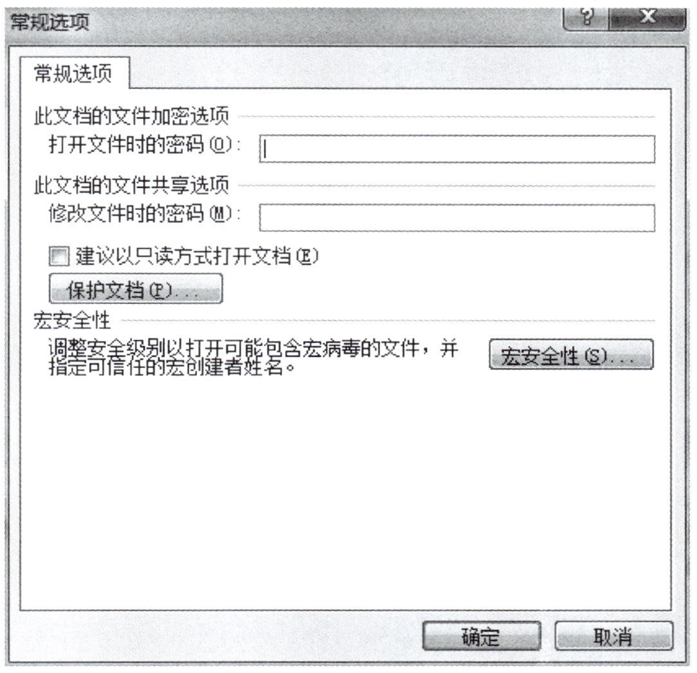

图 3-1-11　“常规选项”对话框

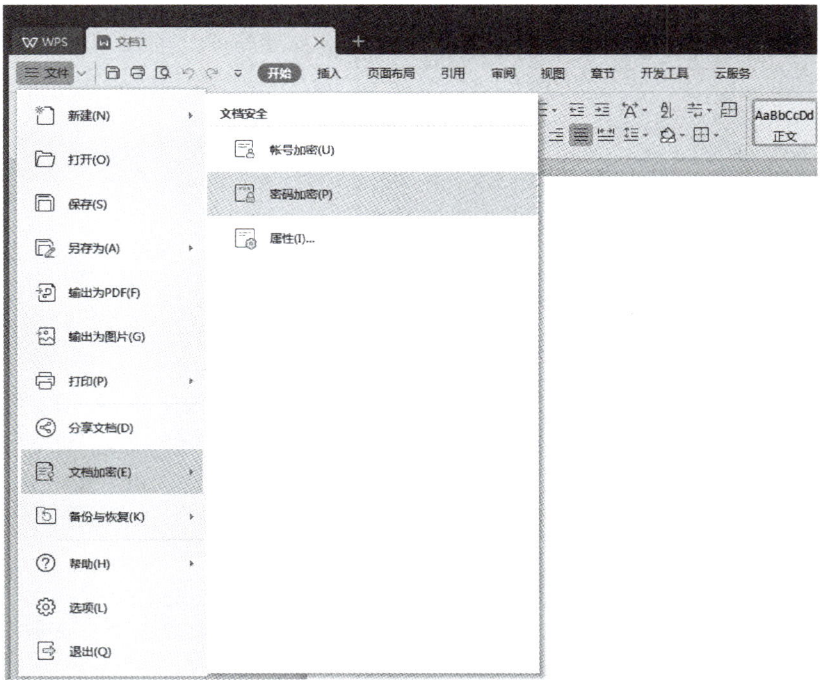

图 3-1-12　WPS“文件”菜单

（2）在弹出的“文档加密”对话框中，如图 3–1–13 所示，设置该文档的打开密码和编辑密码，单击“应用”按钮即可。

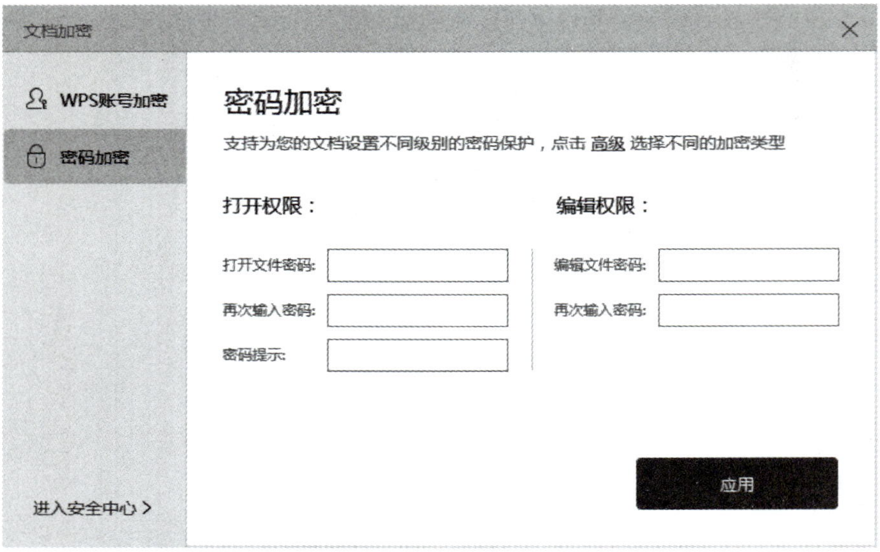

图 3–1–13　WPS“文档加密”对话框

（3）WPS 还支持账号加密功能。使用 WPS 账号加密的文档，只有加密者本人或授权的用户可以打开，其他人将无权限打开。同时，加密文档只允许加密者本人可以解除加密状态，如图 3–1–14 所示。

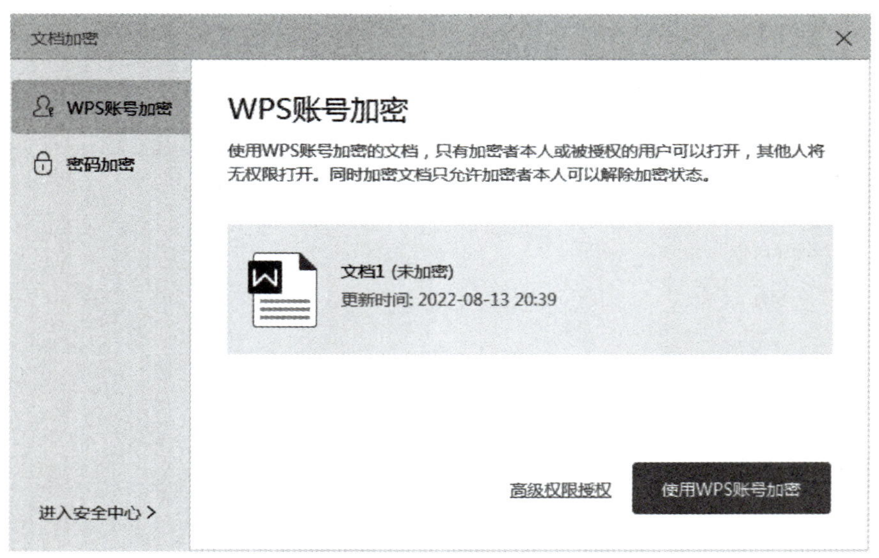

图 3–1–14　“WPS 账号加密”窗口

思考与练习

1. 简述加密技术在电子商务中的作用。
2. 使用对称加密技术在电子商务交易中可能存在什么问题?
3. 简述非对称加密技术的三个要点。
4. 简述对称加密技术和非对称加密技术的区别。

学习单元 2　公钥基础设施与数字证书

学习目标

- 知识目标

1. 了解公钥基础设施系统的组成和基本功能。
2. 熟悉公钥基础设施的常见应用。
3. 熟悉数字证书的功能和结构。

- 技能目标

1. 能够申请电子邮件客户端证书并进行安全电子邮件传输。
2. 能够对网站 SSL 安全认证情况进行识别，并进行相关证书的申请。

相关知识

在互联网时代，网络的匿名性给电子商务带来了很大的安全隐患，如何确认网上交易者的身份便成为诸多电子商务网站迫切希望解决的问题。下面着重讲解电子商务活动中身份认证的相关知识。

一、公钥基础设施体系

1. 传统商务和电子商务的身份认证方法

身份认证是指电子商务过程中确认交易双方身份的过程。人们生活的现实世界是一个真实的物理世界，每个人都拥有独一无二的物理身份。如何保证操作者的物理身

份与数字身份相对应，就成为一个很重要的问题。身份认证技术的诞生就是为了解决这个问题。

如果要签订一份有效的合同，传统商务和电子商务都需要采用一些认证的方法，其对应关系见表 3–2–1。

表 3–2–1 传统商务和电子商务认证方法对照表

名称	传统商务	电子商务
对照内容	为了不让他人看到，需要信封	数字信封
	合同中的内容不允许修改	信息摘要
	需要查看个人的身份证或工作证、单位的营业执照等，以确定对方身份	数字证书
	需要签上自己的名字	数字签名
	需要签上日期、时间	时间戳
	需要盖上印章或印上手印	电子印章

电子商务认证方法都是基于前面所学的加密技术。加密技术的出现为信息安全提供了良好的技术基础，对称加密体系解决了信息保密的问题；非对称加密体系（公钥体系）的出现又是密码学中最重要的一次革命，它不但有效解决了密钥传递问题，还可以生成数字证书，为解决身份认证问题奠定了基础。但公钥的分发安全、权威性、有效性还是不能够得到保障。公钥的分发虽然不需要保密，但需要保证公钥的真实性，就好像银行的客服电话，虽然不需要保密，但需要保证真实性，如果被人替换，就可能给用户带来风险。公钥被调包的风险如图 3–2–1 所示。

就像现实生活中，如果没有公安机关，虽然有居民身份证，但也无法验证身份证的来源和有效性，并且身份证还有可能被伪造或盗用。所以，就需要一个公证的第三方对各方的公钥进行认证、保密和管理，以保证其合法性和有效性。

2. 公钥基础设施

公钥基础设施（public key infrastructure，PKI）是利用公钥密码理论和技术为电子商务、电子政务、网上银行和网上证券等网络应用提供的一套安全技术的平台，它是创建、颁发、管理、撤销数字证书等一系列基础服务的所有软硬件的集合。

PKI 的基础技术包括加密、数字签名、数据完整性机制、数字信封、双重数字签名等。从技术层面上看，PKI 是以公钥密码体系为理论基础，以认证机构（certificate authority，CA）为核心，以数字证书为工具来提供安全服务功能的。

所有提供公钥加密和数字签名服务的系统，都可归结为 PKI 系统的一部分。PKI

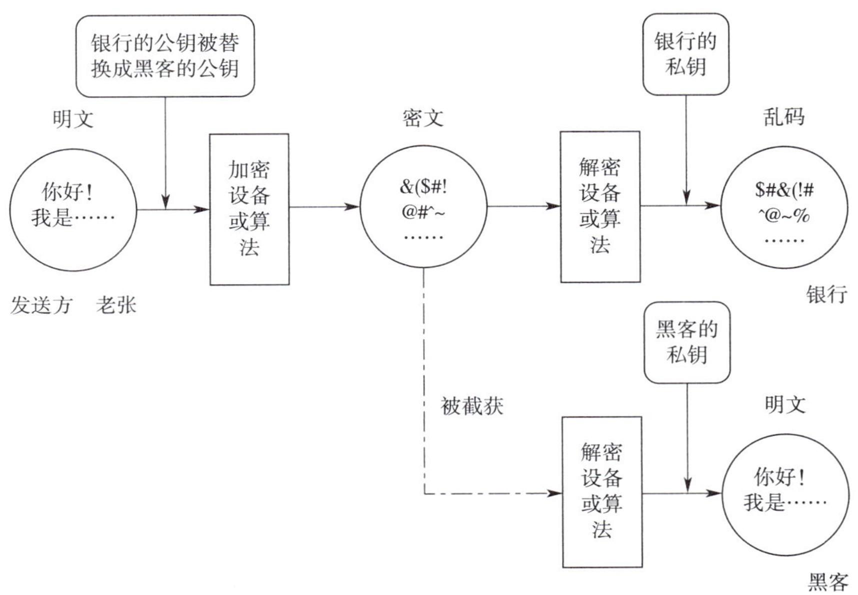

图 3-2-1　公钥被调包的风险示意图

的主要目的是通过自动管理密钥和证书，为用户建立一个安全的网络运行环境，使用户可以在多种应用环境下方便地使用加密和数字签名技术，从而保证网上数据的机密性、完整性和有效性。

（1）PKI 的基本组成

一个完整的 PKI 系统一般有 CA、数字证书库、密钥备份及恢复系统、证书作废处理系统、PKI 应用接口等基本组成部分。

1）CA。CA 是 PKI 的核心执行机构，是 PKI 的主要组成部分，业界人士通常称它为认证中心。从广义上讲，CA 还应该包括证书申请注册机构（registration authority，RA），它是数字证书申请注册、签发和管理的机构。CA 的主要职责包括验证并标识证书申请者的身份，对证书申请者的信用度、申请证书的目的、身份的真实可靠性等问题进行审查，从而确保证书与身份绑定的正确性。

2）数字证书库。数字证书简称证书，它是网上实体身份的证明。证书是由具备权威性、可信任性和公正性的第三方机构签发的，因此，它是权威性的电子文档。证书库是证书的集中存放地，是网上的一种公用信息库，用户可以从中获得其他用户的证书和公钥。系统必须确保证书库的完整性，防止证书被伪造、篡改。

3）密钥备份及恢复系统。密钥备份及恢复是密钥管理的主要内容，用户可能会由于某些原因将解密数据的密钥丢失，从而使已被加密的密文无法解开。为避免这种情况的发生，PKI 提供了密钥备份与密钥恢复机制。当用户证书生成时，加密密钥即被 CA 备份存储；当需要恢复时，用户只需向 CA 提出申请，CA 就会为用户自动进行恢复。

4）证书作废处理系统。证书作废处理系统是 PKI 的一个重要组件。同其他证件一样，CA 签署的证书同样具有有效期和作废的情况，PKI 必须提供一系列证书作废机制。证书作废处理一般有三种策略：作废一个或多个主体的证书，作废由某一对密钥签发的所有证书，作废由某 CA 签发的所有证书。

5）PKI 应用接口。PKI 的价值在于能方便地为用户提供加密、数字签名等安全服务。因此，一个完整的 PKI 必须提供良好的应用接口，使得各种各样的应用能够以安全、一致、可信的方式与 PKI 通信，确保所建立起来的网络环境的可信性，同时降低管理维护成本。

网上用户常接触到的客户端证书就与浏览器接口有关，证书申请人通过浏览器申请、下载证书，并将证书安装在浏览器上即可使用。

（2）PKI 的功能

PKI 安全平台提供智能化的信任服务与有效的授权服务。其中，信任服务主要是解决在网络中如何确认“你是你、我是我、他是他”，即交易者的真实身份的确认问题，PKI 是在网络上建立信任体系最行之有效的技术；授权服务主要是解决在网络中“每个实体能干什么”，即交易者权限问题。PKI 所提供的 SP 包括以下几个方面。

1）身份认证。PKI 通过数字证书进行认证，认证时对方知道你就是你。在这里，证书是一个可信的第三方证明，通过它，通信双方可以安全地进行互相认证，而不用担心对方是假冒的。

2）密钥管理。通信双方可以在认证的基础上协商一个密钥，PKI 能够提供可信的、可管理的密钥运行机制。PKI 的普及能够保证在全网范围内提供全面的密钥恢复与管理能力，保证网上活动健康有序地发展。

3）完整性和不可抵赖性。完整性和不可抵赖性是 PKI 提供的最基本的服务。PKI 提供的完整性是由第三方仲裁的，并且这种由第三方进行仲裁的完整性是通信双方都不可抵赖的。

3. PKI 的常见应用

PKI 的应用十分广泛，基于隐私增强邮件（privacy enhanced mail，PEM）的 PKI、基于安全电子交易（secure electronic transaction，SET）的 PKI 和基于安全套接层（secure socket layer，SSL）的 PKI 都是比较常见的类型。

（1）基于 PEM 的 PKI

电子邮件的安全问题集中表现在两个方面：①在通信双方全然不知的情况下，所

传递的邮件信息被截取、阅读或篡改；②无法确定所收取的邮件是否真的来自发信人，即可能收到的是别人伪造的邮件。上述两个问题，第一个主要是安全问题，第二个主要是信任问题。电子邮件同样需要保密性、完整性、不可抵赖性和可鉴别性。这些安全需求可从 PKI 技术获得，一方面利用数字证书和私钥，用户可以对其所发的电子邮件进行数字签名，另一方面利用加密技术可以保障电子邮件内容的机密性。

为此，1993 年 Internet 协会制定了 PEM 标准，以确保电子邮件协议的安全并支持 PKI。

（2）基于 SET 的 PKI

以 Visa 和 MasterCard 为首的两大国际信用卡组织联合开发了 SET 协议，它是一个为支持在互联网上进行在线零售时用银行卡支付而达成的综合协议和基础规范。SET 环境的参与方包括发卡机构、持卡人、商家、清算银行（支持商家进行银行卡处理的金融机构）、支付网关（由清算银行或第三方操作的为商家处理支付的系统）以及 CA。

在 SET 中，运用公钥技术来对交易中所有参与方的身份进行验证，并对所有敏感的交易数据进行加密。后者还包括了对从持卡人到支付网关的支付指令进行保护，这样银行卡号就不会暴露在商家的系统中，而这往往是容易泄露秘密的地方。

（3）基于 SSL 的 PKI

SSL 协议是一种在网络上基于 RSA 和保密密钥的，用于浏览器和 Web 服务器之间的安全连接技术，其优势如图 3-2-2 所示。现在主要的浏览器都支持 SSL 协议。

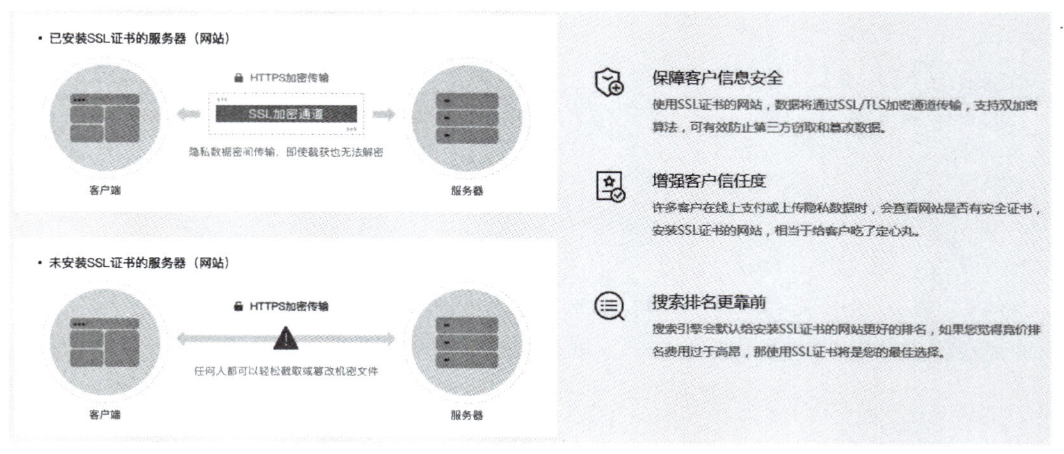

图 3-2-2　安装 SSL 证书的 Web 服务器优势

SSL 协议具有三个特性：一是保密性，加密数据以防止数据中途被窃取；二是鉴别性，包括可选的客户端认证和强制的服务器端认证；三是完整性，传送的消息包括

消息完整性检查。它的这三个特性保证了信息在传输过程中的安全。

但是，电子商务活动中还要求实现个体识别性和不可抵赖性，所以引入一种被称作“表单签名”的功能，这样一来购买者就能够对订购信息和付款指令的表单进行数字签名，从而保证交易信息的不可抵赖性。这种“SSL + 表单签名”的模式为电子商务提供了良好的安全性保证，这就是基于 SSL 的 PKI。

SSL 证书包含通配符证书和多域名证书两个类型。SSL 证书适合应用在网上银行、电子商务、电子政务、企业信息化以及公共服务等领域，可以用来在机构浏览器与 Web 服务器之间建立安全通道，实现数据信息在客户端与服务器之间的加密传输，防止数据信息的泄露；机构或信赖于证书所证明的基础信任关系，并以此进行业务的实体，可以通过服务器证书验证所访问的网站是否真实可靠，实现网站身份的真实性确认，为建设网络信任环境提供基础性信任服务。

SSL 证书提供身份安全鉴别，而且可以保证网站不被假冒。如果在网站上安装由权威证书签发机构签发的 SSL 证书，最明显的特征就是在浏览器地址栏前面会出现一个挂锁图标，并且地址栏显示以 https 开头的网址，如图 3-2-3 所示。

图 3-2-3　安装 SSL 证书的 Web 站点示例

此时，单击地址栏前面的挂锁图标，还可以进一步查看证书的有效性等具体信息，如图 3-2-4 所示。

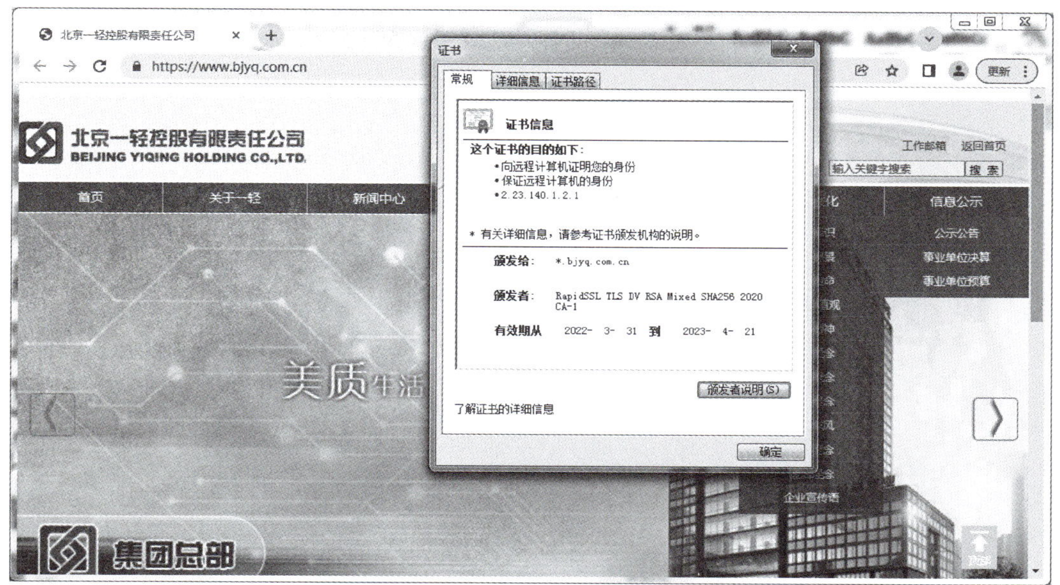

图 3-2-4　查看 Web 站点 SSL 证书

二、数字证书

1. 数字证书的功能和结构

电子商务系统可以使在网上购物的顾客极其方便地获得商家和企业的信息，但同时也增加了某些敏感或有价值的数据被滥用的风险。为了保证互联网电子交易及支付的安全性，防范交易及支付过程中的欺诈行为，必须在网上建立一种信任机制。这就要求参加电子商务的买方和卖方都必须拥有合法的身份，并且在网上能够有效无误地被认证。PKI 的数字证书和相关认证技术就能比较好地解决该问题。

数字证书是用电子手段来证实一个用户的身份和对网络资源的访问权限。证书就是一份文档，记录了用户的公钥和其他身份信息。数字证书由 CA 颁发，包含公钥持有者的信息及公钥的数据文件，证书上还有 CA 的数字签名。

（1）数字证书的功能

数字证书可用于发送安全电子邮件、访问安全站点、网上证券、网上招标采购、网上签约、网上办公、网上缴费、网上税务等网上安全电子事务处理和安全电子交易活动。数字证书主要有以下功能：

1）信息加密：通过使用数字证书对信息进行加密来保证信息的保密性，采用基于公钥密码体系的数字证书能很好地解决网络信息的加密通信。

2）数字签名：数字证书可以用来实现数字签名，以防止他人篡改文件，保证文件的正确性、完整性、可靠性和不可抵赖性。

3）身份认证：利用数字证书实现身份认证可以解决网上的身份验证问题，能很好地保障电子商务活动中的交易安全。

（2）数字证书的结构

数字证书中一般包含证书持有者的名称、公钥、认证中心的数字签名，此外还包括密钥的有效时间、认证中心的名称以及该证书的序列号等信息。交易伙伴可以利用数字证书来交换彼此的公钥。国际电信联盟（ITU）在制定的 X.509 标准中，对数字证书进行了详细的定义。一个标准的 X.509 数字证书包含以下内容（见图 3-2-5）：

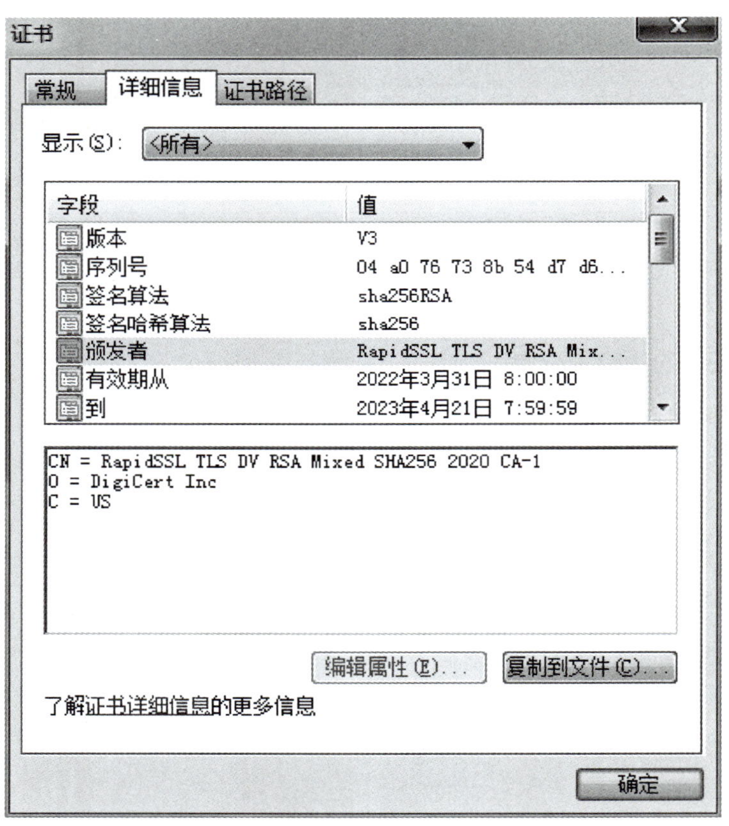

图 3-2-5　数字证书示例

1）版本：标识证书的版本（v1、v2 或 v3）。

2）序列号：由证书颁发者分配的本证书的唯一标识符。

3）签名算法：用于说明本证书所用的数字签名算法，如 SHA-1 和 RSA 的标识符用来说明该签名是利用 RSA 对 SHA-1 摘要值加密得来的。

4）颁发者：证书颁发者的可识别名，这是必须说明的。

5）有效期：证书有效的时间段。本字段由“Not Valid Before”和“Not Valid After”两项组成。

6）主体：证书拥有者的可识别名称。本字段必须是非空的，除非使用了其他名字形式。

7）主体公钥信息：主体的公钥及算法标识符，这是必须说明的。

8）颁发者唯一标识符：证书颁发者的唯一标识符，仅在版本 2 和版本 3 中要求，属于可选项。

9）主体唯一标识符：证书拥有者的唯一标识符，仅在版本 2 和版本 3 中要求，属于可选项。

10）扩展：可选的标准和专用扩展，仅在版本 3 中使用。

2. 我国的数字证书 CA

CA 是采用 PKI 公钥基础架构技术，专门提供网络身份认证服务，负责签发和管理数字证书，且具有权威性和公正性的第三方信任机构，它的作用就像现实生活中颁发证件的部门，如护照办理机构。

步入信息时代，我国的 CA 如雨后春笋般发展起来，CA 主要可分为三大类：行业性 CA、区域性 CA 和商业性 CA。行业性 CA 有中国金融认证中心（CFCA）、中国电信安全认证中心（CTCA）、中国邮政安全认证中心（CPCA）等。区域性 CA 主要包括以上海市数字证书认证中心（上海 CA 中心）为首的 UCA 协卡认证体系和以广东省电子商务认证中心为首的“网证通”认证体系。另外，还有新兴的民间商业 CA，如天威诚信数字认证中心、吉大正元、北京国富安电子商务安全认证有限公司等。

（1）行业性 CA

1）中国金融认证中心（CFCA）。CFCA 于 2000 年 10 月开始运行，是一个由 13 家银行参与建设和运行的 CA 认证体系。目前 CFCA 具有覆盖全国的认证服务体系，提供多种用途的证书和信息安全服务，支持金融领域及其他各界用户的应用需求，包括网上购物、网上银行、网上证券、网上保险、网上申报缴税、网上购销和其他安全业务 [（OA（办公自动化）、MIS（管理信息系统）]。CFCA 是国内能够全面支持电子商务安全支付业务的第三方网上专业信任服务机构。

2）中国电信安全认证中心（CTCA）。CTCA 于 1999 年 6 月开始运行，是一个全部由中国电信集团建设和运行的 CA 认证体系，主要市场是企业与个人的电子商务应用。中国电信已经与银行、证券、民航、工商、税务等多个行业联合开发了网上安全支付系统、电子缴费系统、电子银行系统、电子证券系统、安全电子邮件系统、电子订票系统、网上购物系统、网上保税等一系列基于 CTCA 安全认证系统的电子商务应用，已经初步建立起中国电信电子商务平台。

3）中国邮政安全认证中心（CPCA）。CPCA 由国家邮政局牵头开发，并在各省、自治区、直辖市建立了证书注册审批系统，构成了中国邮政安全认证系统。它的业务范围包括提供网上客户身份认证、数字签名、电子公证、安全电子邮件等服务。它可以为用户提供个人数字证书、服务器数字证书、机构数字证书、代码签名数字证书等。

（2）区域性 CA

1）上海市数字证书认证中心（上海 CA 中心）。上海 CA 中心成立于 1998 年 12 月 31 日，是我国第一家专业的第三方网络安全和信任服务提供商，专门从事信息安全技术认证、安全信任服务，以及相关产品的研发和整合。上海 CA 中心拥有全国 400 余个证书受理网点，证书发放量较大，证书应用范围较广。

2）广东省电子商务认证中心。广东省电子商务认证中心已在全国跨省、自治区、直辖市建立了“网证通”认证体系，为实现各省、自治区、直辖市认证系统的互联互通、低成本建设、高效运营奠定了良好的基础。

（3）商业性 CA

1）天威诚信数字认证中心。天威诚信数字认证中心成立于 2000 年 9 月，是我国第一批获得电子认证服务行政许可的公司之一。该公司以可信身份管理为基础，电子认证服务为核心，形成了实名认证及账户安全的互联网可信应用支撑服务技术和模式，创新了供应链系统中订单管理的可信电子化应用模式。

2）吉大正元。吉大正元成立于 1999 年 2 月，吉林大学为其主要发起人和技术依托。吉大正元认证系统是国务院颁布《商用密码管理条例》以来，我国第一个通过国家级鉴定的拥有自主知识产权的数字证书认证系统。该系统主要应用范围是数字证书的生产。

3）北京国富安电子商务安全认证有限公司（以下简称国富安公司）。国富安公司成立于 1998 年 12 月，是中国国际电子商务中心直属的专业提供信息安全产品和服务的高新技术企业。国富安公司是首家获得工业和信息化部颁发的电子认证服务许可证资质的认证机构，已经在全国各省、自治区、直辖市设有众多证书注册审批点和技术支持服务机构，服务范围覆盖全国。

实操练习

1. 申请电子邮件客户端证书，体验电子邮件加密和数字签名服务。

电子邮件仍然是最重要的现代互联网应用之一，从工作场景到个人生活，电子邮

件都扮演着不可或缺的角色。但由于存在明文电子邮件协议的缺陷，通常电子邮件内容没有加密且无法验证邮件发送者身份，邮件如同“明信片”一样在网络中明文传输，所以极易遭遇邮件泄密、邮件篡改、伪造身份和钓鱼邮件等电子邮件安全问题。此外，越来越多的钓鱼攻击、勒索病毒攻击等，都以电子邮件作为重要入侵途径。因此，使用电子邮件证书签名加密电子邮件，是抵御电子邮件安全威胁的有效手段。

（1）付费电子邮件证书和加密服务。例如，沃通电子认证服务有限公司是同时获得国内电子认证服务许可证（由工业和信息化部颁发）和通过国际认证的证书颁发机构，提供电子邮件证书和加密服务。登录沃通电子认证服务有限公司站点，选择“客户端证书”中的“S/MIME 邮件证书”，如图 3-2-6 所示。

图 3-2-6　S/MIME 邮件证书

S/MIME 电子邮件证书是基础级电子邮件证书，其功能如下：一是使用电子邮件证书加密电子邮件内容及附件，只有指定收件人可以解密阅读。加密后的电子邮件即使被窃取、被泄露也是密文状态，没有私钥无法解密邮件内容，确保电子邮件全程安全。二是电子邮件证书经权威 CA 验证后颁发，可验证发件人真实身份，确认邮件来源可信，防止钓鱼邮件或带毒邮件仿冒发件人进行钓鱼攻击，如图 3-2-7 所示。

选择购买后，在弹出的窗口中输入需要与证书绑定的电子邮箱信息，进行相关支付后，即可获得电子邮件证书，下载安装后即可进行签名和加密邮件操作。通过邮件系统，可查看其证书，如图 3-2-8 所示。

（2）免费电子邮件证书和加密服务。可以在网上搜索免费电子邮件证书服务进行相关安装、测试。例如，证签技术（深圳）有限公司就是一家基于 PKI 技术和云密码服务为用户提供全球信任的各种数字证书产品的公司，该公司提供一款 90 天有效期的免费电子邮件证书，如图 3-2-9 所示，按提示进行相关申请、安装操作即可。

图 3-2-7　S/MIME 邮件证书的基本功能

图 3-2-8　证书样例

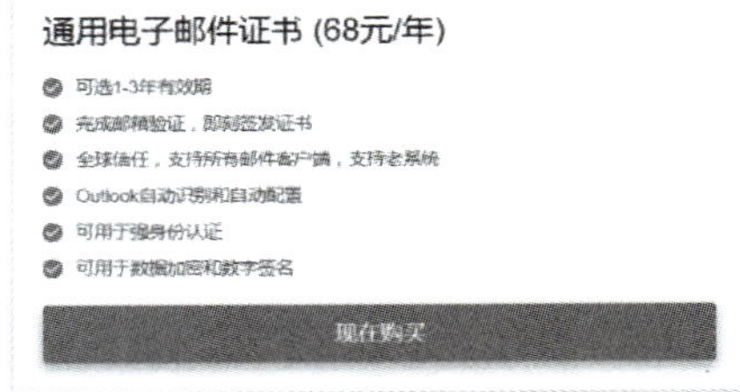

图 3-2-9　FreeMailcer 提供的免费电子邮件证书

2. 申请网站 SSL 证书。

电子商务网站申请 SSL 证书，可以加密网站传输数据，防劫持防篡改，展示安全锁标识，提高网站品牌可信度，提升搜索引擎优化（SEO）。有不少的数字证书 CA 提供网站 SSL 证书，如北京天威诚信电子商务服务有限公司 SSL 证书服务（见图 3–2–10）、上海锐成信息科技有限公司 SSL 证书服务（见图 3–2–11）。此外，百度和阿里云提供免费的 SSL 证书申请，可以尝试一下，看看它们有什么区别。

图 3–2–10　北京天威诚信电子商务服务有限公司 SSL 证书服务示例

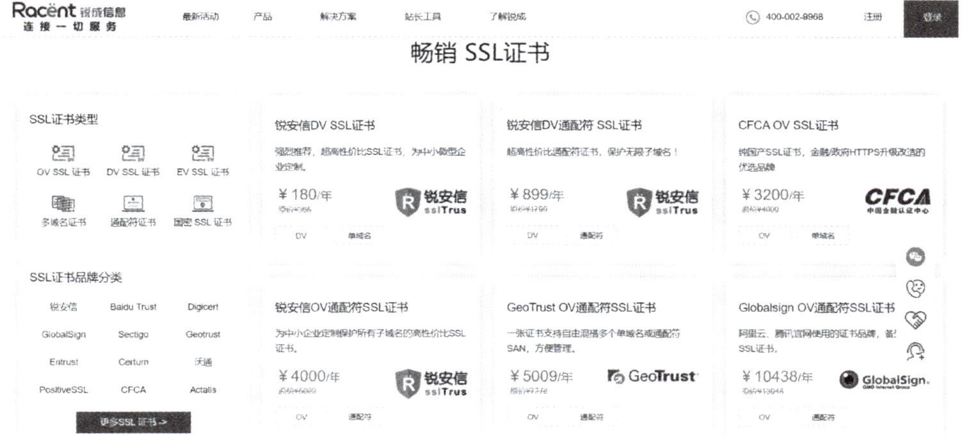

图 3–2–11　上海锐成信息科技有限公司 SSL 证书服务示例

由于申请完 SSL 证书，需要按要求在 Web 服务器进行相关的配置才能生效，所以在申请前最好提前做好相关准备。

3. 申请企业数字证书。

北京国富安电子商务安全认证有限公司为中央国家机关政府采购中心注册用户提供数字证书服务，如图 3-2-12 所示。用户在中央政府采购网注册成功取得“供应商用户信息登记表”后，登录该网站办理数字证书和电子签章。请登录该站点查询办理流程，并说明企业办理该数字证书的目的和意义。

图 3-2-12　北京国富安电子商务安全认证有限公司 SSL 证书服务示例

思考与练习

1. 简述 PKI 系统的组成及其功能。
2. 简述数字证书的结构及其功能。
3. 简述基于 SSL 的 PKI 的作用，并说明很多网站都开通了 SSL 安全服务的原因。
4. 安装了 SSL 证书的网站有哪些特征？如何查看网站的 SSL 证书信息？

学习单元 3　安全电子交易协议

学习目标

● 知识目标

1. 了解安全电子交易协议的系统结构。
2. 熟悉安全电子交易协议采用的主要安全技术。
3. 熟悉安全电子交易协议的交易流程。

● 技能目标

能够对安全电子交易协议的安全风险进行判断。

相关知识

为了形成更加完善的即时电子支付，安全电子交易（secure electronic transaction，SET）协议应运而生，它保证了开放网络上使用信用卡进行在线购物的安全性。

一、SET 协议概述

1. SET 协议产生的背景

在网上购物的环境中，持卡人希望在交易中保密自己的账户信息，使之不被他人盗用；卖方则希望买方的订单不可抵赖；在交易过程中，交易各方都希望验明其他方的身份，以防止被欺骗。针对这种情况，提出了 SET 协议。

SET 协议是在 B2C 上基于信用卡支付模式而设计的，采用公钥密码和数字证书技术，解决了消费者、商家、银行之间的通信安全与信息隔离问题。由于它具有保证交易数据的完整性、交易的不可抵赖性等优点，所以成为目前公认的信用卡网上交易的国际标准。

2. SET 协议的系统结构

线下传统交易是在消费者和商家之间进行的，一个愿买一个愿卖，一手交钱一手交货，一般不需要第三方参与。而网上交易的消费者和商家未曾谋面，还涉及支付问题，所以必须多方参与，会涉及银行、认证中心等第三方，如图 3-3-1 所示。

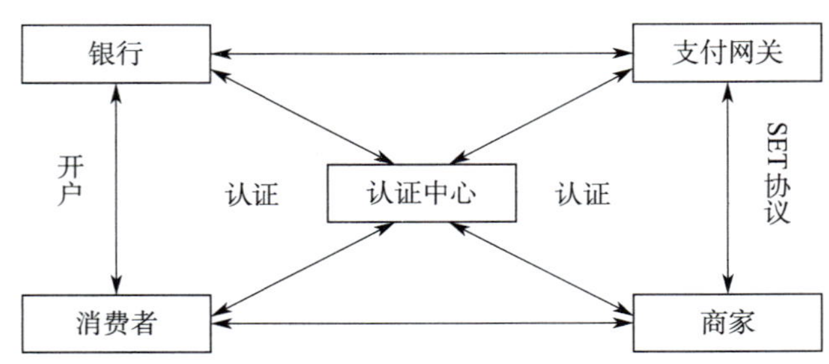

图 3-3-1　SET 协议系统结构

SET 协议是一个基于可信的第三方认证中心的方案。它提供了消费者、商家和银行之间的认证，确保了交易数据的安全性、完整可靠性和交易的不可抵赖性。SET 协议系统中各方的作用如下：

（1）消费者

在电子商务环境中，消费者通过计算机与商家进行交互，并使用发卡银行发行的银行卡进行支付。

（2）商家

商家提供商品或服务。在 SET 协议中，商家与消费者可以进行 SET，商家必须与相关的银行达成协议，保证可以接受银行卡付款。

（3）银行

银行是指为消费者建立账户并发行支付卡的金融机构，银行应保证对经过授权的交易进行付款。

（4）支付网关

支付网关是指定的第三方用于处理支付卡授权和支付的网络服务器，是由银行操作的设备。

（5）认证中心

认证中心提供公钥认证功能。在 SET 协议中，每一个要使用密钥的角色，如消费者、支付网关、商家等，都被授予一个数字证书。而它们通常被建成一种层次结构，以便 SET 协议的使用方可以通过数字证书来和另一使用方建立信任关系。

二、SET 协议采用的安全技术及交易流程

1. SET 协议的目标

SET 协议要达到的目标主要有以下几个：

（1）保证信息的机密性

保证信息在网上安全地传输，防止数据被第三方窃取，只有收件人才能得到和解

密信息。

（2）保证信息的完整性

提供消费者、商家、银行的认证，并定义安全服务所需要的算法及相关协议，保证传输数据被完整地接收，并在中途不被篡改。

（3）解决多方认证问题

不仅要对消费者的信用卡认证，还要对商家的信誉程度进行认证，同时还有消费者、商家与银行间的认证，从而验证公共网络上进行交易活动的各方及交易活动的合法性。

（4）保证电子商务参与者信息的相互隔离

消费者的资料被加密或打包后经过商家到达银行，但是商家不能看到消费者的账户和密码信息。

（5）广泛的互操作性

保证采用的通信协议、信息格式和标准具有公共适应性，从而可在互联网上集成不同厂商的产品，促使不同厂家开发的软件具有兼容性和互操作性，并且可以在不同的硬件平台和操作系统上运行。

SET 协议是一个为在线交易而设立的开放的、以电子货币为基础的电子支付系统规范，在保留对用户信用卡认证的前提下，又增加了对商家身份的认证，这对于需要支付货币的交易来讲是至关重要的。因它的对象包括消费者、商家、银行、支付网关、认证中心，所以对消费者与商家同样有利。在开放的互联网上处理电子商务，SET 协议保证了买卖双方数据传输的安全性。

2. SET 协议的安全技术

SET 协议比 SSL 协议更复杂，因为 SET 协议不仅可以加密两个端点（浏览器和服务器）间的单个会话，还可以加密和认证三方间的多个信息。其核心技术主要有对称加密、数字信封、数字证书、消息摘要、数字签名、双重签名等。

（1）对称加密

当传送的数据比较多时，一般先生成一个随机的对称密钥来加密数据，同时用接收方交换公钥来加密这个对称密钥。

（2）数字信封

发送者利用随机生成的对称密钥加密信息原文后，再用接收者的公钥对对称密钥进行加密，形成数字信封。

（3）数字证书

数字证书包含了其所有者的公钥，并且可以通过传递验证到根 CA 来证明其证书

的有效性。

（4）消息摘要

消息摘要散列值是将任意长度的消息转变成固定长度的短消息。散列函数为每个消息产生独一无二的散列值。SET 协议使用的散列值的长度是 160 位，使用 SHA-1 作为它的算法。

（5）数字签名

数字签名是使用某人的私钥加密特定的消息摘要散列值而得到的结果，通过这种方法把人同特定消息联系起来。

（6）双重签名

双重签名的目的是连接两个不同接收方的两条信息，如发送给商家的订购信息和发送给银行的支付信息。其中，商家不可以知道消费者的信用卡信息，银行不需要知道消费者订购信息的细节。消费者用一个签名操作来对两个消息进行数字签名，实现双重签名。

3. SET 协议的交易流程

在 SET 协议交易过程中，由于需要对消费者、商家、支付网关等交易各方进行身份认证，所以它的交易过程相对复杂。SET 协议的交易流程如图 3-3-2 所示。

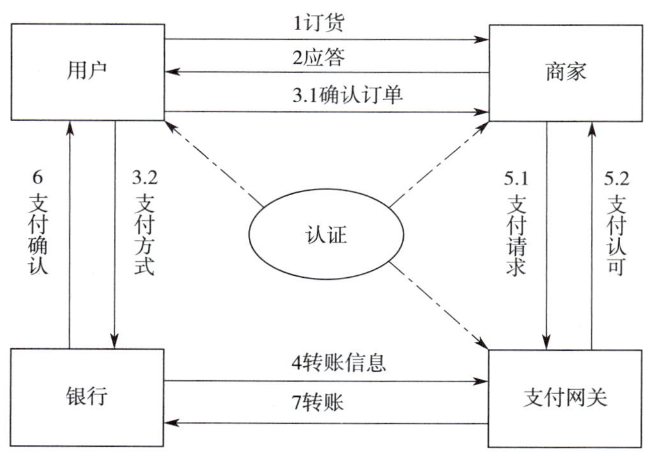

图 3-3-2　SET 协议的交易流程

（1）消费者在网上选购好商品，提交订单（订单已包含在线商家和购买物品的名称、数量、交货时间和地点等信息）。

（2）电子商务服务器与在线商家联系，商家做出应答，提醒消费者检查确认所提交订单的单价、应付款数、交货方式等信息是否准确。

（3）消费者选择付款方式、确认订单、签发付款指令，此时 SET 协议介入。

（4）消费者对订单和付款指令进行数字签名，同时利用双重签名技术使商家看不到其账号信息。

（5）商家接受订单后，向消费者所在银行请求支付认可。信息通过支付网关到达银行，由发卡机构审核后返回确认信息给商家。

（6）商家发送订单确认信息给消费者。消费者软件记录交易日志以备查询。

（7）商家发送货物或提供服务，并通知收单银行将款项从消费者账号上转移到商家账号上，或通知发卡银行请求支付。

从上面的交易流程可以看出，SET 协议交易过程比较复杂，在完成一次 SET 协议交易过程中，需验证电子证书、验证数字签名、进行对称加密和非对称加密等十余次。由于各地网络设施良莠不齐，所以实际完成一个 SET 协议的交易过程可能需要耗费较长的时间。

三、SET 协议与 SSL 协议的比较

SSL 协议与 SET 协议是电子商务中最常用的两个安全协议。SSL 协议实现简单，独立于应用层协议，大部分内置于浏览器和 Web 服务器中，在电子交易中应用便利。但它是一个面向连接的协议，只能提供交易中客户与服务器间的双方认证，不能在多方的电子交易中实现认证。SET 协议在保留对消费者信用卡认证的前提下增加了对商家身份的认证，安全性进一步提高。

由于两协议的网络层次、功能、安全性、处理速度等方面都有所区别，具体见表 3–3–1，所以为电子商务提供的服务也不同，在实践中应根据具体情况选择独立使用或两者混合使用。

表 3–3–1　SSL 协议与 SET 协议的比较

比较项目	SSL 协议	SET 协议
工作在网络模型的层级	传输层与应用层之间	应用层
是否透明	透明	不透明
过程	简单	复杂
效率	高	低
安全性	商家掌握消费者信息	消费者对商家保密
认证机制	双方认证	多方认证
是否为电子交易所设计	否	是

在网上银行服务推出之初，我国银行使用的是 SSL 加密方式，在 SSL 之上实现

的业务有网上转账、网上查询等。SSL 协议使用加密的方法是在两台通信的计算机之间建立一个安全的通道，它的实现比较简单，被广泛地应用于处理敏感信息的传递。但是 SSL 协议并不是专为金融支付所设计的，它提供的只是一个安全通道，对于电子商务方面的应用来说，它远远不够完美。例如在网上的卡支付业务中，它等价于使用一个安全的电话连接将消费者的卡信息通过电话报给商家。这一协议不能防止不良商家的欺诈。在国外，商家欺诈的确也是信用卡业务面临的一个严重问题。此外，该协议也无法保证交易各方身份的真实性和交易的不可抵赖性。

那么，满足什么样的安全条件的网上交易才是真正安全的呢？对于一笔安全的网上支付交易来说，它应该做到：交易各方经过身份认证，交易信息加密传输，保证交易的完整性，保证交易的不可抵赖性。而 SSL 方式，由于其协议本身的缺陷，不可能完全满足以上要求。

SET 协议是专为网上银行卡支付交易量身定制的一套标准。SET 协议非常详细而准确地反映了银行卡交易各方之间存在的各种关系，定义了加密信息的格式和完成一笔银行卡支付交易过程中各方传输信息的规则。在 SET 协议交易中，因为有身份的认证，消费者无须担心商家的真实性，也不会把自己的卡号暴露给商家。而 SET 协议同样也为商家提供了保护自己的手段，消费者不能抵赖自己的订单，因为上面有他的数字签名。

案例讨论

请阅读下面材料，谈一谈 SET 协议在我国的发展应用情况。

阅读材料 1：支付“e”线牵——中国银行 SET 交易模式介绍

随着电子商务的崛起，网上购物成为新趋势，但电子支付的安全性备受关注。中国银行采用 SET 协议保障交易安全。

SET 协议保安全

商家的电子结算通常涉及银行信用卡或现金卡，银行因此能支持多个商家并选择安全协议。SET 协议由 Visa 和 MasterCard 等公司于 1997 年推出，旨在确保网络支付信息的机密性、完整性和参与者身份的合法性，通过多种技术手段保障交易安全。尽管 SET 流程被认为复杂，但它要求对各方进行认证，确保身份真实。为提升网上支付安全，中国银行选择 SET 协议。

CA 认证是基础

CA 安全认证确认交易方身份并保证交易不可否认，是 SET 协议的基础。中国银行与国际知名厂商合作，建立了自己的 CA 认证中心，这是电子支付的关键环节。

CA 认证体系包括根 CA、品牌 CA、持卡人 CA、商户 CA 和支付网关 CA。

SET 交易前，各方需获得 CA 的证书以确认身份。持卡人可在线申请中国银行电子安全证书，商户和金融机构的申请过程稍复杂。

电子支付变为现实

基于 SET 协议的网上支付涉及持卡人、商家、银行和 CA，电子支付体系由电子钱包、商户支付服务器、金融机构支付网关和 CA 组成。电子钱包管理交易和安全证书，商户支付服务器处理订单和支付信息，金融机构支付网关保护银行网络安全。持卡人确认购买后，订单和支付信息在商户和金融机构间传输，各方只能获取所需信息以确保安全。CA 验证身份后，商户确认购买，金融机构扣款。中国银行的方案为实时扣款，商户每日结账并与银行对账，入账处理最长三天。

网上支付经验谈

为确保网上支付全天候可行，中国银行的内部账务系统保持 24/7 不间断运行。其“长城借记卡”系统符合国际标准，无须升级即可与新系统连接，实现快速实时扣款。随着电子支付的普及和“长城借记卡”发卡量的增长，中国银行预期网上购物人数将不断增加。同时，其外币信用卡“长城国际卡”也已开通网上支付，为国内商户的国际交易提供安全便捷的支付方式。

阅读材料 2：SET 协议不足之处及发展趋势

SET 不仅定义了电子协议，而且对证书的管理和交易处理过程等制定了严格的规定。它是许多电子支付手段中发展较完善、使用较广泛的一种电子交易模式。

但 SET 协议在设计之初主要针对欧美发达国家流行的信用卡，并在协议中详细定义了美国的支付方式。而针对其他国家尤其是像我国这样广泛使用借记卡的国家，没有给出很好的解决办法。同时，SET 协议定义了支付过程的报文消息及数据概念，其规范的目标是为了全球使用，所以考虑的因素主要是符合美国的支付方式。而对我国来讲，报文消息显得太复杂，造成了 SET 应用软件设计复杂等缺陷。

随着国内支付技术的不断发展，一些国内支付协议和标准逐渐兴起，如银联的在线支付标准、支付宝和微信支付的安全协议等。这些国内支付协议和标准在保障支付安全性的同时，更加注重用户体验和便捷性，因此在国内得到了广泛应用。

尽管如此，随着国内电子商务和在线支付市场的不断发展，以及对于支付安全需求的增加，SET 协议在我国的应用前景仍然值得期待。一些国内银行和支付机构也在不断探索和研究 SET 协议的应用。此外，随着技术的不断进步和创新，未来还可能出现更加安全、便捷的新型支付协议和标准，为我国的电子商务和在线支付领域带来更多的发展机遇。

思考与练习

1. SET 协议如何保护在互联网上付款的交易安全？
2. SET 协议要达到的目标有哪些？
3. 试述 SET 协议的交易流程。

学习单元 4 移动电子商务安全技术

学习目标

知识目标

1. 了解移动电子商务的特点及面临的安全问题。
2. 熟悉移动接入安全技术。
3. 熟悉移动电子商务的安全策略。

技能目标

1. 能够进行家用无线路由器设备的安全设置。
2. 对二维码诈骗具有一定的识别和预防能力。

相关知识

移动电子商务是指利用手机、平板电脑等无线终端进行的电子商务活动。它将互联网、移动通信技术、短距离通信技术及其他技术完美结合，使人们可以在任何时间、任何地点进行电子交易活动。

一、移动电子商务的特点

1. 移动接入

移动接入是移动用户使用移动终端设备通过移动网络访问因特网信息和服务的基本手段。移动网络的覆盖面是广域的，用户可以随时随地进行电子商务交易。

2. 身份鉴别

SIM 卡的卡号是全球唯一的，每一张 SIM 卡对应一个用户，这使得 SIM 卡成为移动用户天然的身份识别工具。利用可编程的 SIM 卡可以存储用户的银行账号、CA 证书等有效凭证，还可以执行数字签名、加密算法、公钥认证等电子商务领域必备的安全操作。

3. 移动支付

移动支付是移动电子商务的一个重要目标，用户可以随时随地完成必要的电子支

付业务。按照交易对象所处的位置，可以将移动支付分为远程支付、面对面支付、家庭支付等；按照支付发生的时间，可以将移动支付分为预支付、在线即时支付、离线信用支付等。

4. 信息安全

移动电子商务与因特网电子商务一样，具有数据保密性、数据完整性、不可抵赖性及交易双方的认证与授权等信息安全需求特征。

二、移动电子商务面临的安全问题

移动电子商务采用了移动网络通信技术，其无线通信信道是一个开放信道，因此移动电子商务的通信过程存在着更多的不安全因素，主要表现如下：

1. 无线网络自身的安全问题

无线网络由于自身的限制，在给无线用户带来通信便捷性和灵活性的同时也带来了诸多不安全因素，如容易遭到窃听、身份被假冒、基站与移动服务中心的通信受到攻击等。

2. 移动设备的不安全因素

移动设备的不安全因素主要表现在用户身份、账号信息和认证密钥丢失，移动设备被攻击和数据被破坏，SIM 卡被复制，射频识别（radio frequency identification，RFID）被解密等方面。例如，不法分子取得用户的移动设备，并从中读出用户的资料信息、账户密码等，就可以假冒用户身份进行一些非法活动。

3. 手机病毒造成的安全威胁

手机病毒造成的安全威胁包括：用户信息、银行账号和密码等被窃；传播非法信息；破坏手机软硬件，导致手机无法正常工作；造成通信网络瘫痪。而移动设备相关清除病毒的软件还不是很成熟，不能保证所有移动设备不受病毒的侵害。

4. 移动电子商务平台运营管理漏洞造成的安全威胁

大量移动电子商务运营平台对于如何管理、如何进行安全等级划分、如何确保安全运营，还普遍缺乏经验。移动电子商务平台设计和建设中做出的一些技术控制和程序控制缺乏安全经验，这就需要在运营实践中对移动电子商务安全内容进行修正和完善。

三、移动接入安全技术

1. 移动通信系统的安全技术

第一代模拟蜂窝移动通信系统（1G）几乎没有采取安全措施，移动台把其电子序

列号（ESN）和网络分配的移动台识别号（MIN）以明文方式传送至网络，若二者相符，即可实现用户的接入，结果造成大量的“克隆”手机，使用户和运营商深受其害。

第二代数字蜂窝移动通信系统（2G）主要有基于时分多址（TDMA）的 GSM 系统、DAMPS 系统及基于码分多址（CDMA）的 CDMA one 系统。这两类系统安全机制的实现有很大区别，但都是基于私钥密码体制，采用共享秘密数据（私钥）的安全协议实现对接入用户的认证和数据信息的保密，在身份认证及加密算法等方面存在着许多安全隐患。

第三代移动通信系统（3G）在 2G 的基础上进行了改进，继承了 2G 系统安全的优点，同时具有新的特性：①实现了双向鉴权认证，不仅提供基站对移动设备的认证，还提供移动设备对基站的认证，可有效防止伪基站的攻击和盗打现象发生；②提供接入链路信令数据的完整性保护；③密钥长度增加至 128 位，并改进了加密算法等。

如今的 5G 移动通信系统具备比前几代移动通信系统更高的性能，用户体验速率、连接数密度和时延是 5G 最基本的三个性能指标。5G 引入网络切片技术，使得运营商能够为不同的业务场景提供定制化的网络服务。每个切片都可以根据其业务需求进行独立的安全配置和管理，从而确保切片之间的隔离性和安全性。同时，5G 提供了从终端到终端的端到端安全解决方案，包括用户身份认证、数据加密、完整性保护和访问控制等。这可以确保在数据传输和处理过程中的安全性，防止数据泄露和篡改。

2. 无线局域网的安全技术

（1）MAC 地址过滤技术

MAC 地址过滤技术又称 MAC 认证。由于每个无线客户端都有唯一的物理地址，即该客户端无线网卡的地址（MAC 地址），所以可以在无线接入点（access point，AP）中维护一组允许访问的 MAC 地址列表，实现物理地址过滤。

无线网络中的 MAC 地址过滤功能与交换机上的 MAC 地址绑定功能类似。MAC 地址过滤属于硬件认证而非用户认证，它要求 AP 中的 MAC 地址列表必须随时更新，并且都是手工操作，扩展能力较差，增加无线接入用户时比较麻烦，适合在小型网络中使用。

（2）服务集标识（service set ID，SSID）匹配技术

SSID 被称为第一代无线安全技术，它会将 SSID 输入 AP 和客户端中，只有客户端的 SSID 与 AP 中的 SSID 一致时才能接到 AP 中。尤其当网络中存在多个 AP 时，可以设置不同的 SSID，并要求无线工作站出示正确的 SSID 才能访问 AP，这样就可以允许不同群组的用户接入，并对资源访问的权限进行区别限制。

（3）有线对等保密（wired equivalent privacy，WEP）安全机制

WEP 安全机制是 IEEE 802.11 标准安全机制的一部分，用来对在空中传输的数据帧进行加密，在链路层提供保密性和数据完整性。共享式 WEP 加密模式虽然需要 SSID 信息以及 WEP 加密密钥两方面同时匹配才能连接无线网络，理论上安全性高，但由于设计上存在缺陷，在实际使用过程中存在被黑客和非法用户暴力破解 WEP 加密密钥的可能，所以实际使用安全性相对比较低，默认情况下无线路由器等产品不使用该加密模式，如要使用需要用户手工切换。

（4）Wi-Fi 网络安全接入（Wi-Fi protected access，WPA）安全机制

在无线局域网中，移动终端和 AP 采用静态 WEP 加密，AP 和它所联系的所有移动终端都使用相同的加密密钥，这便会带来以下问题：一旦其中一个用户的密钥泄露，其他用户的密钥也无法保密了。静态 WEP 密钥难于管理，改变密钥时要通知所有人，而且静态 WEP 加密有严重的安全漏洞，通过无线监听，在收集到一定数量的数据后就可以破解得到 WEP 密钥。

为了改善 WEP 的这些安全性缺陷，Wi-Fi 联盟在 2002 年 10 月发表采用 IEEE 802.11i 功能的 WPA，希望以此提高无线局域网的安全性。WPA 的出现给用户暂时提供了一个完整的认证机制，AP 根据用户的认证结果决定是否允许其接入无线网络；认证成功后可以根据多种方式（如传输数据包的多少、用户接入网络的时间等）动态地改变每个接入用户的加密密钥。另外，WPA 会对用户在无线局域网中传输的数据包进行编码，确保用户数据不会被其他用户更改。

（5）WPA2 安全机制

WPA2 是 WPA 的升级版，采用了更为安全的算法，使用 AES 的芯片组来支持。截至 2006 年 3 月，WPA2 已经成为一种强制性的标准，现在大多数企业和家用 Wi-Fi 产品都支持 WPA2。

（6）WPA3 安全机制

WPA3 是 Wi-Fi 身份验证标准 WPA2 技术的后续版本。WPA3 标准将加密公共 Wi-Fi 网络上的所有数据，可以进一步保护不安全的 Wi-Fi 网络。特别是当用户使用酒店和旅游 Wi-Fi 热点等公共网络时，借助 WPA3 创建更安全的连接，让黑客无法窥探用户的流量，难以获得私人信息。WPA3 仅有路由器等网络设备支持还不够，还需要手机、电脑等 Wi-Fi 终端的支持才能正常使用。

（7）无线局域网鉴别和保密基础结构安全机制

当前全球无线局域网领域仅有两个标准，分别是美国行业标准组织提出的 IEEE 802.11 系列标准（包括 802.11a/b/g/n/ac 等），以及我国提出的无线局域网鉴别和保

密基础结构（wireless LAN authentication and privacy infrastructure，WAPI）。WAPI是我国首个在计算机宽带无线网络通信领域自主创新并拥有知识产权的安全接入技术标准。

WAPI 安全机制采用椭圆曲线密码算法和对称密码体制，分别用于 WLAN 设备的数字证书、证书鉴别、密钥协商和传输数据的加密，从而实现设备的身份鉴别、链路验证、访问控制和用户信息在无线传输状态下的加密保护。与其他无线局域网安全体制相比，WAPI 安全机制的优越性主要体现在以下四个方面。

1）使用数字证书进行身份验证。

2）真正实现双向鉴别，确保客户端和 AP 之间的双向验证。

3）采用集中式密钥管理，对局域网内的证书进行统一系统管理。

4）完善的鉴别协议，由于采取了椭圆曲线密码算法，所以保障了信息的完整性。

此外，WAPI 从应用模式上分为单点式和集中式两种，可以彻底扭转 WLAN 采用多种安全机制并存且互不兼容的现状，从根本上解决了安全问题和兼容性问题。所以我国强制性地要求相关商业机构执行 WAPI 标准，这样能更有效地保护数据的安全。

3. 蓝牙安全技术

蓝牙（Bluetooth）是近距离数据通信技术标准，它能够在 10 米的半径范围内实现单点对多点的无线数据和声音传输，其数据传输带宽可达 1 Mbit/s，通信介质为频率在 2.402～2.480 GHz 的电磁波。

蓝牙技术的系统结构分为三大部分：底层硬件模块、中间协议层和高层应用。底层硬件模块包括无线跳频（RF）、基带（BB）和链路管理（LM）。无线跳频层通过 2.4 GHz 无须授权的 ISM 频段的微波，实现数据位流的过滤和传输。本层协议主要定义了蓝牙收发器在此频带正常工作所需要满足的条件。基带负责跳频及蓝牙数据和信息帧的传输。链路管理负责连接、建立和拆除链路并进行安全控制。

蓝牙装置应该设置为只在进行通信时才能检测到，并且授权给对方的权限也应该有限制。有些程序可以借助测试地址序号来检测装置的存在，这样就有机会暴露装置地址。使用者如果要加快文件传输速度而取得非经允许的联机权利，那么安全问题就值得担心了。因为这会让黑客有机会偷偷夹带特洛伊木马或病毒进入。

四、移动电子商务的安全策略

电子商务的安全威胁既有恶意攻击和防范疏漏，又包括管理松散、操作疏忽等。除了从技术上提高防范和保障机制外，移动电子商务还需要完善网络系统管理体制，增强信息安全意识。

1. 端到端的安全

端到端的安全是要求保护移动电子商务中每个连接端口，确保数据从传输点到最后目的地所有端口的安全，包括传输过程中每个阶段。移动电子商务包括许多不同的设备，它们运行不同的操作系统且采用不同的标准，因此安全性已经成为更加复杂的问题。这就需要制定相应的规范，规定各终端的安全标准。

2. 采用无线公共密钥技术

无线公共密钥基础结构（wireless public key infrastructure，WPKI）技术是有线公共密钥基础结构（public key infrastructure，PKI）技术的一种扩展，是将互联网电子商务中 PKI 安全机制引入无线网络环境中的一套遵循既定标准的密钥及证书管理平台体系。用它来管理在移动网络环境中使用的公钥和数字证书，能够有效建立安全和值得信赖的无线网络环境。加密密钥与解密密钥各不相同，发送信息的人利用接收者的公钥发送加密信息，接收者再利用自己专有的私钥进行解密。这种方式既能保证信息的机密性，又能保证信息具有不可抵赖性。

3. 加强身份认证和移动设备识别管理

在移动电子商务的交易过程中，要加强移动电子商务用户的身份认证管理和用户的移动设备识别管理，使移动设备与用户身份相对应，保证每个用户的访问与授权的准确性和使用移动设备的唯一性。交易过程采用实名身份认证并设置交易移动设备，可以增强移动电子商务交易的安全性，保证交易双方的利益不受侵害。在管理过程中，要注意设置移动电子设备使用密码，防止在移动设备丢失时产生不必要的损失。

4. 使用病毒防护技术

开发和使用移动设备病毒防护软件，并经常更新及查看最新的移动设备病毒信息，定期清理移动设备中的病毒，可以防止处于潜伏期的病毒突然爆发，使移动设备始终处于良好的工作状态。

5. 加强移动商务行业管理

为了保证移动电子商务的正常、安全运作，需要建立移动电子商务的行业安全规范，明确在移动电子商务交易过程中各主体的责任，增强移动电子商务主体的安全意识，树立移动电子商务行业的整体诚信意识、风险营销意识和安全交易意识。将技术性安全措施、运营管理安全措施和交易中的安全警示进行整合，以形成一个整合的、安全的移动电子商务运营和防御策略，确保用户免受安全威胁。通过移动电子商务安全规范的建设，建立整个交易过程的良性互动机制，促进移动电子商务的健康发展。

实操练习

请登录无线路由器，进行安全性设置（隐藏无线网络的 SSID，设置加密方式和白名单）。以小米 CR6606 无线路由器为例，其他家用路由器方法类似。

（1）登录无线路由器，如图 3–4–1 所示。在浏览器地址栏内输入无线路由器的 IP 地址。一般家用无线路由器的默认地址为 192.168.0.1 或 192.168.1.1，可以通过查看本机的 IP 地址详细信息得到该 IP 地址。

图 3–4–1　登录无线路由器

（2）在弹出的路由器状态界面，如图 3–4–2 所示，查看连接到该无线路由器的设备情况。单击“设置”按钮，进入常用设置窗口。

（3）在弹出的无线路由器常用设置窗口（见图 3–4–3）中设置“隐藏网络不被发现”，可以隐藏无线网络的 SSID。隐藏 SSID 后，其他人搜不到该无线网络名称，这样可以有效防止陌生无线设备的接入。如果有新的无线终端想要连接路由器的 Wi–Fi，需手动添加路由器正确的 Wi–Fi 名称和密码进行连接。

（4）在无线路由器常用设置窗口，设置“加密方式”，如图 3–4–4 所示。在设备条件允许的情况下，尽量选择高一级的加密方式。

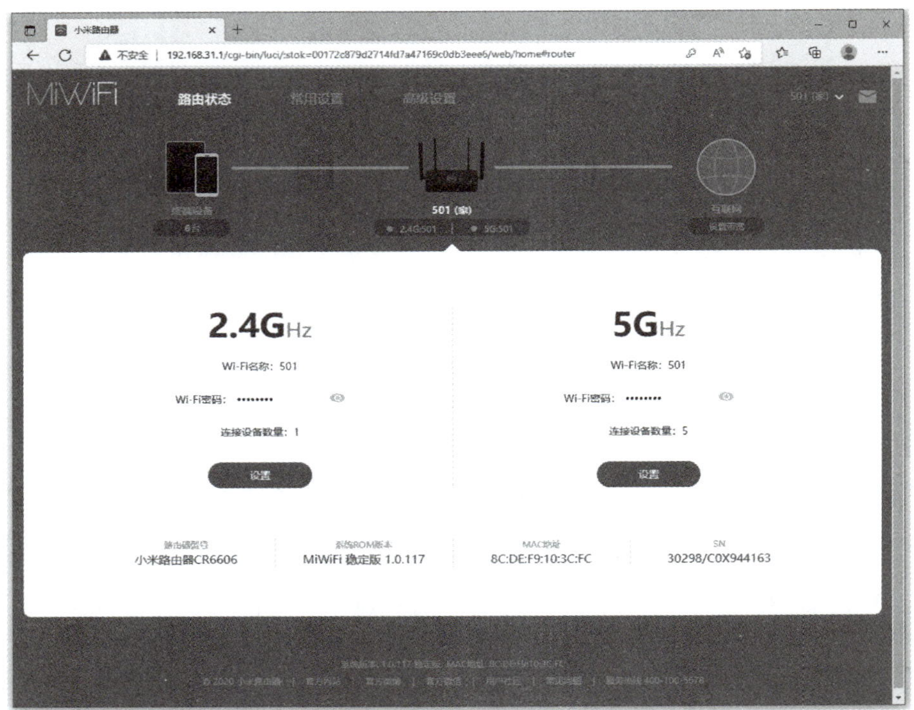

图 3-4-2　路由器状态界面

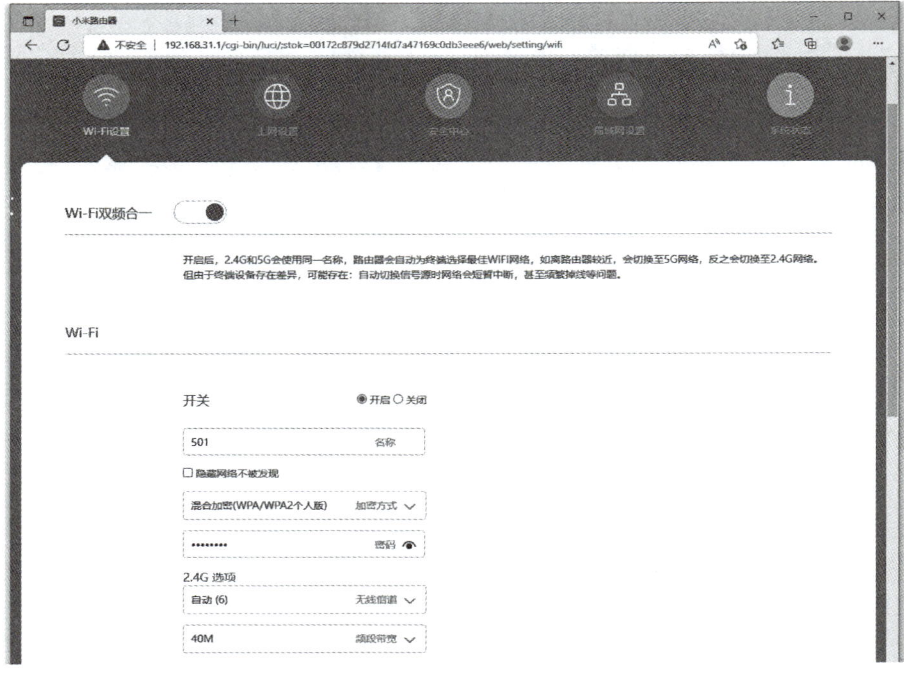

图 3-4-3　无线路由器常用设置窗口

图 3-4-4　设置加密方式

（5）在无线路由器常用设置窗口，选择“安全中心”选项，如图 3-4-5 所示，设置该无线路由器的“白名单”或“黑名单”。例如，设置白名单后，仅限绑定的用户

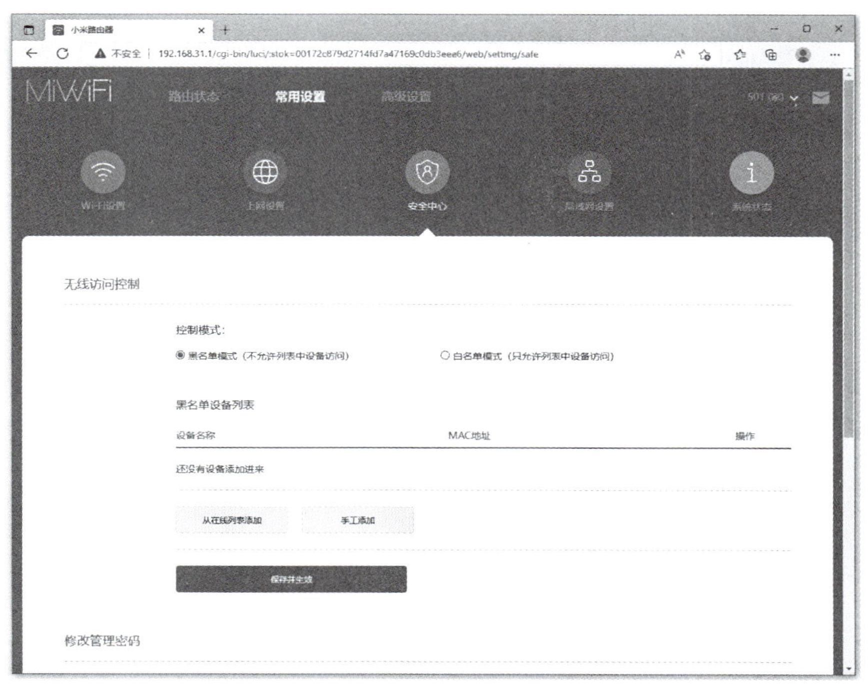

图 3-4-5　无线路由器常用设置窗口下的“安全中心”选项

访问网络，其他未绑定用户即便获取了 Wi-Fi 密码，也会因为没有授权而无法访问网络，这样可以更大程度地保障路由器的安全。选择“白名单模式”，单击“从在线列表添加”按钮，系统会自动搜索列表，展示当前接入无线路由器的设备，如图 3-4-6 所示。选择相应的设备，单击“添加”按钮，即可完成该路由器白名单的设置。

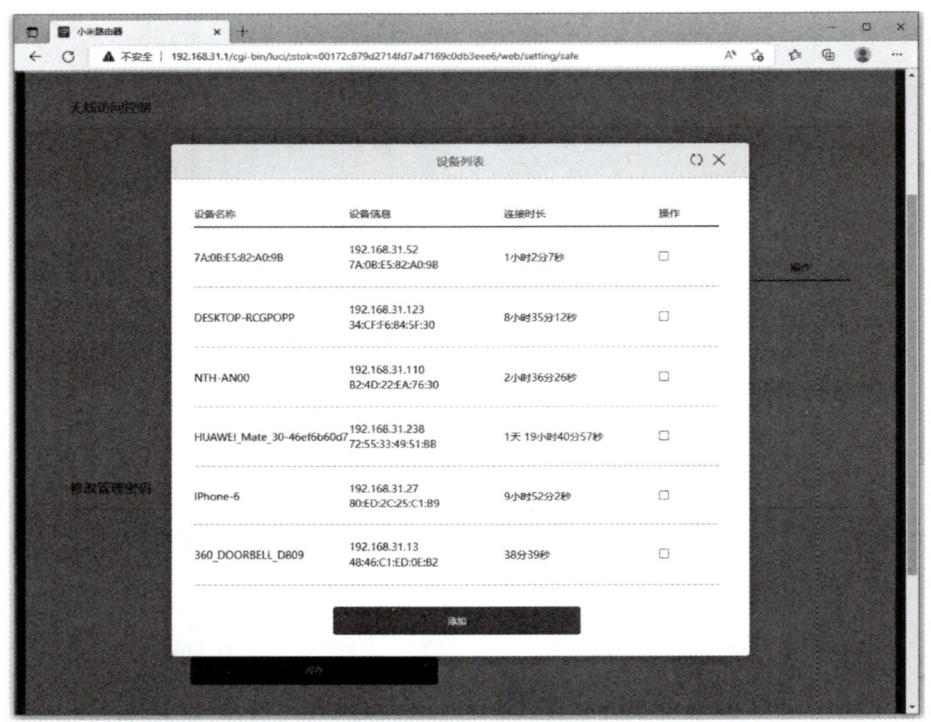

图 3-4-6　自动搜索在线列表，添加到白名单中

案例讨论

二维码作为一种全新的信息存储、传递和识别技术，自诞生之日起就得到了很多关注。但是，诈骗分子也在利用这一新技术。请阅读材料，谈一谈我们在日常生活中应该如何预防移动电子商务的二维码诈骗。

这些二维码扫码陷阱千万别跳！

二维码在生活中应用广泛，但随意扫码存在风险。骗子常用招数有伪造活动二维码诱骗关注或转账，或在公共场所粘贴假二维码实施诈骗。警惕不明来源的二维码，保护个人信息安全。

利益引诱型扫码陷阱

伪装 1:“微信扫一扫，就有礼品相送”。商家以送礼品吸引用户扫描二维码，之后引导用户填写个人资料或下载 App。此手段多见于人流密集场所。

伪装 2:“初创企业，求关注拉粉”。在地铁等公共场所，常有年轻女性以初创企业为名，博取同情，请求扫码关注，之后会提示下载 App。

点评：这些二维码往往是诈骗工具，骗子利用它们引导用户下载恶意软件或访问钓鱼网站，从而窃取用户信息并实施盗刷等违法行为。即使账户未被盗刷，用户信息也可能已泄露，给个人财产安全带来潜在威胁。

防骗建议：

（1）使用具备安全扫描和二维码识别过滤功能的扫码软件，如手机管理软件，在智能扫描后再决定是否运行。

（2）关注二维码发布平台，正规出版物上的通常更安全。

（3）扫描后识别应用名，前往正规应用商店下载。已下载的要进行病毒检查，确认安全后再安装，对热门 App 也要保持警惕。

偷梁换柱型二维码

伪装 1：伪装成交警罚单。骗子制作高仿真交警罚单，附上收罚款的二维码，欺骗车主扫码付款。车主扫描后发现是向个人用户转账，而非官方认证的政府部门。

伪装 2：共享单车开锁二维码。骗子在共享单车上粘贴假二维码，用户若不慎扫描，就会跳转至骗子的转账界面。骗子还会将头像伪装成共享单车品牌 logo，极具迷惑性。

伪装 3：自动售卖机收款码。骗子在自动售卖机上粘贴假的收款二维码，导致用户付款后无法获得商品，误以为是售卖机出现故障。

点评：骗子用虚假二维码覆盖真实二维码，用户扫码支付后，会在合法的第三方支付平台内完成支付操作，款项进入骗子的账户。这种诈骗常发生在无人监控的地方，用户需特别警惕。

防骗建议：

（1）优先使用反扫码，让商家扫自己的付款码，这样更安全。

（2）付款时留意收款方名称，官方账户不会显示为“个人”。警惕非官方认证的收款方。

思考与练习

1. 移动电子商务有哪些特点?
2. 移动电子商务面临的安全性问题有哪些?
3. 移动电子商务的安全策略有哪些?

模块四
电子支付与网上银行

导语

2021 年中国金融认证中心（CFCA）调研数据显示，零售电子银行各渠道用户比例增长势头强劲，用户对其安全性、快捷性认知有所提高。随着电子银行业务和服务的不断拓展、优化，电子银行已然成为金融服务中不可缺少的部分。

未来，手机银行和网上银行会作为重要的电子支付渠道，成为各商业银行发展的重点。网上银行将以基础金融服务为支撑，以手机 App 为载体，以高频生活场景为驱动，重塑网上银行新业态。同时，各商业银行纷纷开始探索利用微信、支付宝等软件进行互联网外部用户引流，并实现有效转化。

电子商务系统对安全性的要求要高于其他网络应用系统，安全技术的应用也复杂多样，其主要原因是要进行网络电子支付。在网络的虚拟环境下，网络电子支付的是真金白银，所有网络电子支付也成为网络攻击的主要目标。做好网络电子支付的安全工作，是保障电子商务发展的核心环节之一。

本章将全面阐述电子支付的核心概念、各类电子支付工具及其独特优势，此外，还将深入探讨网上银行及第三方支付平台的运营机制，并重点介绍相关的安全保障措施。

学习单元 1　电子支付基础知识

学习目标

- 知识目标

1. 熟悉电子支付的常见业务类型及其基本特点。

2. 了解电子支付系统的构成。

3. 熟悉常用的电子支付工具。

● 技能目标

1. 能够对电子支付中的个人信息保护问题进行分析和判断。

2. 能够对网上银行操作进行安全分析判断。

相关知识

电子支付是以电子金融网络为基础，以商用电子化工具和各类交易卡为媒介，以计算机技术和通信技术为手段，将货币以电子数据的形式存储在银行的计算机系统中，并通过网络系统以电子信息传递的形式实现支付和流通。

一、电子支付的类型及其基本特点

1. 电子支付常见的业务类型

电子支付的业务类型按电子支付指令发起方式分为网上支付、电话支付、移动支付、销售点终端交易、自动柜员机交易和其他电子支付。

（1）网上支付

网上支付是电子支付的一种形式。广义地讲，网上支付是以互联网为基础，利用银行所支持的某种数字金融工具，在消费者和商家之间产生金融交换，从而实现从消费者到金融机构、商家之间的在线货币支付、现金流转、资金清算、查询统计等，由此向电子商务服务和其他服务提供金融支持。

（2）电话支付

电话支付是电子支付的一种线下实现形式，是指消费者使用电话（固定电话、手机等）或其他类似电话的终端设备，通过银行系统就能从个人银行账户里直接完成付款的支付方式。

（3）移动支付

移动支付是使用移动设备通过无线方式完成支付行为的一种支付方式。移动支付所使用的移动终端可以是手机、掌上电脑（PDA）、便携台式机（移动 PC）等。

2. 电子支付的特点

电子支付在我国的发展始于网上银行业务，随着各大银行的网上缴费、移动银行和网上交易等逐渐发展起来，是电子商务的核心特征之一。与传统的支付方式相比，电子支付具有很多独特的特征，具体见表 4-1-1。

表 4-1-1　传统支付与电子支付的比较

比较项目	传统支付	电子支付
款项支付方式	由现金的流转、票据的转让以及银行的汇兑等物理实体完成	采用先进的信息技术完成信息传输和款项汇兑
工作环境	在较为封闭的系统中运作	在开放的网络平台中运作
设备要求	使用传统的通信媒介，对软件、硬件要求相对较低	使用最先进的通信手段，对软件、硬件要求相对较高

二、电子支付系统

1. 电子支付系统的构成

电子支付系统是一个由买（消费者）卖（商家）双方、网络金融服务机构、网络认证中心、电子支付工具等各方组成的综合性系统，如图 4-1-1 所示。

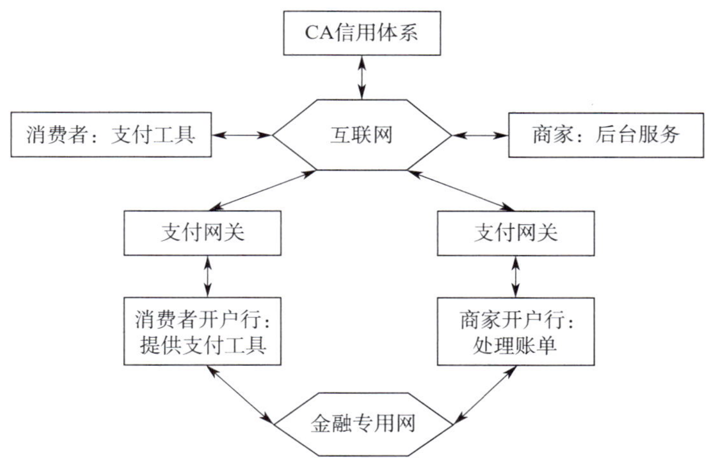

图 4-1-1　电子支付系统的构成

（1）消费者

消费者是指与某商家有交易关系并在交易中负有债务的一方。

（2）商家

商家是商品交易中拥有债权的一方。

（3）银行

1）消费者的开户行是指消费者在其中拥有自己账户的银行。

2）商家开户行是指商家在其中拥有自己账户的银行。

3）支付网关是公网和金融专用网之间的接口。

4）金融专用网是金融机构之间进行通信的网络，如中国国家金融网络（CNFN）。

（4）CA

CA 负责为参与电子商务的各方（包括消费者、商家、支付网关）发放数字证书以确认各方身份，保证电子支付的安全性。

2. 电子支付系统的功能

不同的电子支付系统有不同的安全要求和功能要求。通常电子支付系统应具备以下功能：

（1）使用数字签名和数字证书实现对各方的认证

为了实现协议的安全性，必须对参与交易的各方身份进行有效性的认证。

（2）对业务数据进行加密，确保数据的完整性

商家一般可以利用消息摘要算法对数据进行加密，以确保数据的完整性。

（3）保证业务的完整性和不可抵赖性

可以使用消息摘要算法以保证业务的完整性和不可抵赖性。

（4）处理多方贸易业务的多边支付问题

这种多边支付的关系可以通过双重签名等技术来实现。

3. 电子支付系统的安全需求

一般来说，电子支付系统必须具备完整性与授权、保密性、可用性和可靠性。电子支付系统的各种安全需求依赖于系统的特征和定义在其操作上的信用假设。

（1）完整性与授权

一个具有完整性的支付系统不允许一个用户在没有另一个用户明确授权的情况下取走资金。同样，没有允许，系统也不能接收款项。授权构成支付系统中最重要的环节。支付授权有三种方式：外部授权、口令授权和数字签名。

1）外部授权。在这种方式中，检验方（银行）通知交易的授权方（付款人），授权方通过一个安全的外部通道（如邮件或电话）同意或拒绝支付，这是目前用信用卡进行邮汇和电汇的通用方法。任何知道用户信用卡数据的人都可以发起交易，所以合法用户必须检查有关记录并主动控告非授权交易。如果用户没有在一定时间内（通常为三个月）提出控告，所做交易被默认为有效。

2）口令授权。对于一个用口令保护的交易，每个从授权方发来的信息都需要一个密码检查值。这个值由只有授权方和检验方知道的密码计算得出，而这个密码可以是个人识别码（PIN）、口令或任意形式的共享密码。然而，短的共享 PIN，如一个六位数字很容易遭受攻击，它们本身不能提供高级的安全性，因此应该只用于控制访问像智能卡这样的物理标记，因为智能卡采用安全密码机制（如数字签名）执行实际授权。

3）数字签名。在这种类型的交易中，检验方要求授权方的数字签名。数字签名

提供一个原始的非拒绝支付证据，因为只有签名密码的拥有者才能签署有关信息，而知道相应公钥的任何人都可以验证签名的真实性。

（2）保密性

这里所说的保密性是指防止泄露有关交易的各种信息，如付款人和收款人的标识、交易的内容和付款数量等。保密性要求上述这类信息只能让交易的参与者知道，有时甚至要求只让参与方的部分人知道。

（3）可用性和可靠性

所有的交易方要求无论何时都可以进行支付和接收支付，即它们要么完整发生，要么根本不发生，不能处于一种未知或不一致的悬挂状态。付款人不希望他们的钱由于网络或系统的故障而丢失。可用性和可靠性假设基本网络服务和软硬件系统具有足够的可靠性，为能恢复故障系统的信息，所有交易方需要某些可靠的存储器和专用同步协议。

三、电子支付工具

1. 银行卡

银行卡是指经批准由商业银行（含邮政金融机构）向社会发行的具有消费信用、转账结算、存取现金等全部或部分功能的信用支付工具。银行卡减少了现金和支票的流通，使银行业务突破了时间和空间的限制。银行卡自动结算系统的运用，使“无支票、无现金社会”的梦想成为现实。

银行卡的分类方式一般有以下几种。

（1）按是否具有透支功能分类

银行卡按是否具有透支功能可分为信用卡和借记卡，见表 4–1–2。

表 4–1–2　银行卡的分类

类别		概念
信用卡（可以透支）	贷记卡	发卡银行给予持卡人一定的信用额度，持卡人可在信用额度内先消费后还款的信用卡
	准贷记卡	持卡人须先按发卡银行要求交存一定金额的备用金，当备用金账户余额不足以支付时，可在发卡银行规定的信用额度内透支的信用卡
借记卡（不能透支）	转账卡（含储蓄卡）	实时扣账的借记卡，具有转账结算、存取现金和消费的功能
	专用卡	具有专门用途、在特定区域使用的借记卡，具有转账结算、存取现金的功能。专门用途指在百货、餐饮、娱乐行业以外的用途
	储值卡	发卡银行根据持卡人要求将其资金转至卡内储存，交易时直接从卡内扣款的预付钱包式借记卡

（2）按币种不同分类

银行卡按币种不同可分为人民币卡、外币卡和双币卡。人民币卡仅有人民币单币种账户，卡号一般以62开头，银联单组织标识，仅能在境内、境外银联网络下使用。外币卡仅有外币单币种账户，卡号根据发卡组织不同而定，可在境内外发卡组织的网络使用。双币卡，即银联和其他发卡组织共同发行，包含双币种（人民币和外币），可在境内外银联网络或另一发卡组织网络下使用。

（3）按发行对象不同分类

银行卡按发行对象不同可分为单位卡（商务卡）和个人卡。

（4）按信息载体不同分类

银行卡按信息载体不同可分为芯片（IC）卡和磁条卡。芯片卡容量大，可存储密钥、数字证书、指纹等信息，卡上有读写保护，方便数据进行加密保护，并且在使用保护上采取个人密码、卡与读写器双向认证，防止卡片数据被复制，具有更高的安全性。磁条卡在通过写磁设备后会被不法分子利用进行伪卡的盗刷，安全系数较低。从2015年起，我国开始淘汰磁条卡，全面应用金融IC卡。

2. 电子现金

电子现金又称数字现金，是一种以数据形式存在的现金货币。它把对应的现金数值转换成为一系列的加密序列数，通过这些序列数来表示现实中各种金额的币值。

要使用电子现金，用户只需在开展电子现金业务的银行开设账户并往账户内存款，此时在用户对应的账户内就生成了具体的电子现金，然后用户在承认电子现金的商店购物时，从账户划拨电子现金即可。例如，现在的游戏账户、QQ账户等都是常见的电子现金。

数字人民币是由中国人民银行发行的数字形式的法定货币，是与纸币和硬币等价的电子现金，具有法偿性和价值特征。使用数字人民币与微信、支付宝的区别在于，微信、支付宝属于第三方支付平台，支付之前，需要将一家银行的银行卡与微信或支付宝绑定，而数字人民币是法定货币而非支付平台，不用绑定银行账户或支付账户，从一个人的“钱包”可以直接转到另一个人的“钱包”，点对点结算。其优势在于：①将数字人民币转到银行卡无须手续费，而且能“秒到账”，效率高；②保护隐私，可控匿名，用户即使没有银行账户，同样可以利用手机号等身份标识开通数字钱包，且支持无网无电状态支付；③在资产安全性方面更有保障，如果手机丢失，用户可通过另外一个手机设备登录数字人民币App，防止资金损失。如果黑客将用户的钱盗走，那么中国人民银行能瞬间定位到被盗的钱在谁的账户中，可以与公安机关联动，快速将犯罪分子绳之以法。数字人民币在防控和打击洗钱、恐怖融资、逃税等违法犯罪行

为，维护金融安全也具有不可替代的作用。

需要注意的是，近年来，比特币等虚拟货币交易炒作活动盛行，扰乱经济金融秩序，滋生洗钱、非法集资、诈骗、传销等违法犯罪活动，严重危害人民群众财产安全。2021 年中国人民银行、最高人民法院、最高人民检察院、工业和信息化部、公安部等十部门联合发布《关于进一步防范和处置虚拟货币交易炒作风险的通知》，明确指出比特币、以太币、泰达币等虚拟货币具有非货币当局发行、使用加密技术及分布式账户或类似技术、以数字化形式存在等主要特点，不具有法偿性，不应且不能作为货币在市场上流通使用；虚拟货币相关业务活动属于非法金融活动。

3. 电子钱包

电子钱包是电子商务购物（尤其是小额购物）活动中常用的一种支付工具，如中银电子钱包（E-wallet）。严格意义上讲，电子钱包只是银行卡或电子现金支付的一种模式，不能作为一种独立的支付方式，因为其在本质上依然是银行卡支付或电子现金支付。电子钱包的表现形式有两种：一种是智能卡形式；另一种是电子钱包软件形式，这是电子钱包主要的表现形式。

电子钱包的功能包括存储个人信息（身份证、地址等），存储电子货币（电子现金、信用卡、电子支票等），管理电子证书（证书的申请、存储、删除等），保存交易记录以备日后查询，保障电子交易的安全性。

电子钱包比现金交易系统具有更高的可靠性，给予用户较强的隐私保护，有利于降低交易成本和管理费用，使发行者获利的范围扩大，有利于银行法定准备金的管理。

4. 电子支票

电子支票是付款方向收款方签发的、无条件的数字化支付指令。电子支票是网上银行常用的一种电子支付工具，它是将传统支票改变为带有数字签名的电子报文，或利用其他数字电文代替传统支票的全部信息。

网上银行和大多数银行金融机构通过建立电子支票支付系统，在各个银行之间发出和接收电子支票，向用户提供电子支付服务。

电子支票包含三个实体，即付款方、收款方和金融机构。在通常情况下，电子支票的收发双方都需要在银行开有账户，让支票交换后的票款能直接在账户间转移。此过程中电子付款系统提供身份认证、数字签名等，以弥补无法面对面地进行交换所带来的缺陷。电子支票目前主要是通过专用网络系统进行传输。

案例讨论

1. 近年来电子商务和电子支付业务发展飞速，电子支付中的个人信息保护问题日渐成为大众所关注的重点。但目前电子支付中的个人信息泄露和滥用现象仍较为严重，主要是由个人防范意识不强、支付平台管理系统有待改进以及相关法律法规不够完善等原因造成的。请阅读材料，谈一谈如何解决电子支付中的个人信息保护问题。

电子支付中的个人信息保护问题

电子支付迅速发展的同时，个人信息保护问题日益凸显。与传统支付相比，电子支付虽然具有明显的优势，但也存在劣势和纠纷。据中国消费者协会统计，大多数受访者曾遭遇信息泄露问题，如手机App自动获取隐私权限、经营者非法泄露个人信息等。个人信息泄露导致推销、诈骗等骚扰和财产损失，目前已成为公众关注的焦点，其严重威胁消费者财产安全。

一、电子支付中个人信息保护存在的问题及原因分析

个人信息泄露的原因主要有三方面。

1. 个人防范意识不强

许多人在对手机App进行授权时，容易忽略“允许”盲点，导致隐私被不法分子窃取。人们随意扫描二维码以获取小礼品，却忽视了个人隐私的重要性。因此，大家需要增强法律意识，保护个人信息和隐私。

2. 支付平台管理系统有待改进

健全电子支付平台管理系统是解决个人信息泄露的重要途径。消费者的付款信息未经本人同意被第三方平台获取或者被不法分子冒用，以及电子支付系统在支付过程中存在网络卡顿、信息延期等问题，在技术层面容易造成个人信息的泄露。

3. 电子支付相关法律法规不够完善

解决第三方支付平台过度收集个人信息、远程监控、后台运行等导致个人信息泄露的问题时，有时无法可依。因此，目前对电子支付市场的监管力度有待加强，相关法律法规有待进一步完善。

二、电子支付中个人信息保护的解决对策

随着对数字化货币的深入研究，电子支付中关于个人信息泄露的保护成为亟待解决的重要问题，目前迫切需要从个人观念的转变、国家政策的推进、法律机制的健全、支付平台的完善等多个方面推动我国个人信息安全建设。

建议从以下四个方面入手健全电子支付保护机制：一是各支付平台主体相互协调；二是加强数字人民币的宣传工作，构建完善的配套体系；三是加大国家政策支持力度，打造专门的电子支付服务机构严厉惩处不法分子；四是统一立法，构建权责分明的政务体系，做到有法可依、责任明确。

2. 根据工商银行提供的网银安全提示材料，请你谈一谈银行为确保电子支付安全采取了哪些措施，用户有哪些需要注意的地方。

工商银行网银安全提示

工商银行在个人网上银行和企业网上银行服务中均采用了严密的安全设计，确保账户信息和资金安全。

对于个人网上银行，工商银行提醒用户不要在电子邮件、短信、电话中泄露银行卡号和密码，且网上银行密码应避免与存折、银行卡密码相同；同时，银行为用户提供了用于保护客户端安全的控件、工行网银小e安全检测、工行网银防钓鱼安全控件等，建议用户安装防火墙、杀毒软件，并及时下载安装最新的操作系统和浏览器安全程序或补丁，同时尽量不要在公共场所（如网吧）使用网上银行。

对于企业网上银行，企业内部应制定严格的财务管理制度，并按网上银行系统的要求设置录入、审核授权两级的操作员证书模式。为加强安全防范，建议在财务专用电脑上安装和使用网上银行系统，并且进行网上银行操作的电脑不作为资料、文件共享等类型的服务器。网上银行操作人员应重视U盾及密码的保管，不要将U盾长期插在电脑上，同时牢记自己的密码，切勿将密码告诉他人，养成良好的习惯，定期对密码进行修改，定期（如每周、每月、每季度等）进行账务核对工作，发现任何异常情况，及时与银行联系。

1. 什么是电子支付?
2. 电子支付有哪些特征?
3. 电子支付系统的安全需求有哪些?

思考与练习

学习单元 2　网上银行的使用与安全

学习目标

知识目标

1. 熟悉网上银行的优势。
2. 了解网上银行的安全风险。
3. 熟悉防范网上银行风险的安全措施。

技能目标

1. 能够进行网上银行的注册、登录和查询等基本操作。
2. 能够对网上银行刷脸支付等进行安全防范。

相关知识

网上银行又称网络银行，是金融机构以银行自建的通信网络或公共互联网为平台，开辟的一种全新的银行服务方式。它使客户可以不受时空的限制，无论在家里、办公室，还是在旅途中，只要能接入网络，就能安全便捷地管理自己的资产和享受银行的服务。

从理论上来说，网上银行将提供全功能、个性化的服务模式，为客户提供超越时空的“AAA”式服务，即在任何时候（anytime）、任何地点（anywhere），以任何方式（anyhow）为客户提供 365 天 24 小时的全天候金融服务。

一、网上银行的优势

与传统银行业务相比，网上银行具有如下优势：

1. 低成本和价格优势

（1）组建成本低

一般而言，网上银行的创建费用远远低于传统银行开办分支机构的费用。

（2）业务成本低

以一笔普通业务的成本来看，互联网交易单位成本远低于手工交易或电话交易单位成本。

（3）价格优势

由于网上银行运营成本较低，所以银行可将节省的成本与客户共享，通过低收费、部分服务免费等方法抢占客户和业务市场。

2. 互动性与持续性服务

网上银行系统与客户之间能够实现网络在线实时沟通，客户可以在任何时间、任何地方通过网络得到银行的金融服务。银行业务不受时空限制，每天可向客户提供 24 小时的不间断服务。

3. 私密性与标准化服务

网上银行通过加密系统对客户进行隐私保护。网上银行提供的服务比营业网点更标准、更规范，避免了因工作人员业务素质高低及情绪好坏所带来的客户服务满意度的差异。

4. 业务全球化

网上银行是一个相对开放的体系，可以利用网络提供全球化的金融服务，可以快捷地进行不同语言文字的转换，为银行开拓国际市场创造了有利条件。传统银行是通过设立分支机构来开拓国际市场的，而网上银行只需借助互联网，便可以将其金融业务和市场延伸到全球的每个角落。

二、网上银行的注册与使用

下面以工商银行个人网上银行为例，介绍个人网上银行的有关业务。

工商银行个人网上银行的界面如图 4-2-1 所示。

1. 提供的服务

（1）账户信息查询

登录系统后展示账户余额，点击明细可以查询账户对应的明细。对于贷记卡、准贷记卡，展示距离还款日天数、账单金额等。

图 4-2-1 工商银行个人网上银行

（2）转账交易

5 万元以下境内人民币网上银行转账汇款实时到账，且 5 000 元以下的境内人民币网上银行转账汇款免收手续费。

（3）理财服务

可将资产负债图形化、可视化，并根据客户资产情况、交易行为等数据，主动推荐不同的理财产品。

（4）信息管理

金融日历可智能地记录用户办理的金融服务，包括购买的产品、客户的收入和支出、信用卡还款等金融行为，用时间轴的方式展现并提示，还可以对金融日历进行个性化自定义设置。

（5）生活服务

提供手机充值、机票酒店预订、生活娱乐等涵盖各种生活场景的服务。

（6）购物消费

通过网上银行可直接购买融 e 购商品，积分可抵现、购物可贷款。

（7）安全工具

工商银行提供了三种类型的网上银行安全工具，具体见表 4-2-1。

表 4-2-1　工商银行网上银行安全工具

名称	图片	说明
U 盾		通过数字证书进行网上银行客户身份认证，是目前工商银行网上银行安全级别最高的身份认证工具
工银电子密码器		具有内置电源和密码生成芯片、外带显示屏和数字键盘，无须安装任何程序即可在网上银行等多渠道使用
网上银行口令卡		为了满足广大网上银行用户的要求，综合考虑安全性与成本因素而推出的一款网上银行安全工具

2. 开通注册流程

（1）柜面开通

柜面开通网上银行流程如图 4-2-2 所示。如果用户已在本地开立账户，则需提供用户本人有效身份证件、需注册的银行卡等；如果用户未在本地开立账户，则需提供本人有效身份证件；如果用户自带 U 盾，则需提供相应介质。

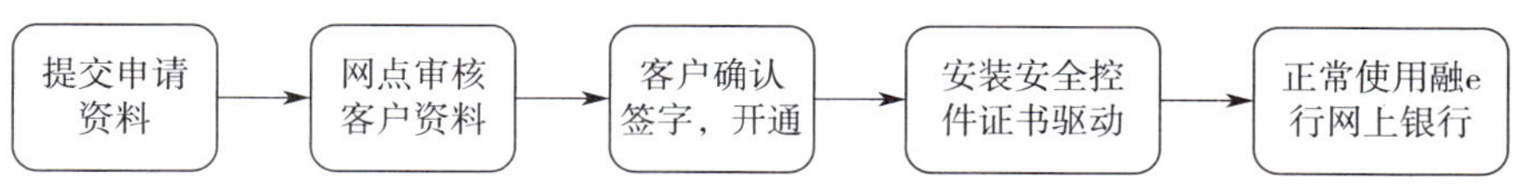

图 4-2-2　工商银行柜面开通网上银行流程

（2）自助注册

自助注册开通网上银行流程如图 4-2-3 所示。自助注册网上银行的客户只能在特殊网站进行在线支付，不能通过网上银行进行转账 / 汇款等操作。如果符合开通 e 支付条件，可通过 e 支付作为验签方式进行转账。自助注册个人网上银行的同时，如未注册过手机银行，系统自动开通手机银行。

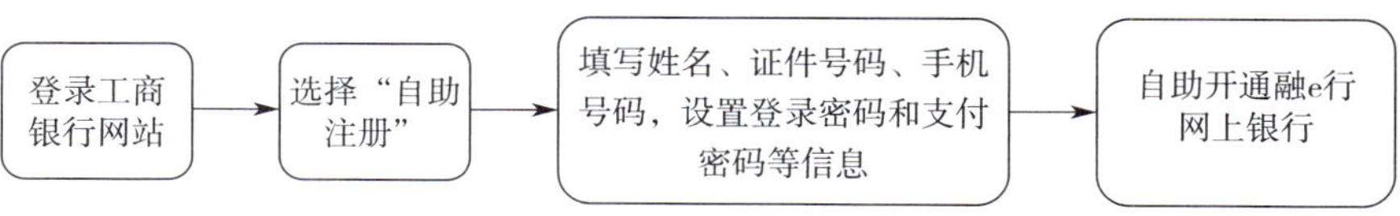

图 4-2-3　工商银行自助注册开通网上银行流程

三、网上银行的安全风险

1. 技术安全风险

（1）网上银行客户端安全认证风险

网上银行客户端使用证件号码、用户名和密码登录，一旦用户计算机感染病毒、或被木马、黑客攻击，如果没有进行安全认证，网上银行用户所做的所有操作都会被发送至控制用户计算机的服务器后台，严重影响用户账号和密码安全。假冒银行网站的钓鱼网站会通过键盘记录或者屏幕录制等方式记录用户的所有操作，并将用户账号和密码信息传输至窃取人指定的服务器中，从而危及用户的资金安全。

（2）网络传输风险

网上银行业务通过网络在银行和用户之间进行数据传输，在数据传输过程中要求进行加密处理。如果网络传输系统和环境被攻破，或者加密算法被黑客攻击，将使网上银行用户的资金、账号、密码在网络传输中如同明文传输，造成用户信息泄露，严重影响用户的信息安全。

（3）系统漏洞风险

网上银行应用系统和数据库在技术上依然存在一些系统漏洞和隐患，因此漏洞往往会被黑客、计算机病毒所利用，进而产生较大的信息安全风险。

（4）数据安全风险

网上银行的数据要求绝对安全和保密。用户基本信息、用户支付信息、业务处理信息、数据交换信息等的丢失、泄露和篡改，都会使银行产生不可估量的损失。如何确保数据输入和传输的完整性、安全性和可靠性，如何防止对数据的非法篡改，如何实现对数据非法操作的监控与控制，都是需要解决的问题。

2. 管理安全风险

（1）系统应急风险

部分银行在系统建设和运行过程中，没有很好地按照业务运行应急计划进行演练，应对电力中断、地震、洪水等灾害措施不到位。一旦发生此类灾害，极有可能导致数据的破坏和消失，给银行带来巨大的运营风险。

（2）内部控制风险

网上银行的内部控制制度是指对网上银行日常运行处理过程进行流程或制度的规范，一旦执行不到位，将会造成网上银行在运行或者业务操作中出现问题。例如，由单个维护人员完成对客户密码的重置或者客户账户信息的调整等，造成网上银行信息安全风险。

（3）外包管理风险

网上银行在快速发展过程中，由于银行相关人才不足，在系统开发、运行维护过程中，部分银行通过购买第三方外包服务的方式来提供网上银行技术支持。如果网上银行外包服务管理不到位，也将给银行带来数据泄露的风险。

3. 业务安全风险

业务安全风险是指来源于银行内部员工或者用户的错误操作、恶意操作而导致的潜在损失。商业银行人员对业务不熟练，有可能导致网上银行操作风险；网上银行客户由于缺乏网络安全知识，也可能面临相当高的操作风险。

4. 法律法规风险

上述网上银行的风险会因有关法律法规中对于网上银行交易权利和义务的规定还不清晰而加大。

四、防范网上银行风险的安全措施

1. 加强系统安全性

网上银行的关键环节就是网上银行系统的安全性。银行应定期从以下几个方面对网上银行进行入侵检测和网络渗透检测，防范系统被入侵和攻击。

（1）物理安全

保护好计算机硬件和存储介质，加强计算机机房、出入者身份证明、24 小时值班的管理，以及实施各种硬件安全手段等预防措施。

（2）逻辑安全

逻辑安全需要依靠用户口令、文件许可等方法来实现，防止黑客入侵。高机密的信息应与其他数据相隔离，对所有高机密数据的存取要严格控制。

（3）管理安全

管理安全包括软件控制、违反安全的调查、审计跟踪检查以及责任控制检查等。

（4）操作系统安全

计算机系统必须进行用户等级和权限管理，以防止互相干扰或破坏。

（5）互联网安全

采用防火墙技术可有效防止黑客攻击或者用户的不适当操作造成的可能对金融专用网的攻击。通过设置支付网关，将公用网与银行内部专用网隔离，实施缓冲过滤功能，以便更好地保证银行专用网的安全。

（6）客户端安全

采取有效技术措施保证客户端处理的敏感信息、客户端与服务器交互的重要信息的机密性和完整性；保证所提供客户端程序的真实性和完整性，以及敏感程序逻辑的机密性；保证客户端程序能够有抗逆向、抗反汇编的防护措施，能够有效地防止不法分子对网上银行的攻击。

2. 完善内部控制体系

网上银行信息系统的内部操作人员对系统及其权限更了解，所以网上银行系统更容易受到银行内部人员的侵扰。因此，银行更应注重加强内控管理，防止来自内部的风险隐患。建立可靠的内部控制体系，除了合理的安全技术以外，还需要建立系统维护制度、信息保密制度、数据备份制度、人员管理制度、风险预警制度、重大事项报告制度等，从而确保网上银行系统有序正常运行。

3. 加强外包服务管理

目前国内的一些网上银行在开发和维护上采取外包模式，考虑到网上银行数据的重要性，加强网上银行系统外包服务管理尤为重要。

首先，要选择长期可靠、综合能力强的网上银行外包服务商；其次，要做好网上银行外包技术服务商的合同管理，规范和明确其提供的服务内容；再次，要确保银行等重要数据的安全性，对外包服务人员严格管理；然后，要加强网上银行外包服务的过程管理，严格监控外包服务，随时了解外包服务状态；最后，要加强网上银行外包团队建设，建立良好的沟通机制。

4. 制订应急计划

网上银行系统运行需要有其他相关的业务系统支持，如网上银行转账需要调用银行核心系统，网上支付需要调用大小额支付系统等。当出现系统故障或者发生不可抗力灾害时，每一个环节的停顿都可能对整个业务的连续性带来影响。因此，应该制订详细的网上银行业务运行应急计划。

5. 完善事前、事中和事后防御机制

针对网上银行的防御机制可以分成事前预防阶段、事中防御阶段和事后审计追踪阶段三个阶段。

（1）事前预防阶段

银行要做好自身的安全措施，重点加强钓鱼网站的早期发现、阻止钓鱼网站蔓延、防御客户端安全隐患，可以使用网银安全助手、密码控件等客户端防范手段，对键盘录入、SSL 安全加密、反钓鱼等进行客户端方面的预防，有效防范木马、病毒的攻击，进一步提升用户在客户端的安全体验，增加用户安全使用网上银行的信心。

（2）事中防御阶段

针对网上银行认证和交易，分辨并且阻止非法交易的进行，可以采集分析交易信息，主动防御，发现和终止身份冒用、套现、虚假交易等风险，如使用反欺诈交易平台等。

（3）事后审计追踪阶段

通过网上银行交易审计系统，保持完整交易记录，追查攻击者来源，可以利用网上银行的内部交易日志进行审计分析。

6. 增强客户操作风险防范

随着技术的进步，以及管理层对网上银行的重视，当前面临的最大问题不是技术上的漏洞，而是客户操作上的风险。因此，银行急需加强对客户进行有关安全使用网上银行的宣传、教育和引导。

网上银行的客户管理主要是指银行对其向客户提供的服务进行管理，包括哪些客户可以使用网上银行，客户可以使用哪些网上银行服务等。

（1）加强对申请签约客户的资格审查

由于客户在网上银行不需要提供任何印鉴，仅凭移动证书（USB Key）就可以办理业务，所以网上银行应制定严格的开户审核手续。只有符合条件、信誉良好的客户，才与其签订规范的网上银行服务协议。银行应根据与客户签订的协议，严格限定客户在网上银行的操作范围。

（2）加强对网上银行客户的身份验证

客户在通过网上银行办理业务时，无须与银行工作人员进行面对面的交易，因此对登录网上银行办理业务的客户身份进行确认，并对客户的交易信息进行保密，已经成为网上银行安全管理的前提和最重要的环节。目前，我国的商业银行大都采用数字证书作为网上银行的安全认证，用以确定客户的身份。银行有义务告知客户妥善保管数字证书，以免被他人盗用，造成不必要的损失。

（3）加强对网上银行客户的操作权限管理

客户需求不同，对网上银行服务的要求就会不同，银行需要对不同的客户提供个性化、差别化的服务。

（4）对网上银行客户交易过程进行监督

为了及时地接收和处理网上银行业务，防范网上银行异常交易的发生，确保网上银行业务的顺利进行，银行应对客户在网上银行发起的各类交易进行实时、全程的监控和管理。一笔网上银行的业务，从客户登录网上银行，发出交易指令算起，通过总行接入，分发到分支行，一直到最后进行账务处理，需要经过互联网、局域网等。因此，银行需要对一笔网上银行业务所涉及的多个环节进行监控。

五、使用网上银行的安全措施

1. 保管好数字证书和手机

数字证书和手机（动态密码）是确保网上交易安全的重要手段，必须妥善保管。可以使用移动证书或动态密码，并将查询密码和交易密码设置为不同的密码值。

若使用 USB Key 登录网上银行，证书须下载到 USB Key 中，并妥善保管，仅在使用时才将 USB Key 插入计算机，并在完成交易后及时拔出。如果使用浏览器查看证书，务必启用动态密码保护。开通网上银行时预留的接收动态密码的手机及手机号码须由本人使用，不可转借他人。所收到的动态密码不可转发或告知他人，并在使用后及时删除。任何泄露动态密码的行为都将给账户带来安全隐患。同时谨防手机病毒，不要随意访问不安全的手机网站、接收彩信或其他手机文件，否则可能造成安全隐患。

2. 保护好密码

网上银行的查询密码、交易密码，任何时候都不得泄露给他人（包括自称银行工作人员的任何人），否则将给账户带来安全隐患。不要使用相同数字、连续数字、生日、电话号码等作为密码，查询密码和交易密码应不同，并定期更改。

3. 提高警惕，谨防欺诈

提防假网站，网上购物时需认清网站地址，通过查询密码验证，确认页面显示的客户号后，再输入动态密码。严防他人通过钓鱼网站或虚假交易骗取动态密码。输入动态密码前检查短信中的收款账号、交易金额等信息，尤其应注意防范他人骗取动态密码后修改网上银行通知手机号码。在进行转账、支付等关键交易时，要留意交易过程中收到的动态密码短信，并检查短信中的收款账号、交易金额等提示信息是否与实际操作相符。不法分子可能利用电子邮件、聊天工具发送木马到用户计算机，以窃取键盘输入记录。因此，来历不明的电子邮件，陌生人通过聊天工具发送的文件、照片不要轻易点击和打开。

4. 关注个人计算机的安全性

定期下载安装最新的操作系统和浏览器安全程序或补丁，可将计算机中的 hosts 文件修改为只读。安装个人防火墙，以防黑客入侵，安装并及时更新杀毒软件，养成定期更新杀毒软件的习惯，防止新型病毒的入侵。

hosts 文件是将一些常用的网址域名与 IP 地址建立关联的系统文件。当用户在浏览器中输入一个需要登录的网址时，系统会首先自动从 hosts 文件中寻找对应的 IP 地

址，一旦找到，系统会立即打开对应网页，如果没有找到，系统则将网址提交 DNS 服务器进行 IP 地址的解析。

实操练习

登录自己的网上银行，查看近一年来的账号收支记录。现以中职学生资助卡（以下简称中职卡）（见图 4–2–4）为例。

图 4–2–4　中职学生资助卡样例

（1）使用桌面端登录。检查对应计算机运行环境，完成查杀木马及病毒、检测电脑漏洞、安装相关安全控件、设置防火墙等安全防护措施后，登录相应银行网站。如图 4–2–5 所示为中国银行个人客户网上银行登录界面，登录后进行账户交易信息查询即可。

图 4–2–5　中国银行个人客户网上银行登录

（2）使用移动端登录。下载安装手机银行客户端软件（推荐在相应银行官网下载），在检测确认手机运行环境安全可靠后，登录手机银行，查看交易信息。如图 4–2–6 所示为中国银行个人客户手机银行账户查询界面。

图 4-2-6 中国银行个人客户手机银行账户查询界面

案例讨论

人脸信息与指纹、虹膜等一样，已成为身份验证的一种方式。在商场或超市，消费者只需面对 POS 机屏幕，让系统拍照并比对数据库中的面部信息，再关联支付系统确认身份，点击“OK”即可完成交易。在使用网上银行电子支付的人脸识别时，我们需要注意什么？请阅读材料，谈谈你的想法。

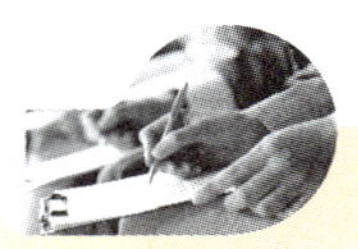

人脸识别漏洞：存款被盗刷，银行被判不担责

2021 年 6 月 19 日，小雪（化名）接到自称是北京市公安局的电话，声称她涉嫌在哈尔滨非法入境和洗钱。她被指示下载特定 App 进行视频验证和屏幕共享，并开启手机拦截功能。随后，她被要求办理 ×× 银行卡，并将所有资金转入以“核实个人资产”。小雪在 ×× 银行办理了新卡并转入了近 50 万元资金。她还被要求用尽贷款额度，但她并未照做。

小雪称，在此期间，她没有下载手机银行 App，也未操作过人脸识别和输入密码。然而，随后她发现账上近 50 万元资金被转走。为此，她起诉了涉事的 ×× 银行。

案件调查过程中，警方发现密码重置和大额转账的 IP 地址来自中国台湾，使用了短信和人脸识别验证。但小雪当天在北京，银行系统却多次通过非真实的人脸识别。骗子利用拦截的短信验证码和假人脸识别完成了整个诈骗过程。然而，一审法院认为小雪自己下载 App、开启拦截等导致信息泄露，判决银行不承担责任。小雪坚称银行人脸识别存在漏洞，导致资金被骗，计划继续上诉。

案例分析：

该案例可能涉及“人脸识别漏洞”的情况。近年来，人脸识别技术的风险主要有两个方面，包括因人脸识别技术本身的不完善导致识别假人脸的情况，以及人脸识别数据泄露风险。

民警提示：

在这个信息易泄露的时代，人脸信息也可能成为商品被买卖。央视报道称，许多照片等人脸信息被私下交易，价格低廉。这些信息可能来自朋友圈、算命游戏或某些过度获取信息的 App。单独的人脸照片或许威胁不大，但结合其他泄露的个人信息，如身份证号和手机号，就会构成更大的信息安全风险。因为通过技术手段，人脸照片可以实现简单动作，这样更易被滥用。

1. 什么是网上银行，它有哪些优势？
2. 网上银行有哪些安全风险？
3. 防范网上银行风险的安全措施有哪些？

思考与练习

学习单元 3　第三方支付平台的使用与安全

学习目标

知识目标

1. 了解第三方支付平台的运行模式和优势。
2. 熟悉常见的第三方支付产品。
3. 熟悉第三方支付平台面临的安全风险及其防范措施。

技能目标

1. 能够进行第三方支付产品的注册、使用和安全设置。
2. 能够对第三方支付产品具备安全风险意识。

相关知识

第三方支付平台是指与银行（通常是多家银行）签约，并具备一定实力和信誉保障，提供交易支付的平台。它是买卖双方在交易过程中的资金“中间平台”，是在银行监管下保障交易双方利益的独立机构。

一、第三方支付概述

1. 第三方支付平台的运行模式

第三方支付使商家看不到消费者的信用卡信息，同时又避免了信用卡信息在网络多次公开传输而导致的信用卡被窃事件。第三方支付平台一般的运行模式为：

（1）消费者在电子商务网站选购商品，最后决定购买，买卖双方在网上达成交易意向。

（2）消费者选择利用第三方支付平台作为交易中介，用借记卡或信用卡将货款划

到第三方账户，并设定发货期限。

（3）第三方支付平台通知商家，消费者的货款已到账，要求商家在规定时间内发货。

（4）商家收到消费者已付款的通知后按订单发货，并在网站上做相应记录，消费者可在网站上查看所购买商品的状态。如果商家没有发货，则第三方支付平台会通知消费者交易失败，并询问是将货款划回其账户还是暂存在支付平台。

（5）消费者收到商品并确认满意后通知第三方支付平台。如果消费者对商品不满意，或认为与商家承诺有出入，可通知第三方支付平台拒付货款并将商品退回商家。

（6）消费者对商品满意，第三方支付平台将货款划入商家账户，交易完成；消费者对商品不满意，第三方支付平台确认商家收到退货后，将该商品货款划回消费者账户或暂存在第三方账户中，等待消费者下一次交易支付时使用。

2. 第三方支付平台的优势

（1）促成商家和银行的合作

第三方支付平台作为中介方，可以促成商家和银行的合作。商家利用第三方支付平台可以降低企业运营成本；银行可以直接利用第三方支付平台的服务系统提供服务，节省网关开发成本。

（2）有助于打破银行卡壁垒

第三方支付服务系统有助于打破银行卡壁垒。每个银行都有自己的银行卡，这些自成体系的银行卡分别与网站推出在线支付业务，客观上造成消费者要想在不同网站完成网上购物，就必须拥有多家银行卡；同时，电子商务网站也必须装有各个银行的认证软件。这样就会制约网上支付业务的发展，而第三方支付服务系统可以很好地解决这个问题。

（3）提供增值服务

第三方支付平台能够提供增值服务，帮助商家网站解决实时交易查询和交易系统分析，提供方便快捷的退款服务和支付服务。

（4）防止出现抵赖行为

第三方支付平台可以对交易双方的交易进行详细记录，从而防止交易双方在交易过程中出现可能的抵赖行为，并为后续交易中可能出现的纠纷问题提供相应的证据。

3. 第三方支付产品简介

（1）财付通

财付通是腾讯集团旗下的第三方支付平台，它不仅为个人用户提供支付服务，还为企业用户提供专业资金收付解决方案。

财付通业务覆盖 B2B、B2C 和 C2C 各领域，提供网上支付及清算服务。针对个人用户，财付通提供包括在线充值、提现、支付、交易管理等功能；针对企业用户，财付通提供支付清算服务和 QQ 营销资源支持。除了传统的网上支付业务，财付通还提供信用卡还款业务、“财付券”服务、生活缴费业务、影视博览、游戏充值、话费充值等特色服务。

2013 年 8 月 5 日，财付通与微信合作推出微信支付。微信支付是集成在微信客户端的支付功能，用户可以通过手机完成快速的支付流程。微信支付以绑定银行卡的快捷支付为基础。用户可在微信支付内绑定银行卡开通快捷支付，绑定成功后无须登录网上银行即可轻松完成付款，减少跳转银行支付的烦琐及泄露银行卡密码的担忧。同时，用户可以通过微信支付查询交易记录，微信支付查询路径为：“微信”—“我”—“服务”—“钱包”—“账单”。

（2）支付宝

支付宝（中国）网络技术有限公司是国内最大的独立第三方支付平台，由阿里巴巴集团创办。支付宝从 2004 年建立开始，与国内外 180 多家银行以及 Visa、MasterCard 国际组织等机构建立战略合作关系。

支付宝主要提供支付及理财服务，包括网购担保交易、网络支付转账、信用卡还款、手机充值、水电煤缴费、个人理财等多个领域。支付宝在进入移动支付领域后，为零售百货、电影院线、连锁商超和出租车等多个行业提供服务，还推出了余额宝等理财服务。

使用支付宝支付服务需要先注册一个支付宝账户，支付宝账户分为“个人账户”和“企业账户”两类。注册方式有两种：一是通过支付宝官方网站进行注册，如图 4-3-1 所示；二是通过手机端下载支付宝客户端软件完成注册。

用户使用支付服务需要实名认证，这是央行等监管机构提出的要求，实名认证之后可以享受更多的支付服务，更重要的是有助于提升账户的安全性。支付宝的支付方式有多种，如图 4-3-2 所示，用户可以根据需要进行设置。

（3）银联在线

银联电子支付服务有限公司是中国银联控股的银行卡专业化服务公司，拥有面向全国的统一支付平台，主要从事以互联网等新兴渠道为基础的网上支付、企业 B2B 账户支付、电话支付、网上跨行转账、网上基金交易、企业公对私资金代付、自助终端支付等银行卡网上支付及增值业务。

中国银联处于我国银行卡产业的核心和枢纽地位，对我国银行卡产业发展起着基础性作用。各银行通过中国银联跨行交易清算系统，实现系统间的互联互通，从而使银行卡得以跨银行、跨地区和跨境使用。

先注册 拥有专属于你的支付宝账户

注册支付宝账户

你需要准备：

账户名
常用的手机号码或电子邮箱

+

手机
接收校验码短信

+

身份证件
身份证、护照或港澳通行证

免费！立即注册！　看演示 ▸

已是淘宝会员？

支付宝账户名＝注册淘宝时填写的手机号码或电子邮箱　　支付宝登录密码、支付密码＝注册淘宝时设置的淘宝登录密码

你需要准备：

手机
接收校验码短信

+

身份证件
身份证、护照或港澳通行证

图 4-3-1　支付宝账户注册说明

懂支付 挑选最适合你的付款方式

慵懒型 没有网银 也懒的绑银行卡

找人代付
挑选你喜爱的宝贝，让他帮你买单！
看演示 ▸

货到付款
验货满意后，再付钱。带有标志的商品支持货到付款。
看演示 ▸

效率型 有银行卡 追求一劳永逸

快捷支付
72小时赔付，资金有保证。一次绑定银行卡，后续不再输入银行卡号，就能轻松用银行卡付钱。
免费！开通快捷支付　看演示 ▸

传统型 喜欢经典的支付方式

网银支付
支付时，跳转到银行页面。
但每次都要输入银行卡信息。

余额支付
使用支付宝账户余额付款，需要先给支付宝账户充值。
如何充值？　看演示 ▸

我还想更加详细的了解支付宝的9种付款方式

图 4-3-2　支付宝关于付款方式的说明

银联在线就是中国银联为满足各方网上支付需求而开发的银行卡网上交易转接清算平台，也是我国首个具有金融级预授权担保交易功能、全面支持所有类型银联卡的集成化、综合性网上支付平台。使用银联在线，用户购买商品时无须开通网上银行，只需提供银行卡卡号、户名、手机号码等信息，银行验证手机号码正确性后，第三方支付发送手机动态口令到用户手机号上，用户输入正确的手机动态口令，即可完成支付。

二、第三方支付平台面临的安全风险

1. 网络安全风险

第三方支付平台的业务及风险控制工作均由计算机程序和软件系统完成，故网上支付系统的安全是第三方支付平台面临的重要风险。虽然目前网上银行和第三方支付平台都设计有多层安全系统，并不断开发和应用具有更高安全性的技术方案，以保护支付平台的平稳运行，但是从总体来说，其安全系统仍然是第三方支付业务中最为薄弱的环节。

网络安全风险主要体现在三个方面：一是数据传输过程中可能遭到攻击，威胁用户资金安全；二是网上支付系统本身存在的安全设计上的缺陷可能被黑客利用，危害整个系统的安全，造成重大损失；三是计算机病毒可能突破网络防范，入侵网上支付的主机系统，造成数据丢失等严重后果。

2. 金融风险

（1）沉淀资金风险

在交易过程中，当消费者把资金转到第三方支付平台的账户，此时第三方对资金进行保管，消费者仍然拥有资金的所有权。当消费者收到商品，确认付款后资金所有权转到商家。第三方支付中一般规定只有当消费者收到商品并做出反馈后，系统才能把货款划到商家账户，这就形成了在途资金。与银行系统运营过程中产生的在途资金相比，第三方支付中的在途资金沉淀时间更长，加上买卖双方暂存在支付平台账户内的资金，随着用户数量的增长，资金沉淀量会非常巨大。如果第三方支付企业出于逐利的需要，将此在途资金用作风险投资，一旦投资失败，投资无法收回，则第三方支付将会遭受重大流动性风险。

（2）洗钱风险

洗钱是指将毒品犯罪、黑社会性质的组织犯罪、恐怖活动犯罪、走私犯罪或者其他犯罪的违法所得及其产生的收益，通过各种手段掩饰、隐瞒其来源和性质，使其在形式上合法化的行为。

第三方支付平台出现后，反洗钱工作又面临新的挑战。

1）网络交易更具隐蔽性。网络交易的多个环节都可以被利用来转移“黑钱”，并且速度快，瞬间即可到账，监管机构难以掌握全部环节。

2）网络交易在一定程度上脱离了传统监管部门的监管。第三方支付平台将款项在银行之间的流动割裂开来，监管机构难以像追踪银行款项流动一样，追踪第三方支付平台款项的流动。

3）网络交易真假难辨，增加监管机构监测的难度。网络交易具有一定的虚拟性，从外部来看，很难识别是否真的进行了交易，从而影响监管机构对可疑交易的判断。央行在《非金融机构支付服务管理办法》中规定：支付机构应当遵守反洗钱的有关规定，履行反洗钱的义务。

（3）套现风险

通过第三方支付平台进行套现，是指持卡人通过互联网进行虚假交易，利用第三方支付平台套取信用额度并获得现金的行为。采取这种方式，持卡人可以长期套取银行的资金，实现无息用款，而第三方支付平台则仅仅是被动地充当中介的作用。信用卡套现是一项央行严厉打击的非法行为。

三、第三方支付平台安全风险的防范

由于第三方支付平台具有信息化、国际化、网络化等特点，电子支付所面临的风险扩散更快、危害性更大。一旦第三方支付机构出现金融风险，很容易通过网络迅速在整个金融体系中引起连锁反应，引发全局性、系统性的金融风险。因此，必须采取措施对第三方支付金融风险加强防范，促进第三方支付的健康发展。

1. 加强宏观监管

宏观监管在于从宏观层面对第三方支付进行规范，促进第三方支付持续、健康、协调发展，防止第三方支付引起的混乱和风险。第三方支付作为营利性组织，经营过程必然存在风险，且由于其涉及资金流通，因此存在着严重的外部负效应，需对其进行监管和经营约束。根据现有法律法规，监督管理第三方支付机构的部门主要有中国人民银行、市场监督管理部门、信息产业管理部门及税务机关等。其中，中国人民银行是第三方支付平台的主要监管者，其对第三方支付机构的业务准入、交易行为、经营行为等方面实施监管，支付机构和备付金存管银行应分别按规定向中国人民银行报送备付金存管协议、备付金专用存款账户及客户备付金的存管或使用情况等信息资料。中国人民银行将依法对支付机构的客户备付金专用存款账户及相关账户等进行现场检查。中国人民银行委托商业银行代其监管，对第三方支付公司开立在银行的支付结算专户进行监管。商业银行必须认真执行托管方的指令，严格履行相关监管规定，监控专户的资金流动情况，确保资金的合法使用。

2. 完善法律法规并强化执行

尽管中国人民银行已颁布了《非金融机构支付服务管理办法》《支付机构互联网支付业务风险防范指引》《支付机构互联网支付业务管理办法（征求意见稿）》和《支付清算组织管理办法（征求意见稿）》，对第三方支付的申请与许可、监督与管理、罚则等进行了规定，但由于第三方支付涉及的部门多、牵涉的情况复杂、面临的问题多，相关的法律法规尚未完全建立起来，所以，相关部门要适应第三方支付新的发展形势，加快法律法规制定的步伐，尽快建立适应我国国情的第三方支付监管法律体系。同时，要加强对现有法律法规的执行力度，加大对违法违纪支付行为的惩处力度，使现有的监管措施能够落到实处。

3. 建立健全市场准入制度和退出机制

根据《非金融机构支付服务管理办法》和《非金融机构支付服务管理办法实施细则》的规定，我国对第三方支付采取许可制度，对取得支付许可证的条件做出了具体规定，提出了注册资本最低限额、管理人员、设施、风险管理措施等方面的具体要求。要加大对现有支付业务许可条件的执行力度，同时，需要建立健全市场退出制度。对于不符合支付业务许可条件或是已拿到支付业务许可证后由于条件变化而不再具备条件的企业，要采取摘牌、收购或兼并等措施，使其退出第三方支付市场。

实操练习

注册登录支付宝账户，设置账户的安全性，了解第三方支付的基本工作原理、安全保障和操作流程等内容，增强在电子商务支付中的安全意识。

（1）注册支付宝账户。打开支付宝首页，在网页中可以看到登录等选项，单击其中的“注册”按钮，在弹出的窗口中选择适合自己的方式进行注册，如图 4-3-3 所示。注册完成后，使用自己的支付宝账户登录。

（2）查看交易记录及银行卡绑定情况。登录支付宝账户后，如图 4-3-4 所示，在“账号余额”栏单击“查看”，可以在随后的页面查询账户交易明细；单击“银行卡”后的“管理”按钮，可以进行快捷支付银行卡的绑定，并查看已绑定的银行卡情况。

（3）账号安全设置。当需要为自己的支付宝账户配置安全保障措施时，在图 4-3-4 所示界面中选择“安全中心”，跳转到支付宝安全中心界面，如图 4-3-5 所示，此时可以为自己的支付宝账户选择尽可能全面的安全防护，如对登录密码、支付密码、安全保护问题、设备锁、手机绑定等进行设置。

（4）使用支付宝，体验其支付流程。

图 4-3-3　支付宝注册页面

图 4-3-4　“我的支付宝”界面

图 4-3-5　支付宝安全中心界面

案例讨论

如今第三方支付的使用人群非常广泛，人们出门只要带手机，逛街吃饭就可以一键搞定。然而，科技总是存在漏洞的。有的人恰好钻了高科技的空子，利用不法手段从他人处盗取钱财。请阅读上海市静安区人民法院发布的支付宝实施盗窃案件的相关案例，谈谈使用支付宝等第三方支付时应注意哪些安全问题。

近日，上海市静安区人民法院发布三起利用第三方支付平台实施盗窃的案件。被害人均是在不知情的情况下，损失甚至多达数万元。

案例一：红包自发自收，盗窃 4 万余元

华子和祥祥是室友。一天夜里，祥祥偶然拿到华子未设置密码的手机，进入了某第三方支付平台，并发现可通过免密支付发红包。他于是从 10 元开始，

逐渐尝试至最高限额 200 元，总共发了 200 多个红包，转走了华子 4 万余元。第二天早上，祥祥办了新银行卡，提现后逃往深圳。几天后，华子发现账户余额减少，查看账单才知被祥祥转走钱款。联系不上祥祥后，华子报了警。

案例二：盗用他人信息，盗走卡内 1 万余元

君君在 1 月 19 日早上收到三条银行短信，发现前一晚自己的银行卡被盗刷了 1 万余元。经调查，发现银行卡被绑定到了一个她不知情的某第三方支付平台账号，预留电话是室友小张的。原来，小张利用君君的身份证信息注册了该第三方支付平台账号，并通过骗取君君的银行卡号和验证码，成功绑定了君君的银行卡，盗刷了 1 万余元。

案例三：用偷来的手机盗刷，失主损失数千元

小陈在公交车上盗窃了一部手机，同住的小董发现该手机无须密码即可使用，于是利用该手机的某第三方支付平台二维码在超市进行了无密码支付，盗刷了 1 966.3 元。之后，小陈又盗窃了两部手机，小董以同样的方式盗刷了 2 600 元和 2 200 多元。

法官提示：

第三方支付平台虽然方便，但毕竟不能完完全全识别自己真正的“主人”。在使用第三方支付平台时，最好关闭小额免密功能，并设置复杂不易破解的密码，同时对于异地登录等异常情况提高警惕。另外，身份证、银行卡号、短信验证码这些信息和第三方支付平台账户安全密切相关，一定要小心谨慎。

思考与练习

1. 第三方支付平台的运行模式是什么？
2. 第三方支付平台的优势有哪些？
3. 第三方支付平台面临哪些安全风险？

模块五 电子商务安全管理

导语

猎网平台（北京市公安局网络安全总队与360互联网安全中心共同发起组建的市民举报网络诈骗平台）基于2019年收到的近两万条有效诈骗举报，从网络诈骗大数据趋势、受害者画像、网络诈骗典型案例等维度，揭示了金融诈骗、交友诈骗、兼职诈骗等典型网络诈骗的六大变种、十大话术和五大防范锦囊。

金融诈骗堪称2019年度的诈骗之王。投资、贷款类金融诈骗是金融诈骗的两大类型，骗子打着“区块链”“数字货币”“比特币”“挖矿”的旗号行骗。俗称“杀猪盘”的交友诈骗也是近年来高发的网络诈骗。交友转账类诈骗最为高发，骗子会以各种理由骗取“车票钱”“手术费”“红包”等。在兼职诈骗中，刷单诈骗是最高发的类型，占比超七成。这类伴随着电子商务兴起的诈骗，经久不衰，且人均损失过万，远超其他兼职诈骗。

猎网平台上的案例是电子商务时代众多网络犯罪案件的缩影，凸显着目前严峻的电子商务安全局势。电子商务时代的安全问题涉及方方面面，如知识产权、信用体制等，我国正尝试完善这些方面的立法，并积极探索电子商务管理方面的先进经验，推动国内电子商务安全管理工作高质量发展。

学习单元1　电子商务安全法律法规

学习目标

知识目标

1. 了解电子商务网络安全相关的法律法规。

2. 了解电子商务信息安全相关的法律法规。
3. 了解电子商务交易安全相关的法律法规。
4. 熟悉电子商务法的要求。

● 技能目标

能够对电子商务运营中的法律风险问题进行分析。

相关知识

电子商务涉及的法律法规问题非常广泛，如税法、知识产权法、银行法、票据法、海关法、广告法、消费者权益保护法及刑法等，这些都是促进电子商务健康发展的关键依据。可以说，电子商务法律体系建立和完善的过程，将会是法律体系全面深刻变革的过程。

当前，电子商务安全法律法规需要解决的主要问题包括网络安全、信息安全、交易安全等几个方面。

一、电子商务网络安全的法律法规

1. 网络安全专用产品安全技术要求

为加强网络安全专用产品安全管理，推动安全认证和安全检测结果互认，避免重复认证、检测，自 2023 年 7 月 1 日起，列入《网络关键设备和网络安全专用产品目录》的网络安全专用产品应当按照《信息安全技术　网络安全专用产品安全技术要求》等相关国家标准的强制性要求，由具备资格的机构安全认证合格或者安全检测符合要求后，方可销售或者提供。

2023 年 7 月，国家互联网信息办公室会同工业和信息化部、公安部、国家认证认可监督管理委员会等部门更新了《网络关键设备和网络安全专用产品目录》，明确了路由器、交换机、服务器（机架式）和可编程逻辑控制器（PLC 设备）等四类网络关键设备，见表 5-1-1，以及数据备份与恢复产品、防火墙、入侵检测系统（IDS）、入侵防御系统（IPS）、网络和终端隔离产品、反垃圾邮件产品、网络安全审计产品、网络脆弱性扫描产品、安全数据库系统、网站数据恢复产品、虚拟专用网产品、防病毒网关、统一威胁管理产品（UTM）、病毒防治产品、安全操作系统、安全网络存储、公钥基础设施、网络安全态势感知产品、信息系统安全管理平台、网络型流量控制产品、负载均衡产品、信息过滤产品、抗拒绝服务攻击产品、终端接入控制产品、USB 移动存储介质管理系统、文件加密产品、数据泄露防护产品、数据销毁软件产品、安全配置检查产品、运维安全管理产品、日志分析产品、身份鉴别产品、终端安全监测产品、电子文档安全管理产品等三十四类网络安全专用产品。

表 5-1-1　四类网络关键设备

设备类别	范围
路由器	整系统吞吐量（双向）≥12 Tbit/s 整系统路由表容量≥55 万条
交换机	整系统吞吐量（双向）≥30 Tbit/s 整系统包转发率≥10×10^9 包/s
服务器（机架式）	CPU 数量≥8 个 单 CPU 内核数≥14 个 内存容量≥256 GB
可编程逻辑控制器（PLC 设备）	控制器指令执行时间≤0.08 μs

2. 国际互联网出入信道的管理制度

《中华人民共和国计算机信息网络国际联网管理暂行规定》规定："计算机信息网络直接进行国际联网，必须使用邮电部国家公用电信网提供的国际出入口信道。任何单位和个人不得自行建立或者使用其他信道进行国际联网。"除国际通信业务出入口局作为国家总关口外，工业和信息化部还将中国公用计算机互联网划分为全国骨干网和各省、自治区、直辖市接入网进行分层管理，以便对入网信息进行有效的过滤、隔离和检测。

3. 市场准入制度

《中华人民共和国计算机信息网络国际联网管理暂行规定》规定了"从事国际联网经营活动的和从事非经营活动的接入单位必须具备下列条件：（一）是依法设立的企业法人或者事业法人；（二）具备相应的计算机信息网络、装备以及相应的技术人员和管理人员；（三）具有健全的安全保密管理制度和技术保护措施；（四）符合法律和国务院规定的其他条件"。

4. 计算机病毒防治管理办法

《计算机病毒防治管理办法》规定："任何单位和个人不得有下列传播计算机病毒的行为：（一）故意输入计算机病毒，危害计算机信息系统安全；（二）向他人提供含有计算机病毒的文件、软件、媒体；（三）销售、出租、附赠含有计算机病毒的媒体；（四）其他传播计算机病毒的行为。"

该办法还规定："计算机信息系统的使用单位在计算机病毒防治工作中应当履行下

列职责：（一）建立本单位的计算机病毒防治管理制度；（二）采取计算机病毒安全技术防治措施；（三）对本单位计算机信息系统使用人员进行计算机病毒防治教育和培训；（四）及时检测、清除计算机信息系统中的计算机病毒，并备有检测、清除的记录；（五）使用具有计算机信息系统安全专用产品销售许可证的计算机病毒防治产品；（六）对因计算机病毒引起的计算机信息系统瘫痪、程序和数据严重破坏等重大事故及时向公安机关报告，并保护现场。"

二、电子商务信息安全的法律法规

利用互联网开展电子商务活动，在服务、成本等方面有很多优点。但由于互联网技术本身的特点，导致其在信息安全方面存在很大的风险，欺骗、窃听、病毒和非法入侵都威胁着电子商务信息安全，特别是网上支付和网上银行对信息安全的要求更为突出。

目前我国对网络信息资源的管理制度主要有两种类型：分级制度和电子商务安全认证制度。分级制度是针对所有网络上的信息，而电子商务安全认证制度则在电子商务方面更有针对性。

1. 信息系统安全等级保护制度

根据《信息安全技术　网络安全等级保护基本要求》（GB/T 22239—2019）、《信息安全技术　网络安全等级保护测评要求》（GB/T 28448—2019）等标准的描述，等级保护的对象是信息和信息载体，主要包括基础信息网络、云计算、物联网、移动互联网、大数据应用等。按照这些等级保护对象的重要程度，以及一旦遭到破坏的危害程度等因素，将等级保护对象的安全保护等级分为五级，不同级别的等级保护对象要求具备不同的安全保护能力，其中第一至第四级安全保护能力要求见表 5-1-2。

表 5-1-2　等级保护第一至第四级的安全保护能力要求

级别	安全保护能力要求				
	人员威胁	自然威胁	需恢复的损害对象	安全预警能力	恢复能力
第一级	来自个人、拥有很少资源的威胁源	一般的自然灾害以及其他相当危害程度的威胁	关键资源	—	能够恢复部分功能
第二级	来自外部小型组织的、拥有少量资源的威胁源	一般自然灾害以及其他相当危害程度的威胁	重要资源	发现重要的安全漏洞和处理安全事件	一段时间内恢复部分功能

续表

级别	安全保护能力要求				
	人员威胁	自然威胁	需恢复的损害对象	安全预警能力	恢复能力
第三级	来自外部有组织的团体、拥有较为丰富资源的威胁源	较为严重的自然灾害以及其他相当危害程度的威胁	主要资源	及时发现、监测攻击行为和处置安全事件	较快恢复绝大部分功能
第四级	来自国家级别的、敌对组织的、拥有丰富资源的威胁源	严重的自然灾害以及其他相当危害程度的威胁	所有资源	及时发现、监测发现攻击行为和安全事件	迅速恢复所有功能

常见的第二级安全保护能力系统一般是企业的展示网站，没有交易行为、没有隐私信息、没有用户信息等，一旦受到恶意攻击，只会影响企业本身。第三级安全保护能力系统一般涉及电子商务网站、物流平台、货运网站、政府单位系统等的交易信息、用户信息、隐私信息等，一旦受到攻击，将对社会和国家产生一定的影响。因此，涉及用户信息安全、企业安全、国家机密、公民信息和资金安全的系统，只有通过信息安全等级保护测评才能上线。

对于已运营（运行）的第二级安全保护能力及以上电子商务系统，应当在安全保护等级确定后，由其运营、使用单位到所在地设区的市级以上公安机关办理备案手续。对于新建第二级安全保护能力及以上电子商务系统，应由其运营、使用单位到所在地设区的市级以上公安机关办理备案手续。隶属于中央的在京单位，其跨省或者全国统一联网运行并由主管部门统一定级的信息系统，由主管部门向公安部办理备案手续；跨省或者全国统一联网运行的信息系统在各地运行、应用的分支系统，应向当地设区的市级以上公安机关备案。

2. 电子商务信息安全相关法律法规

目前我国出台的电子商务信息安全的相关法律规范有《中华人民共和国个人信息保护法》《中华人民共和国数据安全法》《中华人民共和国网络安全法》《中华人民共和国计算机信息系统安全保护条例》《计算机信息网络国际联网安全保护管理办法》《计算机信息系统国际联网保密管理规定》《互联网电子公告服务管理规定》《互联网信息服务管理办法》等。

三、电子商务交易安全的法律法规

1. 电子商务交易的签证授权

2005 年 4 月 1 日我国出台了《中华人民共和国电子签名法》，承认了电子签名的法律效力，其被认为是我国第一部真正意义上的电子商务法。

需要注意的是，从概念上说，电子签名与数字签名是不同的。数字签名的概念来源于科学技术领域，特指利用公钥密码技术而实现的对数据的鉴别。而电子签名是法律上根据签名的基本功能而定义的。电子签名与数字签名的关系是：电子签名是法律上为了追求技术中立性而泛化的概念，数字签名是电子签名的一种特定实现形式。

2. 电子商务交易安全的投诉处理机制

中国消费者协会以“全国消费者协会投诉与咨询信息系统”为依托建立了“电商消费维权绿色通道（直通车）平台”，加入该平台的有淘宝网、京东商城、苏宁易购、唯品会、1 号店、聚美优品、国美在线、携程、去哪儿、优酷土豆、风行网、美团、大众点评、饿了么、网易考拉海购、滴滴、优信二手车、中国移动、人人车、58 同城、途虎养车等电子商务企业。全国各级消费者协会在接到消费者投诉后将投诉信息录入系统，加入系统的电子商务企业会在七个工作日内进行处理。

3. 电子商务交易安全的法律规范

电子商务交易安全的法律保障问题涉及两个基本方面：第一，电子商务交易首先是一种商品交易，其安全问题应当通过民商法和电子商务法律法规加以保护；第二，电子商务交易是通过计算机及其网络实现的，其安全与计算机及其网络自身的安全程度有关，其安全问题可以通过网络信息安全法律法规加以保护。

2018 年制定的《中华人民共和国电子商务法》（以下简称《电子商务法》），就是我国建构与互联网时代的社会经济生活相适应的法律体系的重要法律，该法的制定对我国电子商务的健康可持续发展将会产生深远的影响。《电子商务法》的重要任务之一就是针对新型的市场主体——电子商务平台经营者来建章立制，并用了接近一半的条文，对平台的法律地位、权利、义务与责任做出详尽规定。

四、电子商务法

《电子商务法》对电子商务经营者、电子商务合同的订立与履行、电子商务争议解决、电子商务促进和法律责任等方面做了规定，明确规定了电子商务各方主体的合法权益，规范了电子商务行为，为网购消费者撑起了法律的“保护伞”，是电子商务领域的一部基础性法律。《电子商务法》的亮点主要有以下几方面：

1. 将微商、代购、网络直播纳入范畴

从平台购物到朋友圈购物，再到直播购物，消费者的网购渠道越来越多。《电子商务法》明确将微商、代购、网络直播纳入电子商务经营者范畴，明确其受该法制约。

2. 电子商务平台不得删除消费者评价

很多消费者明明购买了质量有问题的产品，真实的评价却在评论区“消失”了。这种情况今后将会改善，电子商务法明确不得删除评价。

3. 制约大数据杀熟

互联网的计算能力强大，它可以根据不同人的购买喜好、习惯，做出“千人千面”的页面。《电子商务法》实施后，电子商务平台理应推出允许用户关闭“个性化推荐”的选项。

4. 禁止“默认勾选”，应显著提示搭售

默认同意获取个人信息、买机票搭“专车”接送等，这样的消费场景曾无数次上演。这些互联网平台的猫腻——“默认勾选”将成为历史，消费页面应让消费者知情，并主动勾选“同意”。

5. 押金退还不得设置不合理条件

《电子商务法》规定经营者要明示押金退还方式和程序，不得设置不合理条件，符合规定的押金退还要及时。今后，押金退还的程序会更加明确，消费者的权益会得到更好的保障。

6. 规范电子商务合同的订立与履行中的难点问题

《电子商务法》规范了各类合同订立与履行的难点问题，包括快递、支付等各个环节都有相应的规范。

7. 平台不能强制商家“二选一”

为了在电子商务促销季里获得更大的流量，有平台会对商家强制“二选一”。在《电子商务法》中，这一行为被明确禁止。

8. 平台经营者自营应设显著标识

在电子商务平台上，消费者经常会看到“自营”的标识。今后，这些标识必须更加明显。

9. 强化经营者举证责任

消费者和商家出现消费纷争，平台应积极配合消费者举证，提供必要的便利来维护消费者权益。《电子商务法》要求平台经营者完整保留交易数据信息，帮助还原事情

的真相。

10. 平台经营者应依法担责

平台经营者建构一个网络交易空间，让其他经营者入驻，成为平台内经营者，并且独立开展交易活动。针对这一特点，《电子商务法》要求平台经营者把好入门关，对进入平台开展经营活动的主体的真实身份信息进行核验登记，建立登记档案并且定期核验更新。这一规定的目的在于保护消费者以及与平台内经营者发生交易的相对人。如果因为平台经营者没有把好入门关，导致消费者遭受平台内经营者的侵害，却无法得知其身份，获得其有效联系方式，那么平台经营者应当承担责任。

此外，《电子商务法》要求平台经营者确保平台安全稳定运行，防范网络犯罪活动，有效应对网络安全事件。针对特殊的事件，要建立安全事件应急预案，一旦发生紧急事件要迅速采取措施，并且向有关部门报告。这一要求与平台在社会经济生活中发挥的重要作用相适应，也与《中华人民共和国网络安全法》的规定相联系。

案例讨论

1.“大数据杀熟”是指互联网商家利用大数据技术收集用户信息，通过算法分析处理并形成数据画像，对不同用户采用不同定价的“价格歧视”政策，以此实现自身利益最大化，其本质上是一种侵权行为。请阅读材料，谈谈商家和用户如何避免“大数据杀熟”的问题。

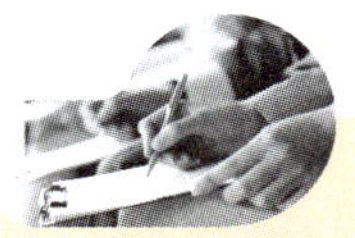

司法裁判向“大数据杀熟”说不

胡女士是××旅行App上享受8.5折优惠价的钻石贵宾客户。2020年7月，胡女士通过该App订购了某酒店的一间豪华湖景大床房，支付2 889元。但离开酒店时，胡女士发现酒店该房间的实际挂牌价仅为1 377.63元。

法院判决××商务有限公司赔偿胡女士共4 777.48元，并判决被告应在其运营的××旅行App中增加不同意其现有“服务协议”和“隐私政策”仍可继续使用的选项，或者为原告修订××旅行App的“服务协议”和“隐私政策”，去除对用户非必要信息采集和使用的相关内容，修订版本需经法院审定同意。此案例再次明确了在线旅游平台信息应对用户透明、公正，并保障用户权益。

市场经济条件下，针对不同消费者给出不同定价较为常见，只要价格公开透明、不属于垄断销售和强买强卖，就应尊重商家的自主经营权。但“杀熟”却有违商业伦理，商家对老顾客提供更加优惠的价格符合商业伦理和经营理念。此外，“杀熟”还可能侵犯消费者的知情权、自主选择权和公平交易权。而“大数据杀熟”之所以能够被认定为虚假宣传和欺诈，就在于网络平台未尽到核实价格并及时向消费者披露的义务，属于蒙蔽消费者行为。

此外，网络平台不得再以格式条款形式暗度陈仓，变相取得消费者同意而收集不必要的信息，进而利用技术手段对消费者“画像”并提供有差别的定价和服务，实施隐蔽而精准的“杀熟”，更不得以不能使用 App 来要挟消费者“勾选”不合理条款。

2. “砍单”一般特指在电子商务平台购物时，已经下单并且完成支付后，突然收到商家的短信或者邮件，告知该笔订单被商家单方面取消并退款的情况。《电子商务法》规定“电子商务经营者不得以格式条款等方式约定消费者支付价款后合同不成立”，但“砍单”问题仍然比较突出。请阅读材料，谈谈商家和用户如何避免“砍单”的问题。

网购时商家“砍单”，消费者如何维权

王女士在 2020 年 4 月网购口罩时遇到商家促销，领券付款后却被告知商品缺货，要求自主退款，她退款后商品仍显示有库存但无优惠。王女士认为商家损害了她的权益，要求按优惠价发货，但商家不同意。王女士向通州区消费者协会求助，消费者协会调查后联系商家，明确告知相关法律和王女士的诉求，最终促使商家按原优惠为王女士发货，并整改系统技术过失。

案例点评：

一、关于商家行为的法律性质、责任及王女士的权利

1. 关于商家行为的法律性质。本案例中的当事人王女士作为消费者，遭遇了网络商家随意“砍单”，商家的这种行为属于违约。“砍单”常见的手法是：消费者抢购优惠商品后，商家以无货为由要求退货；之后商品重新上架但优惠

取消，消费者只能按新价购买。

2. 关于商家的责任。除非当事人另有约定，否则，网络用户在网站上选择特定商品或服务并提交订单时，合同就成立。商家取消订单，属于违约行为，应当承担违约责任。

3. 关于王女士的权利。本案例中，王女士在网站上支付价款成功后，合同即为成立，王女士有权利要求商家履行合同，及时发货。但是商家却以商品缺货、操作失误、系统出错、产品质量、订单异常等理由认为合同不成立，拒绝发货，其行为涉嫌违约，损害了王女士的合法权益。因此，王女士可依法主张自己的权利。

二、网购是否属于买卖合同？其成立时间及效力如何？

1.《中华人民共和国民法典》(以下简称《民法典》)第四百九十一条第二款与《电子商务法》第四十九条第一款的规定基本上是相同的，都是将经营者发布的商品或者服务信息符合要约条件的视为要约，只要消费者提交订单，即视为合同成立。

2. 在信息时代，网络交易日益普遍，电子合同成为重要凭证。《民法典》明确了电子合同的成立时间，解决了此前《中华人民共和国合同法》未具体规定的争议，为网购纠纷提供了法律依据。消费者网购时应留意收集证据，通过向消费者协会投诉或法院起诉来维护权益。

思考与练习

1. 计算机信息系统的使用单位在计算机病毒防治工作中应当履行哪些职责?
2. 涉及电子商务信息安全的法律法规有哪些?
3. 电子签名和数字签名有什么区别?
4.《电子商务法》是电子商务领域的一部基础性法律，它有哪些亮点?

学习单元 2 电子商务安全风险管理

学习目标

- **知识目标**

1. 了解电子商务安全风险的主要特点和危害。
2. 熟悉电子商务安全风险管理流程。
3. 熟悉电子商务安全风险管理的整体策略。

- **技能目标**

1. 能够制定个人信息安全防范预案。
2. 能够对电子商务灰色产业安全风险进行判断。

相关知识

一、电子商务安全风险

1. 电子商务安全风险的定义

广义的电子商务安全风险是指威胁电子商务安全的各类风险，覆盖电子商务的整个流程、全部参与者、各类软件硬件设施、内外部运行环境，包括信息安全风险、操作风险、信用风险、法律风险和政策风险等。狭义的电子商务安全风险则主要关注信息技术和操作层面，主要包括信息安全风险和操作风险，不包括商业活动本身的风险。

专家学者将电子商务产业架构为底层基础和电子商务产业两大部分，其中底层基础又包括电信基础设施、互联网基础设施、互联网软件工具及语言；电子商务产业包括安全、电子支付、金融服务软件和业务商务软件四个基础层次以及上层的商务内容部分，见表 5-2-1。根据其架构也可将电子商务安全风险分解为各个层次部分对应的风险。

2. 电子商务安全风险的主要特点

从事电子商务活动的所有机构、企业以及个人都暴露在安全风险中，都可能在不同程度上遭受网络犯罪的侵害。了解电子商务安全风险的主要特点有助于清楚认识风险形势，提升风险管理水平。

表 5-2-1　电子商务业务架构

<table>
<tr><td rowspan="2">**电子商务产业**</td><td colspan="4">商务内容（包括利用互联网进行销售的所有企业）</td></tr>
<tr><td>安全
（软件、硬件及服务）</td><td>电子支付
（初始化、处理、分析）</td><td>金融服务软件
（电子银行、在线交易、财务管理软件）</td><td>业务商务软件
（连接内部信息系统和互联网）</td></tr>
<tr><td rowspan="3">**底层基础**</td><td colspan="4">互联网软件工具及语言（Java、ActiveX、汇编语言等）</td></tr>
<tr><td colspan="4">互联网基础设施（标准、通信协议、公共互联网交换点等）</td></tr>
<tr><td colspan="4">电信基础设施（电话线、光缆以及无线网络和卫星等）</td></tr>
</table>

现阶段电子商务安全风险的主要特点可以归纳为以下几点。

（1）攻击具有普遍性，风险无处不在

网络黑客无孔不入，出于牟利、破坏、好奇等各种目的对他人的信息资产进行攻击或窃取。无论是政府机构、企业、组织还是个人，无论处在世界的哪个角落，无论自身是否接入网络，都有可能成为网络侵害的对象。

（2）信息和数据成为主要侵害对象

信息和数据的价值已经得到广泛认同，黑客也不例外，企业及个人信息成为网络犯罪的主要攻击和牟利对象。近年来，典型的信息网络侵害就是网络信息绑架和勒索：黑客通过入侵数据库或个人计算机，对数据进行加密，然后勒索数据赎金，企业或个人在急需使用信息数据的情况下通常被迫支付赎金。

（3）安全问题造成的损失日益增大

针对电子商务的网络犯罪手段在不断升级，各种传统诈骗手段配合网络技术、移动技术，使得电子商务安全形势更加复杂，其造成的损失也在逐年攀升。普华永道全球信息安全调查报告显示，在 2015 年俄罗斯遭受的网络攻击数量增加 150%，中国遭受攻击的增幅高达 517%，俄罗斯和中国企业损失的平均值分别增加 47%和 10%，损失平均值分别约为 530 万美元和 260 万美元。这些触目惊心的数据无一不在提醒我们网络安全风险的严峻形势。

3. 电子商务安全风险的主要危害

电子商务安全风险管理的目标就是减少安全危害发生的概率、降低可能的损失，清楚认识电子商务安全风险可能造成的损失是风险管理的重要前提。电子商务安全风险会给企业和个人造成多方面的危害，这些危害大致可分为直接损失和间接损失两大类。

（1）直接损失

电子商务安全风险导致的直接损失是指网络犯罪直接造成的企业有形和无形财产

损失。其中，有形财产损失指因网络攻击导致的网络硬件及设备损坏，无形财产损失包括企业数据信息、商誉、版权等无形财产的损失。

（2）间接损失

电子商务安全风险导致的间接损失主要包括企业业务中断损失、业务恢复投入以及赔偿第三方损失等。

业务中断损失是指企业网络遭受攻击瘫痪导致业务无法正常开展所产生的损失。企业业务中断会导致潜在客户流失，降低企业业务量，减少企业收入。业务中断损失数据通常无法准确衡量，但是可以通过正常访问量或业务量进行大致估算。这里将业务中断所导致的潜在客户永久流失所产生的机会成本也视为业务中断损失。

业务恢复投入是指企业将被破坏的电子商务平台及设施等恢复到正常水平，或修复网络漏洞并恢复正常业务过程中的额外投入。为将业务恢复到正常水平，企业在修复或更换网络设备、更新系统软件等过程中需要投入人力及其他资源。如果没有风险发生，这部分资源本可以投入产生更大价值的其他业务中，所以业务恢复投入也被视同于企业的损失。

赔偿第三方损失是指由于业务中断造成第三方财产损失而导致的赔偿费用。当因电子商务安全问题导致第三方的信息或财产遭受损失时，第三方可能会要求企业进行连带赔偿；部分企业也可能会基于商誉考虑主动减免用户的费用，或根据相关规定进行先赔付。这些都会造成企业事实上的损失。

4. 我国网络安全风险应急响应体系

保障网络安全，促进电子商务有序发展是电子商务安全风险防范中的重中之重。国家计算机网络应急技术处理协调中心（简称国家互联网应急中心，CNCERT），为非政府非营利的网络安全技术中心，是我国网络安全应急体系的核心协调机构。作为国家级应急中心，CNCERT 的主要职责是：按照“积极预防、及时发现、快速响应、力保恢复”的方针，开展互联网网络安全事件的预防、发现、预警和协调处置等工作，维护国家公共互联网安全，保障基础信息网络和重要信息系统的安全运行，减少电子商务运行过程中的互联网安全风险。

二、电子商务安全风险管理流程

威胁和漏洞共同决定了企业所面临的风险的大小，两者的共同作用导致了企业资产损失的可能。信息作为资产是具有一定价值的，而该价值应该受到保护。如果面临的风险发生的概率相同，价值越大的资产其实际风险也就越大，保护的意义就越大。由于风险以及需保护的资产的存在，企业必然会产生一系列的安全需求，而安全措施则是依据安全需求提出的应对方法，这些应对方法会降低风险，使其达到企业可以接

受的水平。

因此，可以大致得出电子商务安全风险管理的一般流程，即风险识别分析、风险评估和风险控制。

1. 风险识别分析阶段

风险识别分析是收集信息，确定电子商务系统的薄弱点和面临的威胁，对可能造成的损失进行评价的过程。该阶段的主要任务是全面评估电子商务的安全现状、要保护的信息及资产等，同时进行基本的安全风险识别和分析。对电子商务安全现状的评估是进行风险管理的基础，要求尽可能地发现潜在的安全风险，收集各种威胁、漏洞、开发和对策的相关信息。对信息和资产的评估是指对可能遭受损失的每一项关键信息和资产进行价值的评估，以便在风险评估中确定适当的保护等级。

（1）风险识别的一般步骤

在风险管理中，识别风险、给出风险的客观评价是至关重要的，是风险控制实施的基础所在。通常，在电子商务安全风险管理中风险识别应遵循以下步骤。

1）信息资产的识别与评估。评估范围内的资产主要包括数据与文档、书面合同、软件资产、人员、服务以及实物资产。列出所有信息资产后，为每项资产赋值。由于实际操作中的困难，一般可采用定性方法建立资产价值的重要程度等级。

2）威胁的识别与评估。对每一项关键信息资产进行威胁识别，继而确定威胁发生的可能性。企业应根据经验或者有关的统计数据来判断威胁发生的频率或者概率。一般威胁发生的可能性采取分级赋值的方法予以确认。

3）薄弱点评估。企业需要保护的信息资产存在可能被威胁利用的薄弱点，即漏洞。企业应针对每一项需要保护的信息资产，找出每一种威胁所能利用的薄弱点，并针对薄弱点的严重性进行评估。企业还应对已有的安全控制的有效性进行确认，确保其持续有效。

在分析系统威胁以及薄弱点的时候，可以分成两个阶段来考虑：一是识别可能发生的威胁和存在的薄弱点；二是分析这些问题可能对组织产生影响的可能性、影响的范围及程度等。

（2）风险识别的常用方法

1）风险分析调查表法。这是风险管理人员及有关专家学者通过对企业可能遭受的风险加以详尽的调查与分析，编制各种调查表供企业参考的一种方法。调查表应尽可能提出比较详尽的问题。

一般来说，这种方法在商业银行及其他的金融服务机构的传统风险管理中比较常用。调查表在设计的时候可以按照资产、威胁或薄弱点分大类，然后在每个大类中提

出一些关键问题，根据最终的调查内容来确定风险状况。

2）事故树分析法。事故树分析法是指对可能引起损失的事故进行研究，并探究其原因和结果的一种方法。事故树分析法可以识别各种促成损失的事故的风险因素，还可以计算事故的概率，是定性和定量相结合的方法，在风险管理中运用很广。

2. 风险评估阶段

风险评估阶段就是确定企业安全需求的过程。企业在经过了风险识别分析之后，应利用适当的风险测量工具或方法确定风险的大小与风险等级，以便正确识别与选择恰当和正确的安全控制方法，从而避免出现投入成本和所保护的信息和资产严重不匹配。

目前，国内已有一些关于信息安全风险评估的研究和应用，如风险评估矩阵与问卷方法、专家系统相结合。此外，网络信息安全风险评估方法常用定量因子分析方法、时间序列模型、决策树方法和回归模型等。信息安全风险评估的技术内容要求比较高，它要求员工具有很高的技术水平。而且信息安全风险评估是一项集综合性、专业性于一体的工作，不仅涉及公司的所有业务信息，也涉及人力、物力和财力的方方面面，因此需要各部门之间相互配合。

3. 风险控制阶段

风险控制阶段的任务是通过实施一系列的安全控制措施使风险降低到企业可以接受的水平。风险控制在满足费用和风险平衡的原则下，可以选择下列途径来实现风险可接受的目的，如避免风险、转移风险、减少威胁、减少薄弱点、减弱威胁可能的影响程度、探测有害事件等。

在经过风险评估后，企业应采用合适的方法进行风险控制。风险控制的选择以风险评估的结果为依据，决定需要保护的资产、采用何种形式保护，从而减少或消除风险损失，达到企业可以接受的风险水平。例如，通过将重要的计算机系统与网络隔绝来避免风险，采用购买商业保险来进行风险的转移，通过购买专业软件并即时升级更新来减弱威胁程度，通过教育培训提高员工的安全意识与安全操作技能以减少薄弱点等。

在传统的金融机构风险管理中，风险控制的基本方法主要包括规避、预防和分散；从财务角度出发的风险控制对策包括风险自留和风险转移。在企业的电子商务安全风险控制中，可以借鉴这些方法。例如，风险转移的实质是通过一定方法将风险从一个主体转移到另一个主体，以减小风险强度。在电子商务安全风险控制中，就可以采用与他人签订外包协议等方式将一部分风险转移出去，减少风险可能造成的损失，将损失控制在企业可接受的范围之内。

三、电子商务安全风险管理的整体策略

电子商务安全风险管理建设实际上是一个系统工程，要综合考虑、整体规划企业电子商务系统的各个安全环节，同时还要充分考虑系统外界环境的变化。如果贸然制定一些控制措施和引入某些技术产品，都难免存在顾此失彼的问题，影响企业的整体安全水平。因此，对于从事电子商务活动的企业来说，制定一套符合自身实际的安全风险管理策略来控制电子商务安全风险至关重要。

1. 安全风险管理策略应遵循的原则

安全风险管理策略是指能够接触企业计算机网络技术和信息的人员必须恪守的一系列规则和条文的明确规定，其对每一个用户、管理员和其他中高层管理者都确定了各自的安全目标，这些目标大多是基于以下因素的权衡：高质量的服务和安全性，易用性和安全性，安全费用和风险损失。

制定安全风险管理策略的主要目的是让用户和管理者牢记自身对保护企业网络技术和信息财产的不可推卸的责任和义务，并为安全问题造成的预期损失制定一个最高限额。一个好的安全策略应该能够通过系统管理程序、制定使用指南或其他适当的方法和途径来实施，能够界定每个用户和管理员的责任区域，能够针对不断变化的计算机网络环境具有较强的灵活性，而且最重要的是策略一旦制定，必须严格贯彻实施。

任何安全管理策略制定的前提都必须满足对法律法规要求的依从、对组织业务要求的依从以及对于经济原则的依从。

安全风险管理策略首先是一个安全管理指导方针，因此必须在制定之初全盘考虑外界环境的各种限制条件。相关法律法规是任何被其管辖范围内的组织都必须遵守的，是其存在和发展的前提，因此必须遵循。而组织业务要求或组织的目标则是一个组织存在和运作的依据，电子商务模式不过是组织为了实现其业务目的而采取的一种手段，因此电子商务安全风险管理归根结底也是为企业的整体目标服务的，所以不能脱离组织的目标而单独考虑安全问题。经济原则是任何以营利为目的的企业必然要遵守的准则，企业非公益组织，必须考虑成本和收益之间的关系，因此安全风险管理也不能无视成本，盲目追求高的安全水平。

2. 安全风险管理策略的总体框架

企业的安全风险管理策略构造如图 5-2-1 所示。对电子商务安全风险控制的部分集中在图中虚线的左侧部分。企业的风险控制不仅应包括传统的风险度量控制，还应整合传统业务和电子商务业务的风险控制管理策略。在虚线左侧，对电子商务安全风险控制的流程中，经过信息安全的风险评估、资产识别和选择、实施控制以降低风险的措施，将风险控制在可接受的范围内，然后进行监控和审计；重要的是把监控和审计所得到的内容作为新一轮风险分析输入，从而开始新一轮的风险管理。同时，这一过程可以借鉴企业在传统风险管理领域中积累的风险度量量化的方法，与传统风险控制衔接，形成一个全面的企业安全风险管理过程。

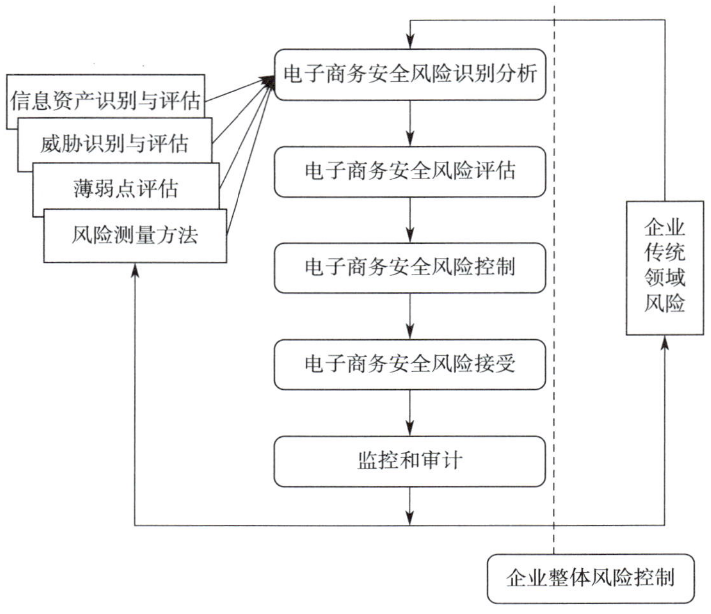

图 5-2-1　企业的安全风险管理策略构造

案例讨论

1. 手机功能日益强大，成为我们生活中不可或缺的智能终端，一旦丢失，可能带来严重的安全风险。请阅读材料后，编制一份手机丢失安全风险防范预案，说一说手机丢失前、后应该怎样做才能有效降低安全风险。

手机丢失产生的危险

1. 身份证信息丢失

用无锁屏密码或无指纹密码的手机拨打电话，可以得知该手机的手机号码；登录网上营业厅，输入手机号码，密码使用随机密码，查看手机短信，即可登

录；点击“修改我的资料”，页面会显示手机主人的全部实名认证信息。

2. 修改手机服务密码

获得手机号码和身份证号码后，可以执行另一个危险的操作——“重置服务密码”。登录网上营业厅，使用“重置服务密码”可将手机的服务密码进行修改。

3. 支付宝和网上银行的安全

通过手机可以重置支付宝密码，如果知道用户的其他银行卡号码，可以通过身份证号码和手机绑定用户的其他银行卡，开通快捷支付，然后进行刷卡消费。假如手机主人银行卡的钱提前转走了，他们还可以利用手机号码和身份证号码注册新的第三方支付平台账号，进行借贷；或利用手机号码和身份证号码进行其他网络借贷。这种非法行为不仅会对受害人的个人财产造成巨大损失，更可能引发一系列连锁反应，如信用记录受损、法律纠纷等。同时，这种行为也会扰乱正常的金融秩序，对社会稳定产生不良影响。

2. 谈起网络灰色产业，最为典型、常见的模式即为“刷单炒信”行为。“刷单炒信”行为通常是指在电子商务平台上，通过虚构交易，营造虚假交易量以及好评、差评等手段炒作商家信用的行为。请阅读材料，说一说电子商务企业如何防范这类风险。

材料 1　“刷单炒信”灰色链，不应该“绑架”买卖

“刷单”自电子商务平台出现以来就持续存在，并逐渐发展成包括写好评、招募下线和“刷单”的一条龙服务，形成了灰色产业链。刷单主要有两种：正向刷单，即商家或雇佣的水军虚假购买并给予好评以提升销量和信誉；反向刷单，则是诽谤对手或制造虚假差评陷害竞争者。早期刷单隐蔽进行，避免消费者和平台察觉，但其欺骗损害消费者权益，破坏行业秩序。然而，逐渐地这种隐秘的行为却在平台上公然出现，侵犯了消费者说真话的权利。

互联网上有很多团伙从事“刷单”和“刷好评”业务，有的在电子商务平台上开网店，有的建立独立网站或任务发布系统。记者咨询了一家声称能“优化店铺排名”的网站，客服表示他们除了能提升好评和销量，还能提高搜索量、访客流量等数据。记者调查发现，商家购买好评已是潜规则，形成了灰色生产链，制造大量虚假好评，给消费者带来困扰。有关部门已开始重视，最高法也公布了相关典型案例。

“刷单”带来的销量增长只是短暂的。若被发现虚假宣传，商家可能面临高达 20 万元至 100 万元的罚款、吊销执照等处罚。在第三方平台，“刷单”还会导致流量减少、排名下降等处罚，严重时可能触犯刑法。整治虚假好评需要商家自律。长期成功依赖于产品质量，短期的数据提升若失去消费者信任，也得不偿失。

材料 2　164 个平台被端，涉及全国 8.4 万余名“刷手”

2022 年 9 月 4 日，黑龙江省鸡西市公安局成功捣毁 164 个“刷单平台”，抓获 46 名主要犯罪嫌疑人，涉及 8.4 万余名“刷手”和 2.2 亿元资金。这些平台以“补单”“兼职”为名，误导消费者，破坏市场秩序，涉嫌非法经营罪。

专案组查明，自 2021 年 8 月起，阳某、陈某等人在多地成立公司，建立这些平台并分包给其他地区公司进行推广。电子商务平台部分商家一方面通过发布“刷单”需求，将本金和佣金充值到平台；另一方面通过广告和链接吸引网民注册成为“刷手”，承接其分配的“刷单”“补单”业务。这些“刷手”帮助商家进行虚假交易和评价，完成后获得佣金和本金。待工作完成后，“刷手”会将截图发回平台，经过审核确认后，平台会向“刷手”支付垫付的本金与报酬佣金。

思考与练习

1. 电子商务风险的主要特点有哪些?
2. 简述电子商务安全风险管理流程。
3. 简述电子商务安全风险管理的整体策略。

学习单元 3　电子商务安全管理制度

学习目标

知识目标

1. 了解网络系统日常维护的主要内容。
2. 了解病毒防范制度的主要内容。
3. 了解人员管理制度的主要内容。
4. 了解保密制度的主要内容。
5. 了解跟踪、审计、稽核制度的主要内容。
6. 了解应急措施制度的主要内容。

技能目标

能够从安全管理的角度出发编制简单的应急预案。

相关知识

电子商务往往会遭受多方面的攻击，对于这些攻击，仅靠技术手段肯定是无法完全防范的，所以建立电子商务安全管理制度十分重要。

企业在开展电子商务之初，就应当形成一套完整的、适应网络环境的信息安全管理制度。这些制度应当包括网络系统日常维护制度，病毒防范制度，人员管理制度，保密制度，跟踪、审计、稽核制度，应急措施制度等。

一、网络系统日常维护制度

1. 硬件的日常管理和维护

企业建设自己的局域网络或内部网络参与电子商务活动，其局域网络的日常管理和维护就十分重要了，特别是那些运行关键信息的局域网络，如银行、邮电、税务等。

网络管理员必须建立系统设备档案，记录设备型号、生产厂家、配置参数、安装时间、安装地点、上网目录和内容。对于服务器和客户机等，还应记录其内存、硬盘容量和型号、终端型号及数量、操作系统名、数据库名等。

（1）网络设备

对于网络设备来说，有网管软件的应及时安装网管软件。这些软件可以做到对网络拓扑结构的自动识别、显示和管理，网络系统节点的配置和管理，系统故障的诊断、显示及通告，网络流量与业态的监控、统计与分析，还可以进行网络性能调优、负载平衡等。对于无网管软件的设备，应通过手工操作来检查状态，做到定期检查与随机抽查相结合，以便及时准确地掌握网络的运行状况，一旦有故障发生能及时处理。

（2）服务器和客户机

服务器系统必须及时升级安装安全补丁，弥补系统漏洞；必须为服务器系统做好病毒及木马的实时监测，及时升级病毒库。管理员对服务器和客户机账户与口令应严格保密、定期修改，以保证系统安全，防止对系统的非法入侵。注意对服务器硬盘等硬件做评估，保障服务器以最佳状态工作。

（3）通信线路

对于内部线路，应尽可能采用结构化布线。虽然采用结构化布线系统在建设初期会增加投资，但这样做可以大大降低网络故障率，即使有故障发生也较容易排除。如果租用电信部门的通信线路，网络管理员应对通信线路的连通情况做好记录，当有故障发生时，应及时与电信部门联系，以便迅速恢复通信。

2. 软件的日常管理和维护

（1）支撑软件

支撑软件包括操作系统、数据库、开发工具及各种语言等。对于操作系统来说，一般需要进行以下维护工作：

1）定期进行系统更新和补丁管理。

2）定期整理文件系统，清理系统垃圾，进行系统优化。

3）监测服务器上的活动状态和用户注册数。

4）监控系统资源的使用情况。

5）处理运行中的死机情况等。

（2）应用软件

应用软件的管理和维护主要是版本控制。为了保持各客户机上的版本一致，应设置一台安装服务器，当远程客户机应用软件需要更新时，就可以从网络上进行远程安装。

3. 数据备份

为规范数据备份管理工作，合理存储历史数据及保证数据的安全性，防止因硬件故障、意外断电、病毒等因素造成数据的丢失，保障正常的知识产权利益和技术资

料的储备，一般电子商务公司会编制公司数据备份制度和方案，由备份管理人员负责制定备份、恢复策略，组织实施备份、恢复操作，指导备份介质的取放、更换和登记工作。

公司大多会根据情况将数据分为一般数据和重要数据两种。一般数据（如服务器共享文件夹下面的数据）主要指个人或部门的各种信息及办公文档、电子邮件、人事档案、考勤管理、监控数据等，一般由个人或各部门每月自行备份，部门经理负责整理归档后刻盘，备份管理人员每半年对一般数据资料进行选择性收集归档。重要数据主要包括各部门日常表单记录、财务数据、技术部门图纸、商务部标书、合同等，可由备份管理人员完成备份。

二、病毒防范制度

病毒在网络环境下具有更强的传染性，对网络交易的顺利进行和交易数据的妥善保存造成极大的威胁。从事网上交易的企业和个人都应当建立病毒防范制度，排除病毒的干扰。

1. 给个人计算机安装防病毒软件

应用于网络的防病毒软件有两种：一种是单机版防病毒产品，另一种是联机版防病毒产品。前者以事后杀毒为原理，当系统被病毒感染后才能发挥这种软件的作用，适合个人用户。后者属于事前的防范，其原理是在网络端口设置一个病毒过滤器，即事前在系统上安装一个防病毒的网络软件，它能够在病毒入侵系统之前将其挡在系统外。

2. 不打开陌生地址的电子邮件

电子邮件传播病毒的关键是附件。首先，在收到陌生人的邮件时，即该邮件的发件人不在联系人列表里，尽量不要打开该邮件。其次，邮件内容里的链接，如果不是自己经常访问的网站，或者自己不确认链接是否安全，尽量不要点击打开。邮件内容里如果有产品促销图片，且折扣非常离谱，不能随便点击。这类除了是广告外，还有可能是一些骗人的产品，或引诱购买，甚至是一些钓鱼网站，引诱输入银行账号和密码。邮件附件更不能随意打开，特别是陌生人发送的，或者是后缀为“.exe”的可执行文件。

3. 认真执行病毒定期清理制度

许多病毒都有一个潜伏期。病毒定期清理制度可以清除处于潜伏期的病毒，防止病毒的突然爆发，使计算机始终处于良好的工作状态。

4. 控制权限

可以将网络系统中易感染病毒的文件的属性、权限加以限制，对各终端用户，只

允许其具有只读权限，断绝病毒入侵的渠道，从而达到预防的目的。

5. 高度警惕网络陷阱

网络上常常会出现非常诱人的广告及免费使用的承诺，在进行网上交易时对此应保持高度警惕。

三、人员管理制度

网上交易是一种高智力的劳动。从事网上交易的人员，一方面必须具有传统市场交易的知识和经验；另一方面，又必须具有相应的计算机网络知识和操作技能。由于相应人员在很大程度上支配着市场经济下的企业的命运，而计算机网络犯罪又具有智能性、隐蔽性等特点，因而，加强对网上交易人员的管理变得十分重要。

1. 严格选拔网上交易人员

选用经过一定时间考察、责任心强、讲原则、守纪律、了解市场、懂得交易、具有基础网络知识的人员。

2. 落实工作责任制

企业不仅需要要求网上交易人员完成规定的任务，而且需要要求他们严格遵守企业的网上交易安全制度，特别是在当前企业人员流动频率较高的情况下，更要明确网上交易人员的责任，对违反网上交易安全规定的行为应坚决打击，对有关人员要进行及时的处理。

3. 贯彻电子商务安全运作基本原则

（1）双人负责原则

重要业务不要安排一个人单独管理，实行双人或多人相互制约的机制。

（2）任期有限原则

任何人不得长期担任与交易安全有关的职务。

（3）最小权限原则

明确规定只有网络管理人员才可以进行物理访问，也只有网络管理人员才可以进行软件安装工作。

四、保密制度

网上交易涉及企业的市场、生产、财务、供应等多方面的机密，因此需要很好地划分保密级别，确定安全防范重点，提出相应的保密措施。保密级别一般可分为三级。

1. 绝密级

企业经营状况报告、订 / 出货价格、企业的发展规划等通常划分为绝密级。此部分信息、密码不在互联网上公开，只限于企业高层人员掌握。

2. 机密级

企业的日常管理情况、会议通知等通常划分为机密级。此部分信息、密码不在互联网上公开，只限于企业中层以上人员使用。

3. 秘密级

企业简介、新产品介绍及订货方式等通常划分为秘密级。此部分信息、密码可在一定范围内适当公开，供企业员工浏览，但必须有保护程序，防止“黑客”入侵。

保密工作的另一个重要的问题是对密钥的管理。大量的交易必然使用大量的密钥，密钥管理必须覆盖密钥的产生、传递和销毁的全过程。密钥需要定期更换，否则可能使“黑客”通过积累密文增加破译机会。

五、跟踪、审计、稽核制度

跟踪制度要求企业建立网络交易系统日志机制，用来记录系统运行的全过程。系统日志文件是自动生成的，内容包括操作日期、操作方式、登录次数、运行时间、交易内容等。它对系统的运行监督、维护分析、故障恢复，对防止案件的发生或在案发后为侦破提供记录数据，都可以起到非常重要的作用。

审计制度包括经常对系统日志进行检查、审核，及时发现系统故意入侵行为的记录和违反系统安全功能的记录，监控和捕捉各种安全事件，保存、维护和管理系统日志。

稽核制度是指市场监督管理、银行、税务人员利用计算机及网络系统，借助稽核业务应用软件，调阅、查询、审核、判断辖区内各电子商务参与单位业务经营活动的合理性、安全性，堵塞漏洞，保证电子商务交易安全，发出相应的警示或做出处理处罚的有关决定的一系列步骤及措施。

六、应急措施制度

应急措施是指在计算机灾难事件，即紧急事件或安全事故发生时，利用应急计划辅助软件和应急设施，排除灾难和故障，保障计算机信息系统继续运行或紧急恢复。在启动电子商务业务时，就必须制订交易安全计划和应急方案，一旦发生意外，立即实施，以最大限度地减少损失，尽快恢复系统的正常工作。

电子商务运行中的灾难事件指的是导致参加交易活动的计算机不能正常运行的事件。洪水、地震和其他自然灾害会直接导致计算机系统不能正常运行；发电厂的事故、信息服务商的问题也可以导致计算机系统的非正常运行；计算机系统本身也可以导致灾难的发生，如系统升级时发生差错、严重的操作错误、备份中心发生故障和系统管理员的恶意操作等都可能导致重要数据的丢失，引起计算机系统灾难。

灾难恢复包括许多工作：一方面是硬件的恢复，使计算机系统重新运转起来；另一方面是数据的恢复。一般来讲，数据的恢复更为重要，难度也更大。目前运用的数据恢复技术主要有瞬时复制技术、远程磁盘镜像技术和数据库恢复技术。

案例讨论

1. “错价门”事件是电子商务商家的试金石，这类事件通常是指商家标价错误，消费者购买后商家不愿按错误价格履行合同，从而引发风险。请阅读材料，说一说电子商务企业如何防范这类风险，并尝试为此类风险编制一份应急预案。

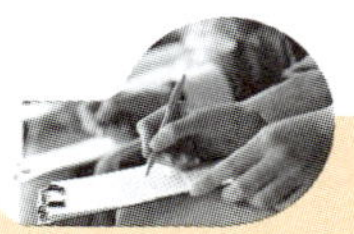

电子商务“错价门”事件频演，电子商务安全如何保障？

2014 年 3 月 20 日，联想官方商城后台升级时发生价格错误，原价 1 888 元的平板电脑被标为 999 元，10 小时内售出 11 万台，导致近亿元损失。联想承诺按错误价格发货，并对此次失误道歉。

类似，京东商城（以下简称京东）卖家也陷入“错价门”。福州的陈先生在京东购买了特价 10 元的“富罗迷”童鞋 6 双，但卖家不发货并撤下商品。陈先生投诉后，京东调查发现是卖家标错价格。京东表示卖家应履行合同，若不发货会进行处理，并正在协调商家给予陈先生合理补偿。对于卖家标错价格是否故意营销，京东表示不太可能，并有严格处罚不履约卖家，产生的纠纷和费用由卖家承担。

2. 近年来，勒索病毒已感染近百个国家，严重威胁互联网安全。它要求受害者支付比特币等赎金以解锁数据，且赎金随时间延长而增加，未按时支付则数据将被销毁。请说一说电子商务企业应该如何防范此类风险。

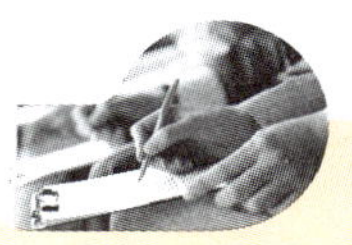

用友、畅捷通等管理软件遭勒索病毒攻击

多平台用户报告遭遇“.locked”勒索病毒攻击，文件被加密并要求支付 0.2 比特币赎金。360 研究中心确认已有超 2 000 个案例，且数量还在增长，将其评为“严重”级别。攻击主要针对 CRM 厂商，如“用友”及其子品牌“畅捷通”等管理软件。

据了解，畅捷通系列管理软件拥有“云部署”和“自有部署”两种方式，前者主要部署在阿里云、华为云、腾讯云等各类公有云平台上，后者安装软件后数据存储在本地。用友官方发布的“关于少量畅捷通 T+ 软件客户遭受勒索病毒攻击的说明”称，大部分遭受勒索病毒攻击的客户采用的是“自有部署”方式，且未做必要的安全防护。

思考与练习

1. 电子商务人员管理应注意哪些内容?
2. 什么是计算机信息系统的应急措施? 电子商务企业为什么要制定应急措施?